クスッと笑えて腑に落ちる

著作権法ガイダンス

白鳥 綱重 著

JN084444

著作権法を、気軽に、楽しく、丸かじり。

【著作権の花】をガイド役に、ツボを押さえた解説と判例で学ぶ、
著作権法入門テキストの新定番！

~さぁ、【著作権の花】と一緒に、旅に出よう！~

一般社団法人
発明推進協会

【はしがき】

　著作権法は、面白いです！

　なぜなら、著作権法は、私たちが、うれしくなったり、ムカッときたり、しょんぼりしたり、ワクワクしたり…。そうした、私たちの日常における「感情」に関わる事柄を取り扱う法律だからです。

　私たちに親しみのある音楽やマンガや映画、ゲームなどが、裁判例にも登場してきますので、著作権法は、興味深く、学習を進めやすい法律だと思います。「本件ゲームソフトは、…愛の告白を受けることを目指して…努力を積み重ねるという内容の恋愛シミュレーションゲームである」（ときめきメモリアル事件最高裁判決より）なんて、裁判官が真面目に説明する様子を想像するだけでも、興味をひかれませんか？

　とはいえ、独学で、法律の条文を１条から順に読み進めようとすると、きっと途中で挫折します。というのも、他の法律と同じように、あくまで「法律」ですので、抽象的で技術的な表現や用語も多いからです。また、法律の文章は、一文が長かったり、さらに、一つの文の中にたくさんのカッコが含まれていたりして、「意味がよく分からない…」などと感じる場合も多いかもしれませんね。

　そのような場合の対処法ですが、理解の助けとするため、まずは、インターネットで関連情報を入手したり、学校で著作権法の授業を受けたりすることが考えられます。ただ、ザックリしすぎた説明で終わってしまっていたり、逆に、特定のテーマをつまみ食い的に取り上げるものだったりして、結局、自分のペースで読める、分かりやすい教材が必要だと感じている方も多いのではないでしょうか。

　資格試験や検定試験にチャレンジする方であれば、著作権法の全体構造や、それぞれの条文の内容、そして裁判例について、要領良く学びたいと思っている方も多いと思います。また、本格的に著作権法を勉強するつもりはないが、職場や家庭で、必要な時に「気軽」に頼れる常備薬のような一冊があるといいな、という方もたくさんいらっしゃることでしょう。

　そこで、本書の登場です！

本書は、これまで著作権法を学んだことがない方や、著作権について勉強したことはある（ような気がする）が、あまり頭に残っていないという自覚症状がある方など、著作権法学習の初心者（🔰）から中級者を主な対象としつつ、それぞれのニーズや進度に応じて利用できる「ちょうどよい」教材となることを目指して、執筆しました。

　私は、これまで、著作権法の行政実務や教育に関わってきましたが、著作権法に触れたことがない方や、そもそも「法学」になじみのない方に対して、どのように「著作権法」についてお伝えしたらよいか、試行錯誤してまいりました。それらをギュッと一冊に凝縮したものが、皆さんがご覧になっている、この本です。裁判例等を踏まえつつ、著作権法の体系的な理解が図れるよう工夫するとともに、随所に、著者なりの見解とつぶやき（⁉）も、散りばめています。

　皆さん、旅はお好きでしょうか？　旅を楽しむためには、地図が必須アイテムです。本書は、皆さんの著作権法学習という「旅」に欠かせない地図のようなものとお考えください。

　「旅のお供」として、本書を手掛かりとしながら、一緒に著作権法の旅に出掛けましょう！　また、本格的な旅には出掛けない（or 出掛けられない or 出掛けたくない）という方も、地図を見ながら、あれこれと、思いを巡らせて旅を楽しむことは自由にできます。本書をときどき眺めながらでも結構です。著作権法の世界を、一緒に散策してみませんか？

　ガッツリ勉強したい方も、そうでない方も大歓迎です。どんな世界が広がっているのか、早速、のぞいてみましょう！

【用語解説】

　本書を効果的に活用していただくために、本書における用語について、解説いたします。

【著作権の花】⇒読者の皆さまの体系的な理解の助けとなるべく、第1章〈1章2(3)〉に登場します。第2章以降は、この花の特徴に着目しながら説明を加えていきます。本書全体の構成も、第1章で紹介しています。

「総合案内①（イントロダクション）」⇒各章の最初にてご案内しています。それぞれの章で何を取り上げるのか、全体をまず見通せるようにしています。主な関係条文も記載していますので、学習の目安にしてください。

【ツボ#●】⇒著作権法の大枠を理解するために押さえておきたいポイントを【ツボ】としてお示ししています。「著作権法は全く初めてです！」という方は、第1章の【著作権の花】をご覧いただいた後は、【ツボ】と、それに続く本文の小見出しを中心に、まずは、全体にザっと目を通してみるとよいと思います。なお、【ツボ】には、各章内の通し番号（#）も付けています。

【ひとくちメモ】⇒最初は読み飛ばしていただいて結構です。本文の補足説明が多いのですが、中にはコーヒー・ブレイク的なものもあります。やや発展的な内容のものも、一部に含みます。タイトルを付けていますので、それを見て、ご自身のアンテナに引っ掛かるものを中心に、ご覧いただくとよいでしょう（なお、【ひとくちメモ】なのに「『ひとくち』じゃないだろコレ！」と突っ込まれそうな分量のものもあります。その際は、心の中でツッコミを入れていただきつつ、「欲張りなひとくち」もあるということでご勘弁を…）。

「裁判例」⇒裁判例によっては、枠囲いをして、個別に紹介しています。また、学習の便宜のため、小泉直樹ほか編『著作権判例百選』（有斐閣、第6版、2019年）に掲載のものは、 百選Ⅵ●事件 （●は掲載項目番号）として、併記しています。

なお、本書で紹介する裁判例が登載されている判例集等は、以下の略称を用いています。ただし、判例集未登載のものは事件番号〈例：平成●年（●）●号〉を付記しています。裁判例は最高裁判所ウェブサイト（https://www.courts.go.jp/）で検索し、閲覧・入手することもできます。

　　　最（大）判：最高裁判所（大法廷）判決
　　　高判（決）：高等裁判所判決（決定）
　　　地判（決）：地方裁判所判決（決定）

民（刑）集：最高裁判所民事（刑事）判例集

無体裁集：無体財産権関係民事・行政裁判例集

知的裁集：知的財産権関係民事・行政裁判例集

判時：判例時報

判タ：判例タイムズ

【特別おまけメモ！】⇒発展的な内容を中心に、コラム的に取り上げています。主に、学習がある程度進んだ方を念頭に置いてはいますが、それぞれの読者の学習の深度や関心に応じて、お楽しみください。【特別おまけメモ！】としては、以下をご用意しています。括弧内は掲載ページです。

【特別おまけメモ！】メニュー表

著作権と人権（p.15）／人工知能（ＡＩ）と著作権（p.22）／著作物（創作的表現）の相対性（p.29）／「応用美術」という差別的概念について（p.46）／職務著作制度の特徴（p.84）／「公衆への伝達権」（p.130）／デジタル消尽について（p.138）／「パロディ」について（p.187）／２要件説と総合考慮説の融和のすゝめ（p.190）／著作権の「消滅」（p.252）／著作権法上の集中処理の仕組み（p.270）／「表現上の本質的な特徴」の意義（p.285）／利用行為責任主体スペクトラム（p.307）／放送番組の二次利用とワンチャンス主義（p.320）

Shiro's Relax Column ⇒本書は、いわば、「著作権の花と共に行く、著作権法の旅」です。そして、旅とくれば、ときどき寄り道するのも楽しいですよね！　このコラムは、ごくまれに登場するミニ・エッセイです（著作権法とは全く関係ない気楽な内容です！）。息抜きにどうぞ。

なお、法律名を特に書かず、条文番号のみ紹介しているものは、著作権法（昭和45年法律第48号）を指します。また、法令名を記さず、単に「施行令」とあるのは著作権法施行令（昭和45年政令第335号）を、「施行規則」とあるのは、著作権法施行規則（昭和45年文部省令第26号）を指します。

本書で紹介する著作権法は、令和4（2022）年1月1日時点で施行されているものをベースとしていますが、令和3年の著作権法改正（令和3年法律第52号）も盛り込んでいます（なお、同改正は、改正内容としては大きく分けて「図書館」関係と「放送同時配信等」関係があります。令和4（2022）年1月1日時点で未施行の「図書館」関係については、改正内容によって施行日が異なっており、対応する施行日は、本文中の関連箇所に記載しています）。

＜主な参考文献＞ （括弧内のゴシック体は、本書中の略称）

池村聡『はじめての著作権法』（日本経済新聞社、2018年）

岡村久道『著作権法』（民事法研究会、第5版、2021年）（⇒「岡村」）

加戸守行『著作権法逐条講義』（著作権情報センター、七訂新版、2021年（⇒「加戸」）

小泉直樹ほか編『著作権判例百選』（有斐閣、第6版、2019年）（⇒「百選Ⅵ」）

作花文雄『詳解 著作権法』（ぎょうせい、第5版、2018年）（⇒「作花」）

島並良ほか『著作権法入門』（有斐閣、第3版、2021年）（⇒「島並ほか」）

高林龍『標準 著作権法』（有斐閣、第4版、2019年）（⇒「高林」）

髙部眞規子『実務詳説 著作権訴訟』（金融財政事情研究会、第2版、2019年）（⇒「髙部」）

田村善之『著作権法概説』（有斐閣、第2版、2001年）（⇒「田村」）

中山信弘『著作権法』（有斐閣、第3版、2020年）（⇒「中山」）

半田正夫『著作権法概説』（法学書院、第16版、2015年）（⇒「半田」）

前田健ほか編『図録 知的財産法』（弘文堂、2021年）（⇒「図録」）

　上記のほか、文化庁ウェブサイト（https://www.bunka.go.jp/）には、著作権法改正に関する情報や、著作権に関する教材等が掲載されており、便利です。

　また、著作権法の条文を参照する際には、インターネットで検索してみるとよいでしょう。e-GOV（イーガブ）というサイトが便利です（https://elaws.e-gov.go.jp/）。著作権法は頻繁に改正されていますので、法律の条文は、常に最新の内容を見るようにしてください。

【目　次】

第1章 著作権法とは📖

主な関係条文：1条

1．総合案内ⓘ（イントロダクション）

　それでは、これから著作権法の世界をご案内いたします。

　まずスタートとなる本章では、「『著作権』や『著作権法』って、名前は聞くけれど…一体なに？」というところから、スタートします。

　まずは「著作権の特徴」について見ていきますが、内容に入る前に、早速ですが、著作権法の1条をご覧ください。

　以下のようなことが書かれています。

　「この法律は、著作物並びに実演、レコード、放送及び有線放送に関し著作者の権利及びこれに隣接する権利を定め、これらの文化的所産の公正な利用に留意しつつ、著作者等の権利の保護を図り、もつて文化の発展に寄与することを目的とする」

　本章では、この規定を手掛かりにしながら、著作権法と「文化の発展」との関係や、そもそも著作権はなぜ保護されることが「正当化」できるのか、そして、著作権と「所有権」との違いについて、理解することを狙いとしています。その上で、著作権法のつくり（条文構成）を踏まえつつ、本書の構成（章立て）について説明していきます。

　初めて著作権法を学習するという場合、まずは、著作権法には、一体どんなことが書かれているのかという大雑把なイメージをつかむことを目標にしましょう。本章では、【著作権の花】も紹介しています。

　どんな花なのか、一緒に探しに行きましょう！

1

2．著作権の特徴

（1）著作権法の目的

> 【ツボ＃1】著作権法は、表現物の保護と利用のルールを定め、「文化の発展」を目指しています。

◇著作権法は、私たちに身近な法律！

　マンガ、アニメ、小説、音楽、映画、ドラマ、絵画、彫刻、そして、いま皆さんがご覧になっているこの本（著作権法ガイダンス）…。これらは、作者が、書きたい、作りたいといった想いや感情をカタチにしたもの（表現物）のほんの一例です。著作権法は、こうしたものを「著作物」と呼び、保護の対象としています。全て、私たちにとって、身近な存在ですね。

　そうなのです。私たちは、日々こうした多様な著作物に触れ、いろいろと感じたり、考えたり、さらには、それらに刺激を受けて新たな表現活動を行っています。こうしたことが、日常的に、そして、社会のあちこちで行われています。このような精神的な営みは、それぞれの時代を形づくり、私たちの「文化」を基礎づける大切な要素です。

　「著作権」という権利は、このような著作物、すなわち、人が感じたことや考えたことを表現したもの（表現物）について、その利用を独占的にコントロールすることができる権利のことです。

◇著作権法は、「文化の発展」に寄与することを究極の目的とし、表現物について、保護と利用のバランスのルールを定めている

　著作権法は、著作物等について権利を定め、著作者等の「権利の保護」を図る法律です。ただ、権利の独り占めが行き過ぎると、「利用」は進みません。そこで、「公正な利用」を妨げないように留意しながら、権利の保護を図ることが大切です。そして、そのこと（＝保護と利用のバランス）を通じて「文化の発展」につなげていきたい。

　著作権法は、このような想いが詰まった法律であり、先ほどご覧いただいた著作権法１条には、法の目的として、大体、このようなことが書かれているわけです。

◇著作権法はよく改正される

　近代的な著作権法が日本で最初に整備されたのは、明治32（1899）年のことでした。当時、結ばされていた不平等条約の撤廃に向けて、著作権法が制定され、日本は同年に、国際条約であるベルヌ条約への加入を果たしました。現在の著作権法は、この著作権法（旧著作権法）が全面改正され、昭和45（1970）年に誕生したものです。

　著作権法は、実は、しょっちゅう（数年に１回、時には毎年）改正されています。というのも、インターネットの発展に典型的に見られるように、技術の飛躍的な発展等に伴って、表現物の利用の在り方は変化し続けており、保護と利用のバランスの図り方について、絶えず見直しを行う必要が生じているからです。また、新たな国際条約が登場した時に、それに対応するための改正も行われます。

【ひとくちメモ】

★著作権法は「万能」ではない!?

　これから著作権法の学習を始めようとする皆さまに、このようなことをお話しするのは気が引けますが…。著作権に関するトラブルが起きたとき、**著作権法の条文によって、全てスッキリ解決できるとは限りません。**

　なぜなら、身もふたもない言い方になりますが、「法律」だからです。他の法律と同じように、さまざまな場面もカバーできるよう、法律の条文は、ある程度抽象的な言葉遣い（カタい表現）にせざるを得ない面があり、法律独特の言い回しもあります。このため、法律の条文を読んだだけでは理解できない場合もあると思いますし、また、文字としては理解できても、意味内容が理解しづらいことも多いと思います。

　しかし、だからこそ、この本があります！　本書は、著作権法を知るための道案内です。これから著作権法のポイントを解説していきますので、一緒に学んでいきましょう！

　ただし、実はそれでも、著作権法そのものの学習だけでは限界がある面はあります。というのも、著作権は「私人」の権利ですから、実際の**当事**

者の意向が優先される場面も多いからです。また、さらに詳細なルール化が必要なものについては、関係当事者等により、個別に、ガイドラインや運用指針等が示されていることもあります。それらは「ソフトロー」とも呼ばれ、実務上は、ソフトローの役割も重要です。

　なお、「ソフトロー」に対し、著作権法のような制定法は、「ハードロー」とも呼ばれます。制定法としては、著作権法という「法律」のほか、その委任を受けて制定される「政令」（著作権法施行令）や「省令」（著作権法施行規則）等を含みます。「法令」という言葉がありますが、これは、法律や政令・省令等をひっくるめた呼び方です（例：著作権法令）。

【ツボ＃2】著作権が保護される理由は、「自然権」や「インセンティブ」といった観点から説明されます。

◇著作権保護の正当化根拠（自然権論とインセンティブ論）

　そもそも、著作権法は、なぜ著作権という権利を与えているのでしょうか。これには、大きく分けると2つの考え方があります。

　1つは、「自然権」的発想です（権利アプローチ）。感じたことや考えたことを表現したもの（＝創作したもの）には、その創作者自身の人格が表れており、著作権は、その者が本来的に有する権利であるという考え方です。ロックの労働理論やヘーゲルの人格理論にさかのぼることができます。

　フランスやドイツといった大陸法系諸国は、このような発想が原点にあり、これらの国では、著作権は、「著作者の権利」として位置づけられます。

　もう1つは、「インセンティブ」論です（産業政策アプローチ）。新たな創作を促すインセンティブとして、政策的に保護するという発想であり、英国や米国といった英米法系諸国は、このような考え方を原点としているといえます。著作権は、「コピーライト」として位置づけられ、ここでは、創作者（表現者）の人格的要素ではなく、権利の財産的側面が重視されます。

4

【ひとくちメモ】
★日本の著作権法の特徴

　日本の著作権法は、法体系としては、大陸法系諸国の考え方が基本ですが、英米法系諸国の考え方を取り入れている側面もあります。その代表例は、職務著作制度です〔⇒後述：4章3参照〕。

　また、著作権保護の正当化根拠については、日本においても、創作インセンティブ（創作の奨励）の観点が合わせて語られることが多いです。

　特に、経済学になじみのある方であれば、知識（知的財産も含む）はフリーライドされやすい「公共財」的な性格があるので、保護することによって創作のインセンティブを与える必要がある、といった説明のほうが、理解しやすいかもしれませんね（柳川隆ほか編『エコノリーガル・スタディーズのすすめ－社会を見通す法学と経済学の複眼思考』（有斐閣、2014年）40-41頁〔島並・中村〕参照）。

（2）知的財産権としての著作権

【ツボ＃3】著作権は、「知的財産権」の代表例の一つです。

◇著作権は「知的財産権」の一つ

　著作権は「知的財産権」（Intellectual Property Rights）の一つです。「知的財産」という言葉は、「知財」や「ＩＰ」と呼ばれたりもします。「知的」という言葉の響きから、「インテリの学問か⁉」などと構える必要はありません。もっと身近なものであり、知的活動、すなわち、「頭」を使って生み出したものなど（＝知的財産）に権利が与えられているものが、知的財産権です。**著作権**と**産業財産権**（特許権、実用新案権、意匠権及び商標権の総称）が、代表例です。

【ひとくちメモ】
★「知的財産権」と「知的所有権」

　Intellectual Property Rightsの和訳について、かつては「知的所有権」という用語も広く使われましたが、今は「知的財産権」が一般的です。

　ただし、国連の専門機関の一つであるWIPO（World Intellectual Property Organization）の和訳は、今でも「世界知的所有権機関」です。

　なお、似たようなことは「産業財産権」という用語についても当てはまります。かつては一般的に用いられていた「工業所有権」は、産業財産権に関する基本条約（パリ条約）の正式名称（和訳）に見られます。

★その他の「知的財産権」等

　著作権や産業財産権だけが「知的財産権」というわけではありません。これら以外にも、例えば、以下のものが関係します。

【個別立法に基づく知的財産（権）】

・育成者権（種苗法）：植物の新品種
・回路配置利用権（半導体集積回路の回路配置に関する法律）
・地理的表示（特定農林水産物等の名称の保護に関する法律〔ＧＩ法〕）
・家畜遺伝資源（家畜遺伝資源に係る不正競争の防止に関する法律）
・商品等表示（不正競争防止法）
・営業秘密（不正競争防止法）

【肖像権とパブリシティ権】（判例で認められた権利）

・「肖像権」（容姿・姿態をみだりに撮影等されない権利）（最大判Ｓ44.12.24刑集23巻12号1625頁〔京都府学連事件〕等）
・「パブリシティ権」（著名な氏名や肖像等の商業的価値に基づく顧客吸引力を排他的に支配する権利）（最判Ｈ24.2.2民集66巻2号89頁〔ピンク・レディーdeダイエット事件〕等）等）

★「知的財産法」とか「知的財産権法」という名の法律はない？

　はい、そうなのです。ズバリその名前の法律があるわけではありません。しかし、「知的財産基本法」という名前の法律なら、あります！

　これは、知的財産に関する施策の推進を目的として平成14（2002）年に制定された基本法です。この法律に基づいて、政府（内閣）に知的財産戦略本部が設置されたほか、さらに平成17（2005）年には、知的財産高等裁判所設置法に基づき、東京高等裁判所の特別の支部として知的財産高等裁判所（通称、「知財高裁」）が設置されました。

◇著作権法は「文化の発展」を目的とし、産業財産権法は「産業の発達」を目的としている

さて、「頭」を使って生み出すものと聞いて、何か思いつくもの、ひらめくものはありますでしょうか？　はい。意表をつくような言い方になりますが、まさにその「ひらめき」、もっと広くいえば、「アイデア」は、「頭」を使って生み出すものの典型例ですね。

実は、そのような「アイデア」（思想）の中でも、「自然法則を利用した技術的思想」を保護するものが、**特許権**や**実用新案権**です（高度な技術的アイデアを「発明」として保護するものが特許権です。実用新案権は、いわば「ちょっとした発明」を保護するものです）。

他方、別の産業財産権である**意匠権**は、物品等のデザイン（形状・模様・色彩）を保護するものです。また、**商標権**は、商品やサービスの識別マーク（ブランド名やマーク等）を保護するものです。これら**産業財産権**について定める法（特許法、実用新案法、意匠法、商標法）をひっくるめて、「産業財産権法」と呼んでいます。産業財産権法は、「**産業の発達**」を目的としています（特許法1条等を参照）。

これに対し、著作権は、アイデアを「表現」したものを保護する制度です。「表現」という点では、具体的な形状やマーク等を保護対象とする意匠権や商標権と近い面もありそうですが、**著作権法**は、上記のとおり、「**文化の発展**」を目的としています（1条）。

> 【ツボ#4】著作権は「無体物」に対する権利です。所有権とは別モノです。

◇「著作権」と「特許権」等の共通点①（無体物）

著作権と産業財産権とは、法目的こそ違いますが、いくつか共通点があります。まず、既にみたように、どちらも、「**知的財産**」についての権利だということです。知的財産は、「**無体物**」の一つです。「無体」とは、「体」が「無い」ということですから、それ自体は、手に取ることができないもの（有形的ではないもの）を指します。

不動産や動産といった「**有体物**」と区別される概念です。

　有体物について、自由に使用・収益・処分することができる権利が「所有権」であり、所有権は、皆さんがよくご存じ（ですか？）の、民法で定められています（民法206条）。知的財産権は、「所有権」（→「有体物」が対象）とは区別される、ということを、ここでは押さえておきましょう。

　具体例を見ていきます。例えば、お店で売られている本や音楽ＣＤを考えてみてください。私たちがそれらを買って、実際に手に持つことができるものは何でしょうか。

　それは、本の場合は印字された「紙」であり、音楽ＣＤの場合は音楽が収録された円盤型の「ディスク」（→情報読み取り面がキラキラしていて、ハトなどが怖がるので、バルコニーでハトの糞害対策用に使っている人もいますが…）という有体物ですね。これに対して、紙に「印字されている内容」（文章等の表現）や、ディスクに収録されている「音楽」（音による表現）といった、有体物に記録されている情報それ自体は、読んだり、聴いたりして楽しむことはできますが、物理的に、手に持つことはできません。そのようなものを無体物といいます。この場合、有体物を対象とする権利が「所有権」、無体物を対象とする権利が「著作権」（知的財産権）です。

　買ってきた本が、読んでみたらつまらなかったからといって、破り捨てたり、それを火種にしてサツマイモを焼いたり、最近ハマっている漬物づくり用の重しにしたとしたら、どうでしょう。それ自体は「所有権」の範囲内の話であり、「著作権」は問題になりません。これに対して、本の内容をコピーしたり、インターネット上にアップロードしたりすれば、そこで「著作権」が関係してきます。

　このように、「所有権」と「著作権」は別モノです。

○最判Ｓ59.1.20民集38巻1号1頁〔顔真卿自書建中告身帖事件〕 百選Ⅵ1

　事件

　中国（唐の時代）の書家である顔真卿（がんしんけい）が自筆した「告身帖」（こくしんじょう）が、無断で出版物に利用されたとして、「所有権」

者が訴えた事案です。

　なお、「書」は美術の著作物といえますが〔⇒後述：3章2(5)参照〕、これだけ昔（8世紀）の作品であり、本件では、「著作権」は消滅しています。

　最高裁は、「美術の著作物の原作品に対する所有権は、その有体物の面に対する排他的支配権能であるにとどまり、無体物である美術の著作物自体を直接排他的に支配する権能ではない」とし、「著作権の消滅後に第三者が有体物としての美術の著作物の原作品に対する排他的支配権能をおかすことなく原作品の著作物の面を利用したとしても、右行為は、原作品の所有権を侵害するものではないというべきである」と判示しました。

> 【ツボ#5】著作権は、独占権です。ただし、相手によって独占権を主張できない場合があります（相対的独占権）。

◇「著作権」と「特許権」等の共通点②（独占権）

　次に、著作権と産業財産権は、それぞれの法律により、独占権が与えられているという点が、共通します。つまり、特定の者だけが権利を独占できるとともに、他の者の利用を排除することもできます。ただし、著作権と産業財産権とでは、独占権の性格が少し違います。

　まず、産業財産権は、特許庁による登録によって、初めて権利が発生します。権利保護のハードルが高い分、権利保護の要件を備えれば誰に対しても主張できる、より強力な独占権が与えられています。これを、絶対的独占権といいます。これに対して、著作権は、相対的独占権です。これは、相手によって、独占権を主張できる場合とできない場合があるということです。一体、どういうことでしょうか。

　著作権は、なんと、創作をすれば、自動的に権利が発生します。お役所の「お墨付き」などは要りません。このように、権利発生のハードルが低い分、同じ対象について、2つ以上の著作権が発生することも起こり得ます（この点は、産業財産権との大きな違いです）。

　例えば、お互いに見ず知らずの作曲家Aと作曲家Bが、同時期にそれぞれ独自に作曲したところ、それらが、偶然にも同じメロディーだった場合を考えてみましょう。

　この場合、その曲について、ＡとＢのそれぞれに著作権が発生します。したがって、ＡもＢも、その曲を無断利用しようとする第三者に対して、自らの権利を主張することができますが、お互い同士に対しては、その権利を主張することができません。その意味で、「相対的」な独占権というわけです〔⇒後述：5章2(2)(著作者の権利の性格)参照〕。

> **【ツボ＃6】実は、著作権と特許権は、「創作の奨励」という点では同じです。他方、商標権は、性格が異なります。**

◇「著作権」と「特許権」等の共通点③（創作の奨励）

　産業財産権法は、必ずしもひとくくりにできない面があります。

　産業財産権の中でも、商標権以外（すなわち、特許権、実用新案権及び意匠権）は、「創作」を応援（奨励）するものです。したがって、それらは、権利保護によって創作のインセンティブを与えるという意味で、著作権と近い側面があります（特許法1条等を見てみましょう）。いわば、「創作法」としての位置づけです。

　これに対して、商標法の場合、その目的は、「創作」の奨励という点にはなく、「信用」の維持と需要者（消費者等）の利益の保護が、法の目的です（商標法1条）。このように、産業財産権法の中でも、商標法は性格を異にしており、「標識法」と呼ばれることもあります。

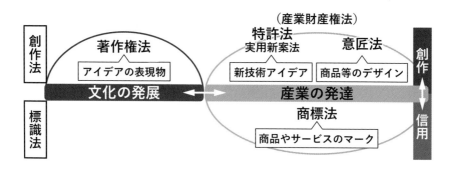

10

(3) 著作権法の全体像【著作権の花】

> 【ツボ#7】著作権法を「花」でイメージしてみましょう！　花びらが4枚の魅力的なお花です！

◇【著作権の花】とは？

　次章から、いよいよ各論（個別の内容）に入っていきますが、著作権に関する理解で重要なことは、常に全体像を意識しながら、著作権法を理解することです。

　例えば、私たちは、日常生活において、「私的複製」や「引用」をすることも多いと思います。そして、後述〔⇒8-10章〕するように、これらは、法律が定める要件を満たすことで、著作権者の許諾を得なくても、他人の著作物を利用することが認められています。

　そこで、利用者目線に立つと、それらの要件（権利制限規定）に当てはまるか否か、といったことばかりに目が行きがちです。しかし、実はそのようなことを考えるまでもなく、そもそも著作権法が保護の対象としている「著作物」等の利用でなければ、自由に利用できるということは、ここで、見過ごされがちです。

　また、「私的複製」等に当てはまらない場合には、「利用できない」のではなく、「許諾を得れば利用できる」という点も、正しく理解されていないことが多いようです。また、著作権は、永遠（無期限）に保護されるわけでもありませんから、そもそも、保護期間が切れているのであれば、自由に利用できます。

　このように、「木を見て森を見ず」とならないように、今、自分は著作権法のどの部分を見ているのか、森（全体像）を見ることを意識することで、迷子にならないようにすることが大切です。

　「それではどうしたらいいの？　『森』って言っても広いでしょ？」
　…という、そんなあなたのために、【著作権の花】を紹介します！

11

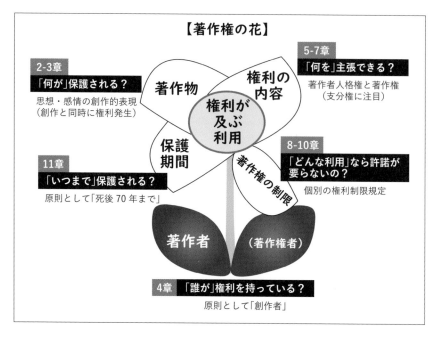

　これは、種から芽が出て、花を咲かせている様子を表しています。花の部分は、人が実際に「表現」したもの（表現物）を表しており、葉や茎の部分（種から芽が出て茎が伸びている部分）は、人が「感じたことや考えたことを表現しようとしている様子」を表しています。

　この【著作権の花】は、皆さんの著作権法学習の「道しるべ」となってくれると思います。今後の学習の中で、ときどきこのイラストに戻って、全体像を確かめるように意識するとよいでしょう。

　さて、【著作権の花】を、今のうちに、よーく観察しておきましょう。花びらは4枚あり、中心部に「権利が及ぶ利用」という文字が見えます。この中心部こそが、著作権が及ぶ部分であり、著作権を有効に主張するためには、これら4つの花びらの内容を全て満たしていることが必要です。そして、4つの中でも特に重要なものが、左上に見える「著作物」の花びらです。何しろ、著作権法は2条で、いろいろな用語についての定義を定めているのですが、その最初に書かれているものが、「著作物」です（2条1項1号）。

12

　つまり、「著作物」でなければ（この「著作物」の花びらがなければ）、そもそも「著作権」は発生しません。逆に、「著作物」であれば「著作権」は発生します。しかし、それでも、実際に保護される（＝権利が及ぶ）ためには、さらに条件があり、それらを示すのが、その他3つの花びらです。時計回りに、「権利の内容」「著作権の制限」「保護期間」の花びらです。それらのうち、「著作権の制限」の花びらは、取れかかっていますね。これは、例外的に権利が及ばない場面（権利制限）を表しています。

　以上の「権利が及ぶ範囲」について、本書では、第2章から第11章までにおいて、取り上げます。

　さて、魅力的なお花ですので、チョウが飛んできました。花の蜜を吸いに来たようです。これは、たまたまモンシロチョウのようですが、ほかのチョウも大歓迎です。チョウ以外の昆虫も大歓迎です。ミツバチやハナムグリなど、花に集まる昆虫を思い浮かべて、ご自由にお楽しみください。

　お花畑ではこうして、チョウやハチなどの昆虫が、夢中になって蜜をほおばっている様子をよく目にします。しかし、実は、花は、「タダ」では蜜を吸わせていません。そうです。蜜を吸いにくる昆虫たちに、花粉を運ばせ、そして昆虫たちが運んできた花粉で受粉し、また新たな命を宿します。そしてまた、新たな花を咲かせるのです。

　これを著作権に置き換えるならば、著作者が、著作物の利用を認め、利用者は、その代わりに対価を支払うなど、ギブ・アンド・テークがあるような関係です。そして、著作者と利用者の良好な関係が、著作者による次の新たな表現（創作）につながっていきます。花の場合には、特定の種類の昆虫だけに蜜を吸わせる形の花もあるようですが、著作権の

場合も同様です。これらは、著作権でいえば、「権利の利活用」の場面です。本書では、第12章で取り上げていきます。

ところが、今度は、なんと、茎からチョキンと花を持っていこうとするハサミが現れました。もし、切り取られてしまうと、この花は、新たな命を宿すことが難しくなります。

著作権に置き換えるならば、新たな表現（創作）につながらなくなる行為であり、花からしてみれば、傷つけられるだけの関係といえます。

　これが「権利侵害」であり、著作権法では、その場合の救済措置などを定めています。権利侵害については、本書第13章で取り上げます。

　ところで、この世界には、【著作権の花】しか咲いていないのでしょうか。いいえ、そうではありません。実は、【著作隣接権の花】も咲き誇っています。上記のような【著作権の花】と見た目が似ているけれども、違う種類・タイプの花（著作隣接権の花）が咲いている様子をイメージしてください。ただ、タイプが異なるといっても、基本的なつくりは、大きくは異なりません。そのような「著作隣接権」について、本書の第14章で取り上げます。著作隣接権というのは、「著作者以外」の者の権利として、著作権法が定めるものです。

　また、外国ではどんな花が咲いているのでしょうか？　本書では、最後の第15章で、「外国」の花のレベル（著作権や著作隣接権の国際水準）にも、目を向けることとします。

◇初めての法律は、まず「目次」を見る

　著作権法の学習を進めていく際には、できる限り、法律の条文を見るようにするとよいと思います。また、多くの法律には「目次」というものがあって、著作権法もその例外ではありません。

初めて見る法律は、まず、「目次」を見ると、全体像をつかみやすいです。

◇本書の構成と著作権法のつくりの対応関係

本書の構成				著作権法
第2・3章	著作者の権利	著作物	権利が及ぶ範囲	第1章・2章
第4章		著作者		第1章・2章
第5〜7章		権利の内容		第2章
第8〜10章		権利の制限		第2章・5章
第11章		保護期間		第2章
第12章		権利の利活用♪		第2章・3章
第13章		権利侵害！		第6〜8章
第14章	著作隣接権（著作者以外の者の権利）			第4章
第15章	国際条約			第1章

　実際に著作権法の目次を見ると、全部で8章あることが分かります。法第1章は「総則」です。そこには、全体を通じて共通して当てはまる事項が書かれています。既に取り上げた「目的」（1条）は、その一番初めに書かれている条文です。その他の章も含めた著作権法の章立てと、本書の構成との主な対応関係は、上図のとおりです。

　それでは、いよいよ次章から【著作権の花】を手掛かりに、著作権法の具体的な内容に入っていきます！

【特別おまけメモ！】
著作権と人権
　国際人権規約（1966年）のA規約（経済的、社会的及び文化的権利に関する国際規約）15条1（c）は、締約国は、全ての者の「自己の科学的、文学的又は芸術的の作品により生ずる精神的及び物質的利益が保護されることを享受する権利」を認めることを定めています（世界人権宣言27条2も同様）。つまり、「著作者の権利」が人権であることが、条約上位置づけられています。日本国憲法では、「知的財産権」や「著作権」が明示されているわけではありませんが、特に関係が深いのは、憲法13条（幸福追求権）

や29条１項（財産権）です。

　他方、それらの「作品」が第三者に利用される場面では、表現の自由（憲法21条１項）という第三者の人権との衝突が生じ得ます。つまり、そこでは、「人権×人権」の衝突が生じ、その調整を図る必要が出てきます。そして、その「法律」レベルでの調整ルールを定めるのが、著作権法です。

　ところで、「著作権」は、「表現の自由」との関係では、必ずしも純粋な衝突関係にあるわけではないと考えられます。というのも、作品の利用者もまた、表現の自由を享受することで、自らが、新たな表現者（創作者）となり得るからです。つまり、「誰もがユーザー」（消費者）であるとともに、「誰もがクリエーター」（表現者）ともなり得ます。その意味で、著作権という権利自体、いわば、「表現の自由の申し子」という側面があり、したがって、著作権は、「表現の自由」との関係では、内在的な制約を有しているともいえるでしょう。

　もっとも、そのような内在的制約があることも踏まえたルールが、著作権法ですので、著作権の侵害があるかどうかは、著作権法の規定の文言に照らして判断していきます。ただし、著作権法の規定は、「法律」によるルールです。したがって、その規定は、ある程度抽象的に書かれていますので、具体的な事案を前にした時に、ルールの形式的な当てはめだけでは答えが出せない場合も出てくるでしょう。そこで、裁判所の出番です。

　裁判所は、過去の裁判例なども駆使しながら、具体的な事案の解決を図っていきますが、裁判所が、著作権が及ぶ範囲について、著作権法の規定の解釈（法解釈）をしていく際には、法的安定性と具体的妥当性の調和を念頭に、著作権の内在的な制約を考慮することも、必ずしも否定はされないと考えられます。例えば、裁判所がこれまで示してきた、中古ゲームソフトに関する頒布権の「消尽」〔⇒後述：7章4(2)〕や、権利侵害論における「表現上の本質的な特徴」〔⇒後述：3章3(2)(二次的著作物)及び13章2(1)(直接侵害)〕の考え方は、大きな視点でみれば、著作権法の規定の解釈において、そのような著作権の内在的制約を踏まえた法解釈を、裁判所が示したものということができるように思われます。

ナビゲーション		＞＞　現在の進捗状況と次の目的地　＞＞							

こんにちは。【著作権の花】ナビです。
これからちょくちょく登場します。
よろしくお願いします！

1章	2-3章	4章	5-7章	8-10章	11章	12章	13章	14章	15章
著作権法とは	著作物	著作者	権利内容	権利制限	保護期間	利活用	侵害	著作隣接権	国際条約

スタート → 　　　　　　　　　　　　　　　　　　　　　　　　　　　　← ゴール

第２章　著作物①

主な関係条文：２条１項１号、10条

Ｉ．総合案内ⓘ（イントロダクション）

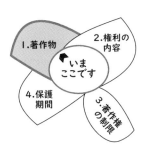

まず取り上げるのは【著作権の花】の１つ目の花びらである「著作物」です。「著作物」とは、平たくいえば「考えや気持ちを、自分なりに表現したもの」です。著作権法２条１項１号を見てみましょう。

「思想又は感情を創作的に表現したものであつて、文芸、学術、美術又は音楽の範囲に属するもの」

この定義から、「著作物」といえるための要件として、次の３要件があることが分かります。これら全てを満たしていることが必要です。

① 「思想又は感情の表現」であること
② 「創作的表現」であること
③ 「文芸、学術、美術又は音楽の範囲」に属すること

「著作権の花」の「著作物」の花びらは、１枚に見えましたが、実は、さらに小さい花びらが３枚（上記要件①～③）あるようですね。本章では、これらのうち、特に①と②を中心に、それぞれの内容について、少し拡大して見ていきましょう！

（出発の準備はよろしいでしょうか？　気持ちだけでも、虫眼鏡をご準備ください🔍）

17

2.「著作物」として保護されるための3つの要件

(1)「思想又は感情の表現」(要件①)

> 【ツボ#1】著作権は、アイデアの「表現」を保護します。「アイデア」そのものは著作権法の保護の対象ではありません。

◇アイデア自体は、著作物としては保護されない

　著作権法は、人の考えや気持ちといった思想・感情(＝アイデア)そのものでなく、それを「表現」したものを保護する制度です。逆に言えば、「アイデア」それ自体は、広く自由に使ってよいとする考え方です(アイデア・表現二分論)。例えば、どんな想いで創作したのかといった動機や、表現の底流に流れるテーマ、コンセプト、モチーフなどは、「アイデア」と位置づけられ、著作物としては保護されません。

　なお、アイデア・表現二分論にいう「アイデア」のように、一般公衆が自由に利用できる状態にあることを、「パブリック・ドメイン」といいます。

◇アイデア・表現二分論にいう「アイデア」の範囲は、広い

　一般に、アイデア・表現二分論にいう「アイデア」というのは、著作権保護の対象にはならないものを広く含む言葉として使われます。「思想又は感情」(人の考えや気持ち)それ自体を指すほか、人の考えや気持ちを含まない客観的な「事実」や「データ」も広く含みます。

　以下に、「アイデア」の範囲にあるとされた裁判例を紹介します。

【ひとくちメモ】

★「アイデア」の範囲とされた裁判例①

◇自然科学上の法則や物質の構造・性質等(大阪地判S54.9.25判タ397号152頁〔発光ダイオード学位論文事件〕)

◇数学命題の解明過程（方程式の展開を含む）（大阪高判H6.2.25知的裁集26巻1号179頁〔脳波数理解析論文事件〕）

◇本の擬人化（東京高判H12.5.30平成12年（ネ）464号〔タウンページ・キャラクター事件〕）

◇映画やドラマのストーリーの大筋やありふれた場面設定（知財高判H17.6.14判時1911号138頁〔武蔵事件〕 百選Ⅵ 46事件）（下記参照）

◇折り紙の折り工程の説明の手法（折り紙の32の折り工程のうち、10の手順にまとめて10個の図面によって行うという説明手法）（知財高判H23.12.26判時2139号87頁〔吹きゴマ折り図事件〕）

➡ただし、折り図そのもの（①10の手順の選択、②説明文・写真を用いた補充説明、③説明図の選択・配置、矢印、点線等と説明文及び写真の組み合わせ等によって一連の折り方〈工程〉を分かりやすく表現したもの）は、創作的表現であるとしました。

◇公衆電話ボックスの水槽化〈奈良地判R1.7.11平成30年（ワ）466号〔金魚電話ボックス事件：第1審〕〉

➡ただし、控訴審判決〈大阪高判R3.1.14令和元年（ネ）1735号〉は、水槽化した公衆電話ボックス内で、人が使用していない受話器が水中に浮いた状態で固定され、気泡を発生させる表現は、創作的表現であるとしました。

★武蔵事件知財高裁判決について

　ＮＨＫ大河ドラマ『武蔵MUSASHI』が黒沢明監督映画『七人の侍』の盗作かどうかが争われた事案です。知財高裁は、野盗に狙われた弱者に侍が雇われ、これを撃退するといったストーリーの大筋、怪しい男が実は女であったという場面、野盗との戦闘シーンといった設定に共通性があることを確認しつつ、両者の「類似点ないし共通点は結局はアイデアの段階の類似点ないし共通点にすぎない」として、著作権（翻案権）侵害を否定しました。

　もっとも、判決は、この点にとどまらず、『七人の侍』の映画脚本について、「（本件の大河ドラマ）に比しはるかに高い芸術性を有する作品であることは明らかであるものの」とも言い切っています。

　「はるかに高い芸術性」と断言するあたり、敗訴側となった『七人の侍』への裁判官の熱き想いがにじみ出ているように感じられますが、作品の優劣の評価に直接踏み込んだ内容であり、余計な一言だったのではないか…と思います。

◇アイデアと完全一体化した表現も、著作物としての保護はない

　見た目は「表現」であっても、アイデアを表現する方法が極めて限られているために、アイデアと表現とが完全に一体化し、「融合」していると判断される場合があります。この場合の「表現」は、外形上（見た目等）は「表現」ではあっても、結局は「アイデア」そのものであるとして、著作権の保護は否定されます。

　これを、マージャー理論（融合法理）といいます。いわば、「表現の仮面」をかぶっていても、「アイデア」の正体は、「アイデア」にほかならないということです。以下の裁判例があります。

【ひとくちメモ】

★「アイデア」の範囲とされた裁判例②（マージャー理論）
◇学問上の定義（東京地判Ｈ6.4.25判時1509号130頁〔城の定義事件〕）
➡「城」の定義について、「本件定義のような簡潔な学問的定義では、城の概念の不可欠の特性を表す文言は、思想に対応するものとして厳密に選択採用されており、原告の学問的思想と同じ思想に立つ限り同一又は類似の文言を採用して記述する外はな」いとしました。
◇紙面の割付け作業を行うためのレイアウト・フォーマット用紙
　（東京地判Ｈ10.5.29判時1673号130頁〔知恵蔵事件：第1審〕）

- -

★練った表現ほど、著作権が否定される場合がある？
　城の定義事件東京地裁判決は、上記のように、「本件定義のような簡潔な学問的定義では…」としていますので、学問上の定義であっても「簡潔」でない場合は、保護される余地が残されていると考えられます。

　ということは、逆説的な見方をすれば、この事案の場合のように、ムダを取り除き、研ぎ澄まされたシンプルな表現にしようと頑張れば頑張るほど、著作権法では保護されないことになるといえそうです。

　何ともやるせない気持ち…になりそうですが、しかし、これは、「学問的定義」という、いわば学問的真理を探究するという表現対象（素材）の特性に大きく関係しています。このことは、次にみる「技術的・機械的表現」にも、同様のことが当てはまります。

◇技術的に最適な形状等も、「アイデア」に当たるとして、やはり著作物としては保護されない

　アイデアの表現方法が極めて限られるとされる他の例として、**実用品のデザイン**があります。実用品の場合、一般に、それぞれ用途等が異なっており、各用途等に対応して、そのデザイン（形状等）も一定程度決まってきます。

　例えば、「机」と聞けば、通常は、台とそれを支える部分で構成される製品を思い浮かべるわけですが、いくら見た目が超カッコいい（あるいは、奇抜な!?）デザインであっても、台を支える部分が不安定で、グラグラする机だとすると、実用品としては役に立ちません。

　また、台を支える方法や形状等には、下や横から支えるなど、いろいろなパターンがあり得ますが、それぞれのパターンにおいて、工学的に最適な方法や形状等は、一定程度定まってくると考えられます。本書では、そのような、**素材の効用や機能を発揮するために必要な表現（形状等）**のことを「技術的・機械的表現」と呼んでいます。

　さて、実用品のデザインは、その性格上、技術的・機械的表現を多く含みますが、そのような表現について、著作権法として、特定の者による権利の独占を認めるべきでしょうか？

　答えは「Ｎｏ」ですね。というのも、技術の独占を認めることにつながるからです。著作権法の下では、これらも「アイデア」に当たるとして、著作権の保護はなされません。

【ひとくちメモ】
★実用品のデザインは、著作権の保護の可能性はゼロなのか？

　商品のデザインは、「技術的・機械的表現」を多く含むといっても、実際に、「アイデア」そのものなのか、それとも、著作権法の保護対象である「（創作的）表現」と言えるのか否かは判断が難しい場面も多いです。

　これは、「応用美術」として取り上げられる論点であり、その裁判例の動向については、後述します〔⇒3章2(5)〕。なお、建築物等のデザインについても、同様に考えることができます〔⇒3章2(6)参照〕。

> 【ツボ＃2】「思想又は感情」が含まれないなら、著作物ではありません。

◇「人」による創作が、著作物としての保護の前提

　「思想又は感情」ということですから、その主体（思想・感情の持ち主）は「人」であることが念頭に置かれています。「動物」自身が作ったもの（例えば、以前、「サルによる自撮り写真」が話題になりました）や「機械」自体による生成物〈人工知能（ＡＩ）による作品等〉は、実質的に「人」が創作した物であると認められない場合には、著作物とはいえません。「自然」の造形物や自然物〈岩の形や、懐かしの（⁉）「人面魚」等〉も、著作物ではありません。

【特別おまけメモ！】

人工知能（ＡＩ）と著作権

　ＡＩの技術は日々進化しており、ＡＩの開発には多くの著作物が利用されています。この点について、平成30年の著作権法改正で実現した権利制限規定（30条の4）により、ＡＩによるディープ・ラーニング（深層学習）を円滑に行えるようになっています〔⇒後述：8章2(3)及び9章3(3)〕。

　他方、そのようなディープ・ラーニングによってＡＩが生み出した表現物（生成物）は、著作権法の保護の対象となるでしょうか。これについては、一般に、その生成物が、人がＡＩを「道具」として利用した結果なのであれば、著作物と認めることができます。この場合は、ＡＩの利用者が創作者（著作者）と位置づけられます。しかし、そうであるとしても、どのような場合に、人がＡＩを「道具」として利用したといえるのか、誰が生成物について創作的な関与を行ったといえるのかは、個別の判断が必要となり、かつ、判断が難しい場面が出てくると考えられます。このため、そのＡＩ生成物を利用したい第三者からみると、誰が著作者（著作権者）か分からないという事態（権利者不明）に陥りやすいという課題があります。ただし、創作的な関与を行っていない者が、自らを著作者として詐称表示するおそれがあることについては、刑事罰の規定（121条）により一定程度対処が可能であると考えられます。

　他方、さらに進み、人による創作的な関与は一切なく、ＡＩが完全に自律的に作り出すようになったとしたら、どうでしょうか。この場合、「人」の思想又は感情の表現ではない以上、現行著作権法の下では、著作物とは認められません。

　しかし、一般に、生成されたものだけを見て、その生成の過程で人の創作的関与があったか否かを判断することは難しいと考えられます。したがって、結局、その生成物を利用したい第三者からみると、そもそも著作権が発生しているかどうかが分からないという事態（権利不明）に陥りやすいという課題があります。

　もっとも、だからといって、仮に、立法的解決により権利を認めたとしても、上記のような、「権利者不明」〈著作者（著作権者）は誰なのか〉についての課題の解決も同時に行われないと、著作物の利用円滑化の観点からは課題が残るといえます。

　また、その一方で、ＡＩが自律的に活動する時代が当たり前になってくるとすると、法学共通の課題として、そもそもＡＩに人格を認めるべきか否か等が、課題として、より顕在化してきますので、著作権の枠内だけで議論すればよいという問題でもありません。

　ＡＩ生成物の保護の在り方については、模索が続いています（知的財産戦略本部検証・評価・企画委員会「新たな情報財検討委員会報告書」（平成29年3月）や、図録90-91頁〔吉田悦子〕等も参照）。

◇事実の伝達は、原則として、保護の対象外

　10条2項は、「事実の伝達にすぎない雑報及び時事の報道は、…著作物に該当しない」としています。「事実」をそのまま伝えるための表現の場合、そこに「思想又は感情」は入っていないので、著作権による保護の対象外というわけです。その意味で、この規定は、いわゆる確認規定（特に定めを置かなくても成り立つが、確認の意味で定めを置いたもの）といえるでしょう。簡潔な死亡記事などが典型例です。

　さらに、ここにいう「事実」（著作権法の保護の対象外のもの）としては、感情等が入る余地のない「データ」そのものも含みます。

　結局のところ、客観的な事実やデータを、淡々と、特に意見や感想等を加えることなく、ありのまま伝えるだけの表現は、著作物ではないということです。

　公開裁判における証言の忠実な記録は、「事実」に当たるほか（知財高判H20.7.17判時2011号137頁〔ライブドア裁判傍聴記事件〕百選Ⅵ3事件）、固定式の防犯カメラ等で撮影した写真や映像も、事実を淡々と映し出すものとして、通常は著作物とは認められません。

【ひとくちメモ】

★事実を淡々と伝える表現の例

　例えば、「日本は島国である」「プレーリードッグは犬ではない」「ダンゴムシもクモも、昆虫ではない」という表現は、著作権法の保護の対象外といえます（ちなみに、プレーリードッグは、「dog」と名前に付いていますが、「リス」科のカワイイ小動物です！）。皆さんも、どのような表現が当てはまりそうか、楽しみながら考えてみてください。

(2)「創作的表現」であること（要件②）

【ツボ＃3】創作性（創作的表現）について理解するための5つのポイントを押さえておきましょう。

◇創作性（創作的表現）は、以下の5つのポイントに留意する

❶「個性」の表れがあれば足りること
❷「表現」に創作性があること
❸「引き算方式」で判断されること
❹「独自」の表現であること
❺ 著作権は、創作性が認められる範囲で保護されること

❶～❺について、以下に順を追って説明していきます。

【ツボ＃4】作者の「個性」が何らかの形で表れていれば、創作性があると認められます（ポイント❶）。

◇「創作」＝「個性の表れ」

　著作権の保護のために求められる「創作」とは、作者が頑張ったか否かを問わず、新たに生み出された表現物に、作者の「個性」が何らかの形で表れていれば足りるものです。裁判例においても、「創作的（表現）」

とは、「厳格な意味での独創性があるとか他に類例がないとかが要求されているわけではなく、思想又は感情の外部的表現に著作者の個性が何らかの形で現れていれば足り」るとされています（東京高判Ｓ62.2.19無体裁集19巻1号30頁〔当落予想表事件〕）。

◇創作レベルの高低は関係ない

　ここにいう「個性の表れ」については、どれだけ独創的か、といったことのレベルの高低は問われません。また、著作権は、作者が頑張ったことに報いるための制度（いわば、「がんばったで賞（努力賞）」としての著作権）でもありません。

　また、よく言われることですが、幼児の描いた絵であっても、表現に個性が認められるのであれば、「創作的表現」と位置づけられます。

　もっとも、子どもの作品だからといって、一律に低いレベルであると決めつけるのもどうかと思いますが、そもそも、独創性な表現か、そのレベルが高いかどうかといった判断は、「感じ方」（感性）に大きく左右され、客観的な評価にはなじみにくいという側面があります。特に著作権は、創作と同時に「自動的に発生」する権利ですから〔⇒詳細は後述：5章2(1)（無方式主義）〕、創作レベルの高低といった、主観に大きく左右される基準は、採用することは難しいといえます。

> **【ツボ＃5】創作性（個性の表れ）は、「アイデア」ではなく、「表現」に見られることが必要です（ポイント❷）。**

◇「表現」に「個性」があるなら「創作性」あり

　著作物として必要な要件は、「創作的『表現』」です。「創作的『思想』」（創作的「アイデア」）ではありません。いくら、「すんごいアイデア、思いついちゃった！　ひょっとしてボクちゃん、天才かも!?」などと、心の中でドキドキ♡ワクワクしていても、実際の「表現」に個性が認められない限り、著作物としては保護されません。

◇事実やデータを伝える場合であっても、例外的に「創作性」ありとされる場合もある

事実やデータの伝達であっても、新聞記事など、表現に工夫が加えられたものは、「思想又は感情の表現」となり得ますので、著作物として保護される可能性があります。

【ひとくちメモ】
★著作物として保護される可能性のある事実等の伝達の例

　新聞記事は、客観的な事実を素材とするものではありますが、「記事に盛り込む事項の選択と、その配列、組み立て、その文章表現の技法は多様な選択、構成、表現が可能であり、新聞記事の著作者は、収集した素材の中から、一定の観点と判断基準に基づいて、記事の盛り込む事項を選択し、構成、表現する」ものとして、多くの場合、著作権が発生しているといえます（東京地判Ｈ6.2.18知的裁集26巻1号114頁〔日刊新聞記事要約等事件〕参照）。

　さらに、例えば百科事典のように、事実やデータを編集したものであっても、その素材の選択や配列に個性が認められる場合には「思想又は感情」の創作的表現として、著作物として保護されます。これについては、法律上、「編集著作物」や「データベース」という特別の類型が用意されています〔⇒後述：3章3(3)及び同 (4)〕。

【ツボ＃6】創作的表現か否かは、「引き算方式」で判断されます（ポイント❸）。

◇「ありふれた表現」などが、「引き算」される

　「個性」が何らかの形で認められれば創作性が認められるとすると、自然人が創作した表現であれば、かなり広く、創作的表現であると認められそうです。実際、これが原則といえます。

　しかし、これまで述べてきたように、それでも、アイデアそのものといえる表現等は、創作的表現とは認められません。つまり、一定の表現は、創作性（創作的表現）から「引き算」（除外）されると考えると、分かりやすいでしょう。

　「引き算」されるべきこれらの表現は、多くの場合、一定の表現にならざるを得ないという特徴を有するものなので、その意味では、「表現の選択の幅」に一定の制約がある表現であると言えます。

　なお、「表現の選択の幅」との言い回しは、創作性を否定する裁判例においてよく見られますが、さらに進んで、これを新しい創作性概念として、積極的に捉えようとする見解（中山70-79頁）もあります。

```
【ひとくちメモ】
★創作性の方程式（創作性は、引き算方式で！）
「創作性」（創作的表現）＝「個性」の表れ－「収れん表現（＊）」
        ＊収れん表現＝そのようにならざるを得ない表現
            ①アイデアそのものといえる表現
            ②制約的表現（「ありふれた表現」等）

　創作性（創作的表現）の判断で「引き算」（除外）されるべき表現は、
一定の表現にならざるを得ないという特徴を有するものです。いわば、
「（帰納的に）そのようにならざるを得ない表現」であるという意味で、
「収れん表現」（又は「帰納的表現」等）と名付けてみると、イメージし
やすいでしょう。
　創作性の判断においては、これら「収れん表現」が「引き算」され、
それでもなお個性の表れのある表現が認められる（残っている）場合に、
創作的表現として認められるといえます。
```

　それでは、どのようなものが「収れん表現」として「引き算」されるのか、次に見ていきましょう！

◇「引き算」要素①：アイデアそのものといえる表現

　先ほど取り上げたマージャー理論によって、「アイデア」そのものと位置づけられる表現です。アイデアの独創性の高低にかかわらず、表現が事実上限定される場合に、当てはまります。

◇「引き算」要素②：制約的表現

　「アイデア」そのものとまでは言えないとしても、素材の性格上、使える字数や表現ぶりに物理的・機能的に制約がある表現（いわば「制約

的表現」）を指します。そのような制約があることによって、個性の発揮が認められない表現です。例えば、ロゴ、標語・キャッチフレーズ、ニュース記事の「見出し」等は、一般にそのような物理的・機能的な制約を認めやすいですね。

さらに、物理的制約はないけれど機能的な制約があるものとして、定型句や定番表現などの、「ありふれた表現」があります。「ありふれた表現」は、必ずその表現をしなければいけないものではありませんが、特定の場面等ではその表現を使うことが通常想定され、期待されているという側面もあります。一般的に使われる表現ですので、それを多少アレンジして使ったとしても、使用する者の個性の発揮の余地は少ないところです。

ただし、「引き算」されるべき要素を一般に多く含むからといって、そのカテゴリーに属する表現物が、「一律に」創作的表現と認められないということではありません。

以下に裁判例を紹介しますが、創作的表現といえるかどうかは、それぞれの具体的な表現ごとに、ケース・バイ・ケースで判断されるという点に注意しながら、こうした判決文を読むようにしましょう！

○雑誌最終号あいさつ文〈東京地判Ｈ7.12.18知財裁集27巻4号787頁〔ラストメッセージin最終号事件〕〉 百選Ⅵ 27事件

休刊又は廃刊となった雑誌の最終号におけるメッセージは、「休廃刊に際し出版元等の会社やその編集部、編集長等から読者宛に書かれたいわば挨拶文であるから、このような性格からすれば、少なくとも当該雑誌は今号限りで休刊又は廃刊となる旨の告知、読者等に対する感謝の念あるいはお詫びの表明、休刊又は廃刊となるのは残念である旨の感情の表明が本件記事の内容となることは常識上当然であり、また、当該雑誌のこれまでの編集方針の骨子、休廃刊後の再発行や新雑誌発行等の予定の説明をすること、同社の関連雑誌を引き続き愛読してほしい旨要望することも営業上当然のことであるから、これら五つの内容をありふれた表現で記述しているにすぎないものは、創作性を欠くものとして著作物であると認めることはできない」としました。その上で、各雑誌のメッセージごとに、創作性の判断を行いました。

○ロゴ（デザイン書体）（東京高判H8.1.25知的裁集28巻1号1頁〔アサックス不正競争事件〕）

「いわゆるデザイン書体も文字の字体を基礎として、これにデザインを施したものであるところ、文字は万人共有の文化的財産ともいうべきものであり、また、本来的には情報伝達という実用的機能を有するものであるから、文字の字体を基礎として含むデザイン書体の表現形態に著作権としての保護を与えるべき創作性を認めることは、一般的には困難であると考えられる」とし、「Asahi」の字体をデザイン化したロゴ（左図）の著作物性を否定しました。
［出典：裁判所ウェブサイト］

○交通標語（東京高判H13.10.30判時1773号127頁〔交通標語事件〕）

　裁判所は、交通標語の著作物性等の判断に当たっては、「交通標語は、交通安全に関する主題（テーマ）を盛り込む必要性があり、かつ、交通標語としての簡明さ、分りやすさも求められることから、これを作成するに当たっては、その長さ及び内容において内在的に大きな制約があること」などを十分考慮に入れて検討する必要があるとしました（ただし、原告の交通標語「ボク安心 ママの膝より チャイルドシート」の著作物性は認めました）。

○ニュース記事見出し〈知財高判H17.10.6平成17年（ネ）10049号〔ヨミウリ・オンライン（YOL）事件〕〉

　知財高裁は、「一般に、ニュース報道における記事見出しは、報道対象となる出来事等の内容を簡潔な表現で正確に読者に伝えるという性質から導かれる制約があるほか、使用し得る字数にもおのずと限界があることなどにも起因して、表現の選択の幅は広いとはいい難く、創作性を発揮する余地が比較的少ないことは否定し難いところであり、著作物性が肯定されることは必ずしも容易ではないものと考えられる」としつつ、「各記事見出しの表現を個別具体的に検討して、創作的表現であるといえるか否かを判断すべき」としました（その上で、「A・Bさん、赤倉温泉でアツアツの足湯体験」「マナー知らず大学教授、マナー本海賊版作り販売」等のニュース記事見出しについて創作性を否定しました）。

【特別おまけメモ！】
著作物（創作的表現）の相対性
　アイデア・表現二分論は、それ自体は明確なルールですが、あらためて考えると、「アイデア」と「創作的表現」の区別は、明確とは言い切れな

い場面があることに思い至ります。

　まず、「表現」ということですが、著作物として保護される表現とは、「思想又は感情」（アイデア）を表現したものです。すなわち、そこで表現されているのは「思想又は感情」そのものです。ですから、直接の保護対象は「表現」であるといっても、その保護を通じ、表現されている「思想又は感情」を間接的に保護しているという側面もあるといえるでしょう。

　次に、「創作的」（創作性）に注目してみましょう。「創作的」表現といっても、その表現の構成要素を詳細に分解していけば、最終的には、創作性が認められない要素（例えば、言語の著作物であれば、文字や数字等）に行き着きます。

　それらの構成要素が組み合わされていくことにより、創作的表現と認められる部分が少しずつ表れ、さらに、それら「創作的表現」と他の「創作的表現」や、さらには「創作的ではない表現」や「アイデア」との部分の組み合わせによって、最終的に1つの、まとまりのある創作的表現（著作物）として認識されるものが作り上げられていきます。

　こうして、著作物の構成要素は、重層的な階層構造をなしており、「創作的表現」は他の表現の構成要素との関係性の中で初めて「創作的表現」と基礎づけられる場合があるという特徴があると考えられます。すなわち、創作性とは、さまざまな要素（表現か否か等を問わない）の関係性の中で捉えられるものです。

　したがって、著作物として認められるひとまとまりの創作的表現であっても、その創作性（個性の表れ）の度合いが小さければ小さいほど、その一部が切り取られたり、改変されたりすると、「新たな作品」においては、元の作品では感得できた表現の「創作的」（個性的）特徴が見られなくなったり、そもそも「表現」要素が残らない（もはや「アイデア」しか残っていない）ということが起こり得ます（後述❺にも関連）。

　これは、江差追分事件最高裁判決の言葉を借りて言うならば、元の著作物では直接感得できた「創作的表現」の「表現上の本質的な特徴」が「直接感得」できなくなるという事態を指します〔⇒後述：3章3(2)及び13章2(1)参照〕。

　逆に、ひとまとまりの表現であっても、それらが全て「ありふれた表現」である場合には、そもそも「創作的表現」（著作物）とは認められません。ところが、単体ではそうだとしても、一体的に用いられる他の著作物との組み合わせの中で見てみると、「ありふれた表現」ではないとして、「創作的表現」（著作物）と認められる場合も、例外的にあり得てしまうのです（フラダンス振付け事件大阪地裁判決〔⇒後述：3章2(4)参照〕）。

　以上のように、「創作的表現」は相対的なものであるということを意識の片隅に置いておくと、著作権法を理解する上で、役に立つ場面も多いのではないかと思います。次にみるポイント❹も、「創作的表現」の相対性の一場面です。

> 【ツボ＃7】「個性」が認められるためには、「独自」に表現することが必要です。ただし、「自分にとって新しい」表現なら、それでOKです（ポイント❹）。

◇自ら「新しい」表現を作り出す必要はあるが、「自分にとって新しい」表現であれば足りる

　「創作」といえるためには、独自に新しい表現を作り出すことが必要です（独自性）。「アイデア」の提供だけでは保護されないことは、ここまでお読みいただいた皆さんであれば、お分かりですね。

　他方、「独自」に表現するといっても、世の中で唯一無二のものを初めて作り出す必要はなく、「自分にとって新しい」表現を作り出せばよいのです。これにはさらに、以下のような2つの場面が考えられます。

　　A．他人の作品への「依拠」がない場面
　　B．他人の作品への「依拠」はあるが、自分なりの個性ある表現を加える場面

◇他人の作品（同じ表現物）への「依拠」がない場面（Aの場面）

　たとえ世の中に偶然同じ作品（表現物）が複数存在したとしても、それぞれの作者が、他人の作品を知らずに独自に表現したものならば、「当該著作物の存在、内容を知らなかったことにつき過失があると否とにかかわらず」、著作権侵害の責任を負いません（最判S53.9.7民集32巻6号1145頁〔ワン・レイニー・ナイト・イン・トーキョー事件〕百選Ⅵ 42事件）。

　つまり、他人の作品を土台とせずに、完全に独自に作った表現なのであれば、すなわち、「依拠」（いきょ）がない場合には、その表現は、完全に「自分にとって新しい」表現にほかなりません。この場合、「創作的表現」の他の要件を満たすのであれば、それぞれの表現が、著作物として位置づけられます。

【ひとくちメモ】
★特許等の場合は、「世の中にとって新しい」ことが必要

　特許等の場合は、たとえ「依拠」せずに発明等をしたとしても、それが既に世の中に存在し、一般に知られている発明等と同一・類似のものであれば、権利は与えられません。すなわち、「世の中にとって新しい」こと（＝新規性や進歩性等）が求められます。

　これに対し、著作権の場合、世の中に同じ表現物が存在する場合であっても、真に自らが作り出したのであれば、それぞれの創作的表現について著作権が自動発生し得ます。したがって、1人の創作者だけが権利を独り占めできるわけではありません（相対的独占権〔⇒1章2(2)〕。

　もっとも、著作権の場合であっても、例外的に「引き算」されるべき「収れん表現」（ポイント❸参照）は、性格が異なります。「収れん表現」は、「表現の選択の幅」が狭いとして、創作性が否定される表現です。「収れん表現」に限っては、事実上、「世の中にとって新しい」表現であることが求められるといえる点に、注意が必要です。

◇他人の作品（表現物）への「依拠」はあるが、自分なりの個性ある表現を加える場面（Bの場面）

　他方、他人の作品への「依拠」があるとしても、そこからインスピレーションを得て、他人の作品に修正・増減・変更等を加えたとします。この場合は、自分が行ったその追加的な表現が、「自分にとって新しい」表現なのであれば、その追加的表現は、著作物として保護される余地があります。

　そのような意味での「オリジナル」な表現を自ら創作したことを評価し、そのオリジナル性が認められる限りで保護するのが、著作権法の特徴です（後述のポイント❺にも関連します）。

【ツボ#8】「依拠」による作品の性格は、大きく3パターンがあります。

◇他人の作品に「依拠」し、追加的表現もないのであれば、単なる「パクリ」にすぎない

　依拠しつつも、創作性のある新たな追加的な表現（創作的表現）を行った場合（前記Bの場面）、そのことにより、「新たな作品」が生み出されます。この「新たな作品」には、2つのタイプがあります。

　1つは、新たな作品において、元の作品の創作的表現の本質的な特徴を、直接感じ取ることができる場合です。この場合、新たな作品は「二次的著作物」と位置づけられ、その作者は、自らが新たに創作した表現部分についてのみ権利を持ちます〔⇒後述：3章3(2)〕。

　もう1つは、元の作品の面影はなく、全く別の新たな作品になったといえる場合です。この場合は、元の作品（著作物）から完全に独立した、全く新しい著作物と位置づけられます。

　以上に対して、丸写し（デッドコピー）の場合はもちろんのこと、新たな表現を加えたつもりでも、その表現に創作性（個性の表れ）が認められない場合には、それは単なる模倣（俗にいう「パクリ」）にすぎません。この場合、そこで作られたものは、他人の著作物の複製物（コピー）にすぎず、模倣をしただけの者に、著作権は発生しません。

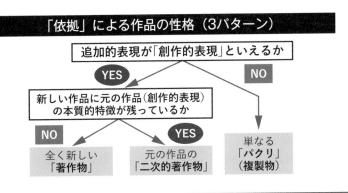

【ツボ#9】著作権は、創作性が認められる範囲で保護されます。逆に言えば、自ら創作していない表現について、著作権を主張できません（ポイント❺）。

◇著作権が及ぶのは、創作性が認められる範囲に限定される

ポイント❸で見たとおり、「収れん表現」は、「表現の選択の幅」に制約があり、創作性を発揮する余地が少ないところです。したがって、そのような表現を多く含む表現は、創作性があるとは認められない（著作物とは認められない）か、あるいは、仮に創作性が認められたとしても、保護の対象は、創作性が認められる狭い範囲に限られます。

前述の**交通標語事件東京高裁判決**も、同様の考え方から、「ときには、いわゆるデッドコピーの類の使用を禁止するだけにとどまることも少なくない」とするとともに、原告の交通標語について創作性が認められるのは、「『ボク安心』との表現部分と『ママの膝（ひざ）より　チャイルドシート』との表現部分とを組み合わせた、全体としてのまとまりをもった５・７・５調の表現のみ」であるとしました。

(3)「文芸、学術、美術又は音楽の範囲」（要件③）

> 【ツボ#10】「文芸、学術、美術又は音楽の範囲」は、文化の発展につながる表現活動が、広く含まれます。

◇著作物の種類の例は、10条１項に書かれている

「文芸、学術、美術、音楽の範囲に属する」（２条１項１号）とは、「知的、文化的精神活動の所産全般を指」します〈当落予想表事件東京高裁判決（再掲)〉。かなり、ザックリですね。

条文では、「文芸、学術、美術又は音楽」が示されていますが、著作権法は、さらに10条１項で、著作物の種類を具体的に例示しています。どのような種類があるのか、次章で見ていくことにしましょう。

ナビゲーション	＞＞ 現在の進捗状況と次の目的地 ＞＞

次の章も、1つ目の花びらを観察していきます！

1章	2-3章	4章	5-7章	8-10章	11章	12章	13章	14章	15章
著作権法とは	著作物	著作者	権利内容	権利制限	保護期間	利活用	侵害	著作隣接権	国際条約

第３章　著作物②

主な関係条文：２条、６条、１０条、１２〜１３条

１．総合案内⑴（イントロダクション）

　前章では、「著作物」とは何かについて学んできましたが、それでは、そのような「著作物」には、具体的にどのような種類（分野）があるのかが気になりますね。

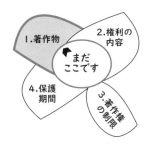

　そこで、この章では、【著作権の花】の１つ目の花びらである「著作物」のうち、「文芸、学術、美術又は音楽の範囲」という残りの要件に注目していきます。

　まずは、ジャンル別の著作物です。前章で見たように、「文芸、学術、美術又は音楽の範囲」というのは、いろいろとありそうですね。実際、その範囲はとても広く、それら著作物の種類は、１０条１項で例示されていますので、まずはその特色を見ていきましょう。

　また、著作物は、他者の作品を元に創作する場合や、他者と一緒に（共同して）創作する場合などもあります。著作権法では、それぞれの**創作過程（プロセス）**等の特色を踏まえた類型（「二次的著作物」等）も用意されていますので、本章では、それらも取り上げていきます。いわば、**タイプ別の著作物**です。

　つまり、人生いろいろ、著作物もいろいろなのです！

　このほかにも、例えば外国人による「著作物」は日本で保護されるのかといったことや、「著作物」であっても著作権等の目的とならない（著作権等が及ばない）著作物はあるのかといったことも、最後に取り上げることとします。

２．著作物の種類（ジャンル別）

（1）全部で9種類（例示列挙）

> 【ツボ＃1】著作権法に書かれている著作物の種類（10条1項1
> ～9号）は、あくまで「例示」です。

◇10条1項1～9号は「例示列挙」

　2条1項1号は、「文芸、学術、美術又は音楽の範囲」に属するもの
を「著作物」とし、10条1項では9種類の著作物を例示しています。

1号：言語の著作物	6号：図形の著作物
2号：音楽の著作物	7号：映画の著作物
3号：舞踊又は無言劇の著作物	8号：写真の著作物
4号：美術の著作物	9号：プログラムの著作物
5号：建築の著作物	

　「こんなにあるの？」と思われるかもしれませんが、ゴメンなさい。
実はこれらも「例示」にすぎません。さらにいえば、ある著作物が、同
時に複数の種類の著作物に属する場合もあり得ます。また、どの種類の
著作物に属するかによって権利の及ぶ範囲が変わり得るため、注意が必
要です。

（2）言語の著作物（10条1項1号）

> 【ツボ＃2】コトバで表現したものが「言語の著作物」です。

◇「コトバ」（言語体系）で表現したものが「言語の著作物」

　著作物については、「著作」という言葉から、文章によって描写する
ことをイメージする方も多いのではないでしょうか。

　その意味で、言語の著作物は多くの方がイメージする著作物の代表格といえるかもしれません。「小説、脚本、論文、講演」がその代表例ですが、エッセイ、手紙、俳句や詩歌などもそうです。このほか、点字や暗号文書も言語の著作物に当たります（加戸126-127頁）。前章の裁判例で紹介した標語、ニュース記事の見出し、あいさつ文等も言語の著作物に関するものです。

◇紙等への「固定」は、著作物としての保護の要件ではない

　コトバ（言語体系）で表現したものであれば、紙などの有体物に固定（記録）されていなくても著作物として保護されます。このように、著作物として保護されるために「固定」が不要なのは、他の種類の著作物でも基本的に同じです。したがって、録音・録画をしない即興音楽や即興ダンスの振り付けなども保護の対象です。ただし、「映画の著作物」に限っては、「固定」が必要です〔⇒後述：本章2(8)〕。

【ひとくちメモ】

★「言語の著作物」の特別規定

　著作権が働く権利のうち、「口述権」（24条）は、「言語の著作物」だけが関係する権利です。なお、パフォーマンス、すなわち「実演」を伴う口述は、「口述権」ではなく、「上演権」（22条）が働きます（2条1項16号及び18号参照）。

（3）音楽の著作物（10条1項2号）

> 【ツボ#3】「音楽」で表現したものが「音楽の著作物」です。

◇1つの「音楽」を構成する「作曲」（メロディー等）部分と「作詞」（歌詞）部分は、それぞれ別の「音楽の著作物」

　音楽にはいろんなジャンルがありますが、楽器だけで演奏される曲のほか、歌詞を伴うものもあります。

　歌詞を伴うものは、音で表現されるメロディー等の部分（楽曲）とコトバで表現される「歌詞」の部分とで成り立っています。

　「歌詞」はコトバで表現されますが、メロディー等（楽曲）と同時に利用され、音楽として表現されることから、「音楽の著作物」に分類されます。

　ただし、楽曲部分と歌詞部分は、通常は一体的に利用されますが、物理的には切り離すことができます。このような著作物は「結合著作物」と呼ばれ、楽曲と歌詞は、それぞれ別の「音楽の著作物」です（加戸52頁及び半田63頁等参照）〔⇒「共同著作物」〈後述：本章3(5)〉との対比を意識しましょう〕。

【ひとくちメモ】
★シンガーソングライターが1つの曲を手掛けた場合は？

　1人の人物が、ある曲の作詞と作曲の両方を同時に手掛けた場合であっても、「結合著作物」という性格が変わることはありません。

　同一人物が、ある曲の作詞と作曲を手掛けた場合には、「歌詞」部分と「楽曲」部分は、それぞれ別の「著作物」であり、それぞれについての著作権が発生します。

　それでは、さらに、作詞・作曲の創作者自身が、その曲を自ら演奏（歌唱等）した場合はどうでしょうか。

　この場合、その曲を演奏する行為それ自体のことを、「実演」といいます。「実演」は「著作物」とは区別され、「著作隣接権」として別に保護されます。つまり、シンガーソングライターは、歌詞と楽曲のそれぞれの「著作物」の創作者（著作者）であるとともに、それらを「実演」する者（実演家）でもあるということです。

　なお、さらに言うならば、その音を最初に録音したもの（原盤）を「レコード」といいます。それを音源として音楽CDを製作して販売したり音楽配信を行ったりする場合、「レコード」を製作した者（レコード製作者）もまた、その原盤の利用について、著作隣接権により保護されます。

　（➡「著作者」については第4章、「著作隣接権」については第14章で学習していきます）

★「音楽の著作物」の特別規定
　著作権が働く権利のうち、「演奏権」（22条）は、「音楽の著作物」だけに働く権利です。

（4）舞踏又は無言劇の著作物（10条1項3号）

> 【ツボ#4】ダンス等の「動き」で表現するものが「舞踊又は無言劇の著作物」です。ただし、動きそのものではなく、その「型」や「振り付け」が著作物です。

◇動き（ダンス等）そのものは著作物ではなく、「型」や「振り付け」が保護の対象

「舞踏又は無言劇の著作物」と聞けば、ダンス、バレエ、日本舞踊、パントマイム等を思い浮かべると思いますが、「著作物」として保護されるのは、それらダンス等の「型」や「振り付け」部分です。ダンスのパフォーマンス自体は、「実演」として、著作隣接権の対象です。

◇スポーツは、著作物とは認められにくい

フィギュアスケートなどで、観賞用に独自に創作された演技の型は、決まった技法の組み合わせにとどまるなど「ありふれた表現」等でない場合には、（舞踏の）著作物として保護される余地があります。

しかし、「思想又は感情を創作的に表現したもの」という観点からすると、一般的に、一定のルールの下で身体能力を競うスポーツ競技は、（舞踊の）著作物とは認められにくいといえます。

◇ダンス等の振り付けは、基本ステップの組み合わせにとどまる場合、「創作性」は否定される

保護のためには創作性が必要です。この点、基本ステップ等の組み合わせにとどまる場合には、組み合わせに何らかの特徴があれば全て著作物と認めてしまうと、「特定の者の独占が許されることになる結果、振り付けの自由度が過度に制約されることになりかねない」として、著作物性が否定される傾向が見られます（社交ダンスについて、東京地判H24.2.28平成20年（ワ）9300号〔Shall we ダンス？事件〕参照）。

　なお、ここだけの話、私はもう少し若かりし頃、簡単なエアロビクスなどを踊っていましたが〈注：レオタード姿ではありません！〉、思い返すと、それらも、基本ステップの組み合わせが多かったです。

◇個性が認められる振り付けは、「創作性」が認められる

　ダンス等の振り付けについて、必ずしも創作性が一律に否定されるわけではありません。フラダンスの振り付けについて、歌詞との対応関係を踏まえ、創作性が認められた裁判例があります〔下記参照〕。

○大阪地判Ｈ30.9.20判時2416号42頁〔フラダンス振付け事件〕

> 「フラダンスの特徴からすると、特定の楽曲の振付けにおいて、各歌詞に対応する箇所で、当該歌詞から想定されるハンドモーションがとられているにすぎない場合には、既定のハンドモーションを歌詞に合わせて当てはめたに過ぎないから、その箇所の振付けを作者の個性の表れと認めることはできない」
>
> 「他方、…ある歌詞に対応する振付けの動作が、歌詞から想定される既定のハンドモーションでも、他の類例に見られるものでも、それらと有意な差異がないものでもない場合には、その動作は、当該歌詞部分の振付けの動作として、当該振付けに独自のものであるか又は既存の動作に有意なアレンジを加えたものということができるから、作者の個性が表れていると認めるのが相当である」
>
> 「楽曲の振付けとしてのフラダンスは、そのような作者の個性が表れている部分やそうとは認められない部分が相俟った一連の流れとして成立するものであるから、そのようなひとまとまりとしての動作の流れを対象とする場合には、舞踊として成立するものであり、その中で、作者の個性が表れている部分が一定程度にわたる場合には、そのひとまとまりの流れの全体について舞踊の著作物性を認めるのが相当である」

(5) 美術の著作物（10条1項4号）

> 【ツボ＃5】「美術」で表現したものが「美術の著作物」です。

◇「美術の著作物」は、絵画、版画、彫刻などの美術作品が典型例

「絵画、版画」（二次元の美術作品）、「彫刻」（三次元の美術作品）が代表例ですが、「美術工芸品」も含みます（2条2項）。

また、「書」も含まれますが、書について、著作物としての本質的な特徴は、「書に特有の…美的要素」にあるとされています（**東京高判 H14.2.18判時1786号136頁**〔雪月花事件〕 百選Ⅵ 53事件 ）。

なお、著作物だといえるためには「文芸、学術、美術又は音楽の範囲」に属する必要がありますが（2条1項1号）、ここでいう「美術」は、10条1項が示す著作物の種類の例としての「美術」（4号）にとどまらず、「建築」（5号）や「写真」（8号）等も含む広い概念です。

【ひとくちメモ】

★「美術の著作物」の特別規定

著作権が働く権利のうち、「展示権」（25条）は、「美術の著作物」と「（未発行の）写真の著作物」についてだけ働く権利です。また、このほかにも、「美術の著作物」を特出しした規定があります（4条4項、18条2項2号、45〜47条の2）

【ツボ#6】「キャラクター」は、マンガやイラスト等の「パッと見」で分かる形の表現でないと、保護されにくいです。

◇「キャラクター」は、形になって初めて保護される

「キャラクター」という用語は、「君、いいキャラしてるね！」などといった場合も含めて、さまざまな意味で使われますが、著作権法は「表現」を保護する制度ですから、そのような人物像や性格、特徴等それ自体（＝「アイデア」に属するもの）は、保護の対象外です。

他方、それがマンガやイラスト等として視覚的に表現されれば（＝「パッと見」で分かる表現）、そのイラスト等は、「美術の著作物」として著作権法で保護される余地があります（もちろん、「ビジュアル系」キャラに限られません！）。

○最判H9.7.17民集51巻6号2714頁〔ポパイ・ネクタイ事件〕 百選Ⅵ78事件

　「一話完結形式の連載漫画においては、当該登場人物が描かれた各回の漫画それぞれが著作物に当たり、具体的な漫画を離れ、右登場人物のいわゆるキャラクターをもって著作物ということはできない。けだし、キャラクターといわれるものは、漫画の具体的表現から昇華した登場人物の人格ともいうべき抽象的概念であって、具体的表現そのものではなく、それ自体が思想又は感情を創作的に表現したものということはできないからである」

　判決はこのように述べて、ネクタイに「水兵帽をかぶり、水兵服を着、口にパイプをくわえた船乗りが右腕に力こぶを作っている立ち姿を描いた絵の上下に『POPEYE』『ポパイ』の語を付した図柄」は、「（第一回作品）の第三コマないし第五コマに主人公ポパイが、水兵帽をかぶり、水兵服を着、口にパイプをくわえ、腕にはいかりを描いた姿の船乗りとして描かれている」ポパイのマンガの絵の複製に当たると判示しました。

　なお、「複製というためには、第三者の作品が漫画の特定の画面に描かれた登場人物の絵と細部まで一致することを要するものではなく、その特徴から当該登場人物を描いたものであることを知りうるものであれば足りるというべきである」としています。

【ひとくちメモ】
★文章だけで表現される「キャラクター」は保護されにくい

　イラスト等のビジュアルな表現ではなく、文学作品で「コトバ」だけで表現される人物の特徴等（例えば、小説に書かれている登場人物の性格）であっても、文字により表現されている限り、その描写表現そのものは、著作物（言語の著作物）として保護され得ます。

　しかし、保護の対象はあくまで「（創作的）表現」であり、「アイデア」ではありません。したがって、文章だけで表現される「キャラクター」について、文章による描写表現の外形を超えて、登場人物の人物像といった抽象的な概念に著作権による保護を与えることは、一般にハードルは高いところです。この場合に著作権の保護が及ぶ範囲は、通常は、実際に描写されている文章表現の範囲にとどまるものと考えられます。

【ツボ#7】実用品のデザイン（いわゆる「応用美術」）は、著作権法では保護されにくい傾向があります。

◇「応用美術」問題とは何か

　美術作品と聞けば、美術館等で鑑賞する場面を思い浮かべると思います。それでは、「純粋」に鑑賞されるだけでなく、実用に供され、あるいは、産業上利用される（＝「応用」される）美的創作物は、著作権法で保護されるのでしょうか。

　これが、いわゆる「応用美術」の問題です。「応用美術」に関して、著作権法は、「美術の著作物」には「美術工芸品を含む」と定めていますが（2条2項）、主として鑑賞を目的とする工芸品である「美術工芸品」ではないものの扱いについては、特に定めがありません。そこで、解釈上、美術工芸品以外の「応用美術」を著作物として保護すべきか否かが問題となります。

◇伝統的には、「純粋美術」と同視できる「応用美術」のみが、著作権法の保護対象とされてきた

　実は、「応用美術」について、上記のような規定ぶりとなっている背景には、「応用美術」は、原則として、（商品デザイン等の保護法である）意匠法等で保護すべきだが、「純粋美術」としての性質を有するものなら、「美術の著作物」として著作権法でも保護するとの考え方がありました。そこで、かつての裁判例は、「純粋美術」と同視できるかどうかということを、著作権保護の判断基準としてきました（なお、さらに初期の裁判例は、「美術工芸品」と同視できる美術性を備えているか否かを判断基準としていました〈長崎地裁佐世保支決Ｓ48.2.7無体裁集5巻1号18頁〔博多人形赤とんぼ事件〕〉。

　そうはいっても、どのようなものであれば「純粋美術」と同視できるかということは明らかではなく、この点について、従来は、「高度の芸術性」を必要とする見解もありました（例えば、東京高判H3.12.17知的裁集23巻3号808頁〔木目化粧紙事件〕）。

　しかし、平成14（2002）年ごろから、高度性を一律に求める裁判例は姿を消し（仙台高判H14.7.9判時1813号150頁〔ファービー人形事件〕〈育成型電子ペットおもちゃの人形デザインの著作物性を否定〉)、その

後、「実用目的に必要な部分と分離して、美的鑑賞の対象とする美的特性を備えている」か否かという観点（**分離可能性及び鑑賞対象性の2要素**）を重視する判決が主流となりました（**知財高判H26.8.28判時2238号91頁〔ファッションショー事件〕** 百選Ⅵ6事件 等）。

　この考え方の下では、全般的に、「応用美術」について、著作物性を否定する傾向が見られます〔下記参照〕。

【ひとくちメモ】

★2要素重視の裁判例

[著作物性が否定された例]

◇動物・アリスのフィギュア（大阪高判H17.7.28判時1928号116頁〔チョコエッグおまけフィギュア事件〕）

◇ゴルフシャフトのデザイン（東京地判H28.4.21判時2340号104頁〔ゴルフシャフト事件〕）

◇バッグのデザイン（東京地判R1.6.18平成29年（ワ）31572号〔BAO BAO ISSEY MIYAKE事件〕）

◇タコの滑り台〈東京地判R3.4.28令和元年（ワ）21993号〔タコの滑り台事件：第1審〕〉

◇多機能クッション〈知財高判R3.6.29令和3年（ネ）10024号〔姿勢保持具事件〕〉

[著作物性が肯定された例]

◇妖怪フィギュア（チョコエッグおまけフィギュア事件大阪高裁判決〈再掲〉）

◇大阪城などのピクトグラム（大阪地判H27.9.24判時2348号62頁〔ピクトグラム事件〕）

◇「純粋美術」と同視できるかどうかではなく、一般の創作性判断を重視する知財高裁判決が登場

　平成27（2015）年に、上記の伝統的な考え方と異なる判断を示した知財高裁が登場しました（**知財高判H27.4.14判時2267号91頁〔TRIPP TRAPP事件〕** 百選Ⅵ7事件）。

　この判決は、美的か否かの判断は客観的判断になじみにくいとし、「応用美術」であるからといって「美術」性判断を特別視することはせ

ず、一般の創作性判断を重視した点に特徴がある判決です。

同判決は、左右一対の2本脚で、台座部分の部材が約66°の鋭角で結合している等の特徴がある幼児用椅子のデザイン（右図）について、個性が発揮されているとし、著作物性を認めました。

ただし、同判決は、応用美術は、実用目的又は一定の機能発揮のため表現に制約があるので、著作権保護の範囲は比較的狭いとし、本件については、著作権の侵害ではないとしました。

[出典：裁判所ウェブサイト]

【ひとくちメモ】

★TRIPP TRAPP事件知財高裁判決のその後

　この判決は、「美術」性の判断は特に行わなかった判決と捉えることもできそうですが、その後の知財高裁判決では、「創作」性の判断とともに、「美術」性の判断も合わせて考慮する傾向がみられます〈知財高判H28.10.13平成28年（ネ）10059号〔幼児用箸事件〕等〉。その際には、例えば、「何らかの形で美的鑑賞の対象となり得るような特性」が必要であるとしており、具体的には「端整とか鋭敏、優雅といったような何かしらの審美的要素を見て取る」ことができるかどうかが着目されています〈知財高判H30.6.7平成30年（ネ）10009号〔半田フィーダ事件〕〉。

　さらに、知財高判R3.12.8令和3年（ネ）10044号〔タコの滑り台事件：控訴審〕は、2要素を重視しつつ、美術性と創作性を融和的に判断しています。

★「逆応用美術」―レディ・メイド作品の著作物性

　現代美術の分野では「レディ・メイド」（既製品）という分野があります（マルセル・デュシャンの「泉」―男性用小便器の作品―が有名です）。大量生産された既製品を、オブジェとして展示する作品ですが、既製品を美術に応用したものと見るならば、「逆応用美術」といえるかもしれません。

　さて、著作物性についてこれまで学習してきたことを踏まえれば、この「逆応用美術」も、新たな「創作的表現」が加わっていない場合には、著作権法上の著作物としてはなかなか認められないと考えられます。

　しかし、そのような意味での純粋なレディ・メイドではなく、既製品を利用しつつも、思想的な意味づけにとどまらず、作者独自の創作的表現が加えられているのであれば、著作物として認められる余地はあります〔⇒金魚電話ボックス事件控訴審判決〈前掲：2章2(1)〉参照〕。

【特別おまけメモ！】
「応用美術」という差別的概念について

　「応用美術」問題は、現時点では、裁判例として決着しているとは言えません。もっとも、TRIPP TRAPP事件知財高裁判決のインパクトは大きく、その後の裁判例では、「純粋美術」と同視できることを保護の要件として「明示」するものは、ほとんど見られなくなりました。

　そもそも、「応用美術」と「純粋美術」という分類は、芸術の世界では差別的な概念として用いられてきたことに注意が必要です。かつての裁判例が、「応用美術」について、「高度の芸術性」がある場合に限って「純粋美術」と同視できるとしていたのは、「応用美術」のほうが芸術性の面で格下であるとする美学思想があったことも、ひょっとしたら、影響したのかもしれません（白鳥綱重「『応用美術』と著作物性判断の潮流－ＡＣＥの三角関係の行方－」横浜法学28巻3号265-266頁等参照）。

　しかし、芸術性が高いか低いかといったことは、究極的には「感じ方」の問題です。裁判官による客観・公平な判断を期待することには限界があります（裁判官の「好み」も、影響してしまうかもしれません）。したがって、この問題については、「応用美術」・「純粋美術」といった美学上の対比にとらわれることなく、著作権法上の原則に立ち返り、著作物の保護要件に照らして個別に判断する必要があると考えられます。すなわち、「美術」性だけでなく、「創作」性判断にも目配せをする必要があります。

　ただし、いわゆる「応用美術」は、通常、「収れん表現」（特に、「技術的・機械的表現」）を多く含み、「創作的表現」と認められない場合が多いと考えられます。実用品であれば、それぞれの使い道に沿ったデザインでなければ、むしろ、「役に立たない」商品に成り下がってしまうだろうからです。したがって、実用品のデザインは、一般に、創作性を発揮できる余地が限られるため、著作物とは認められにくい場合が多いと考えられます。

　もっとも、例えば、Ｔシャツの中心部にプリントされた絵画等のように、その絵画等の表現が、商品の機能や特性により制約を受けるものでない場合には、「美術の著作物」として認められやすいものと考えられます。

【ツボ＃8】「タイプフェイス」（印刷用活字書体）は、一般に著作物としての保護は否定されます。

◇「文字」の特性から、タイプフェイスの著作物性は認められにくい傾向がある

　タイプフェイスは、「文字」に施されるデザインです。「文字」は、私たちが普段使用する実用的なツールであり、その意味で、実用品に施されるデザインである「応用美術」問題と同じように考えることができます（広くみれば、「応用美術」といえます）。特に、「文字」は、情報を伝えるために使用されるものですので、その独占を認めてしまうと、表現の自由が成り立たないという特性を持ち合わせています。

　そこで、著作物として保護されるための要件としては、一般に、①顕著な特徴を有するといった独創性と、②それ自体で美的鑑賞の対象となり得る美的特性、が求められています。

○最判H12.9.7民集54巻7号2481頁〔ゴナU事件〕 百選Ⅵ 9事件

> 　「印刷用書体がここにいう著作物に該当するというためには、それが従来の印刷用書体に比して顕著な特徴を有するといった独創性を備えることが必要であり、かつ、それ自体が美術鑑賞の対象となり得る美的特性を備えていなければならないと解するのが相当である」
>
> 　「印刷用書体について右の独創性を緩和し、又は実用的機能の観点から見た美しさがあれば足りるとすると、…既存の印刷用書体に依拠して類似の印刷用書体を制作し又はこれを改良することができなくなるなどのおそれがあり…また、印刷用書体は、文字の有する情報伝達機能を発揮する必要があるために、必然的にその形態には一定の制約を受けるものであるところ、これが一般的に著作物として保護されるものとすると、著作権の成立に審査及び登録を要せず、著作権の対外的な表示も要求しない我が国の著作権制度の下においては、わずかな差異を有する無数の印刷用書体について著作権が成立することとなり、権利関係が複雑となり、混乱を招くことが予想される」
>
> 　最高裁は以上のように述べた上で、本件書体（「ゴナU」等）は、「従来からあるゴシック体のデザインから大きく外れるものではない」等として、著作物性を否定しました。

(6) 建築の著作物（10条1項5号）

> 【ツボ#9】「建築」で表現したものが「建築の著作物」ですが、一般的に、造形芸術としての美術性が求められます。

47

◇建築物（有体物）の美的形象が保護対象

　著作権は「知的財産権」であって、有体物に対する「所有権」とは区別されるものです。このため、「建築の著作物」として著作権法の保護の対象になるものは、建築物（有体物）そのものではありません。建築物の美的形象が保護の対象です。

　なお、建物と一体となるものとして設計された「庭園」も合わせて、「一個の建築の著作物を構成する」とした裁判例があります（東京地決H15.6.11判時1840号106頁〔ノグチ・ルーム事件〕 百選Ⅵ 38事件 ）。

◇一般の住宅は「建築の著作物」とは認められにくい

　建築の著作物も、人々が生活等に利用するという、実用的な目的や特定の機能を持つ「建築」に施されるデザインという観点から、「応用美術」問題と同様に考えることができます。

　この点、裁判例では、「建築の著作物」は「造形芸術としての美術性を有するものであることを要し、通常のありふれた建築物は、同法で保護される『建築の著作物』には当たらないというべきである」〈大阪高判H16.9.29平成15年（ネ）3575号〔グルニエ・ダイン事件〕 百選Ⅵ 13事件〉とされています。

　このように、どのような建築物でも保護されるということではなく、実用性や機能性から離れて、造形芸術としての美術性があると認められないものは、建築の著作物とはいえないとするのが裁判所の考え方です。

【ひとくちメモ】

★建築物：著作権法と意匠法

　建築物は、そこで暮らしたり、店舗を経営したり、物を保管するなど、具体的な用途等が想定されますので、それに応じた構造となることが、通常考えられます。したがって、本書で述べた「技術的・機械的表現」を本来的に多く含むことから、建築物は、著作物性が否定されやすいのです。

　従来の裁判例が「造形芸術としての美術性」等を、建築物の著作物としての保護の要件として求め、芸術性の高い建築物のみを保護する姿勢を示してきたのは、著作権の保護が認められない「技術的・機械的表現」以上の「創作的表現」を求める趣旨であると理解することができるでしょう。

すなわち、その創作的表現の特性は、美術性（美的創作性）の面で表れることが多く、その有無の判断は、比較的、直感的にイメージしやすいため、それが判断指標として採用されてきたのではないかと考えられます。

　ただし、建築物は、著作権法で保護されないとしても、意匠法による保護の途があります。**建築物の外観や内装、そして内装デザイン**は、従来は意匠法の保護の対象外でしたが、**令和元（2019）年の意匠法改正により**、保護対象に追加されました（意匠法2条1項及び8条の2等）。

★「建築の著作物」の特別規定

　「建築の著作物」に関する規定として、著作者人格権である同一性保持権に関する調整規定（20条2項2号）や、著作権の権利制限規定（46条）があります。このほか、「図面」との関わりについての規定もあります（2条1項15号ロ）。

(7) 図形の著作物（10条1項6号）

【ツボ#10】地図や説明図等の「図形」で表現したものが「図形の著作物」です。

◇「地図」や「学術的な性質を有する図面・図表・模型」等が保護される

　地図は、住所地等の客観的な「事実」を表示するものではありますが、そのような素材の「取捨選択」と「表示の方法」の両方に創作性が認められれば、著作物として保護されます（東京地判H13.1.23判時1756号139頁〔ふぃーるどわーく多摩事件〕百選Ⅵ87事件 等）。

　さらに、独自に作成したイラストを多く用いた地図であれば、「美術の著作物」（5号）としての性格も持ち得ることになります。

　「学術的な性質を有する図面・図表・模型」としては、設計図、説明のための図表、人体模型等が挙げられます。

　ただし、「学術的な性質」とあることから、「模型」であれば、「対象物をデフォルメして見やすさを追求して創作された場合」には、学術的性質を有する模型といえる一方（高林59頁）、おもちゃとして販売され

ているような商品の場合には、ここには当てはまらないと考えられます（ただし、いわゆる「応用美術」として「美術の著作物」（4号）といえるかどうかは、別に問題となり得ます〔⇒本章2(5)参照〕）。

> **【ツボ＃11】「設計図」（図面）は、「図形の著作物」としての著作物性は認められにくい傾向があります。**

◇「設計図」は、一般的な作成ルール（表現技法）に従って作成されている限り、著作物とは認められにくい

「工業製品の設計図は、そのための基本的訓練を受けた者であれば、だれでも理解できる共通のルールに従って表現されているのが通常であり、その表現方法そのものに独創性を見出す余地はな」いとされています（東京地判H9.4.25判時1605号136頁〔スモーキングスタンド事件〕百選Ⅵ 11事件）。同判決では、このことと、本件設計図に表現された実用品は著作物とはいえないことを考え合わせると、「本件設計図を著作物と認めることはできない」と示されました。

　他方、著作物性を認めた裁判例もあります。**建築の設計図**について、作図上の「表現方法」に関しては「選択の幅はほとんどない」としつつも、具体的な「表現内容」に関し、「各部屋や通路等の具体的な形状や組合せ等も含めた具体的な設計については、その限定的な範囲で設計者による個性が発揮される余地は残されている」として、その限定的な範囲で、建築設計図が著作物であると認められました（知財高判H27.5.25平成26年（ネ）10130号〔メゾンA事件〕百選Ⅵ 12事件）。

> **【ひとくちメモ】**
> **★設計図の著作物性について**
> 　設計図について、「表現方法」に制約があることを認めつつ、「表現内容」の個性に着目して著作物性を認めるメゾンA事件知財高裁判決は、一見すると、「表現」ではなく、「アイデア」を基礎として著作物性を認める余地を示しているかのように見えなくもありません。

しかし、言いぶりが少し紛らわしいのですが、ここにいう「表現方法」というのは、あくまで、「表現技法」を指し、その表現技法を使って設計対象を具体的に表したもの（＝具体的表現）を、「表現内容」と言っているのだと考えられます。

考えてみれば、例えば、言語の著作物であれば、日本語や英語等のコトバを使って自由に表現するわけですが、それぞれのコトバには、文字や文法等の共通ルール（表現技法）があります。その表現技法を使って表現したもの（＝具体的表現）が、著作物です。設計図についても、表現技法それ自体の共通ルールがあるわけですが、その意味での「表現方法」に制限があることを確認しつつ、その上で、具体的表現に個性が発揮される余地が残されているかどうかに着目したのが、この判決といえます。

ただし、通常、設計対象は、実用的な機能を持つ人工物でしょうから、設計対象は、収れん表現を多く含むものとして「著作物」とは認められにくく、したがって、設計対象を具体的に表現した設計図についても、「図形の著作物」としての著作物性は、一般に否定されやすいと考えられます。

★設計図の二面性

図形の著作物は、図形それ自体をコピー（複製）する行為に権利が及ぶものです。逆にいえば、設計図が「図形の著作物」として認められるものであるとしても、設計図に従って対象物を作成・完成すること自体は、「図形の著作物」の複製ではありません。

しかし、設計図には、設計対象の「著作物」が表現されているという側面もあります。このため、設計図に従って対象物を作成・完成した場合は、対象物（著作物）の複製にはなります。対象物が「建築の著作物」の場合は「建築に関する図面に従って建築物を完成すること」は、「建築の著作物」の「複製」に当たると明記されています（2条1項15号ロ）。

(8) 映画の著作物（10条1項7号）

【ツボ#12】「映画」や動画で表現したものが「映画の著作物」です。「劇場用映画」に限られません。

◇「映画の著作物」の範囲は、意外と広い

「劇場用映画」が典型例ですが、テレビドラマやアニメーション、ゲームソフトの影像なども、「映画の著作物」に含まれます。

◇「映画の著作物」は、「固定」が保護要件

　「映画の著作物」には、「映画の効果に類似する視覚的又は視聴覚的効果を生じさせる方法で表現され、かつ、物に固定されている著作物を含む」とされています（2条3項）。

　したがって、この場合の保護の要件としては、他の著作物の場合と異なり、「固定」が必要とされている点に注意が必要です。よって、テレビの「生」放送番組は、同時に固定（録画）されたものは別にして、映画の著作物としては保護されません。

【ひとくちメモ】
★生番組も、著作隣接権の保護は及ぶ
　「映画の著作物」として保護されない生番組でも、著作隣接権の対象である「放送」や「有線放送」としての保護はあり得ます〔⇒後述：14章参照〕。

◇ゲームソフトの影像も「映画の著作物」

　「映画の効果に類似」というのは、「視（聴）覚的効果」（動きをもって見えるという効果）が類似であることを指し、「製作方法」が類似であることまでは求められていません。ゲームソフトの影像は、プレーヤーの操作によって変化し得るものですが、その操作による変化も織り込んだ上で「視覚的効果」が創作的に表現され、かつ、プログラム化されてCD-ROM等に収録されて固定されていることから、「映画の著作物」に当たります（東京地判S59.9.28無体裁集16巻3号676頁〔パックマン事件〕等）。また、この場合、「映画の著作物」に当たると同時に「プログラムの著作物」（9号）にも当たります。

【ひとくちメモ】
★「映画の著作物」の特別規定
　「映画の著作物」は、著作権法上、特例的な定めが多いです。代表的なものとしては、著作者の定義（16条）、頒布権（26条）著作権の帰属に関する特例（29条）、保護期間（54条）があります。

(9) 写真の著作物（10条1項8号）

> 【ツボ#13】「写真」で表現したものが「写真の著作物」です。

◇「写真」だけでなく、写真を特徴づけるような化学的・技術的方法を用いるものも、「写真の著作物」に含まれる

「写真の著作物」には、「写真の製作方法に類似する方法を用いて表現される著作物を含む」とされています（2条4項）。すなわち、「製作方法」が類似していれば「写真の著作物」に含まれます。

◇「写真の著作物」は、構図やシャッターチャンス、アングルの選択等の工夫が見られれば、創作性ありと認められる

写真の著作物については、「構図、シャッターチャンス、撮影ポジション・アングルの選択、撮影時刻、露光時間、レンズ及びフィルムの選択等において工夫」している点に創作性が認められます（東京地判H20.3.13判時2033号102頁〔祇園祭写真事件〕参照）。

この点、デジタルカメラの場合は、スマホ（スマートフォン）による撮影も含め、ピント合わせやシャッター速度などの自動制御機能を備えていますが、プロカメラマンではない者によるスナップ写真であっても、「被写体の構図やシャッターチャンスの捉え方において撮影者の創作性を認めることができ、著作物性を有するものというべきである」とされています（東京地判H18.12.21判時1977号153頁〔スナップ写真事件〕）。

【ひとくちメモ】
★被写体の決定自体も創作性の判断対象となり得る
被写体自体に独自性がある場合には、「撮影時刻、露光、陰影の付け方、レンズの選択、シャッター速度の設定、現像の手法等」だけでなく、「被写体の決定自体…、すなわち、撮影の対象物の選択、組合せ、配置等」についても、創作性の判断対象になるとされています（東京高判H13.6.21判時1765号96頁〔みずみずしい西瓜写真事件〕）。

◇絵画等を正面から写真撮影する場合のように、撮影上の工夫の余地が乏しい場合には、「写真の著作物」とは認められない

　被写体を忠実に撮影する場合には、一般に、「写真の著作物」としての創作性は認められません。例えば、**版画の紹介写真**について、「撮影対象が平面的な作品である場合には、正面から撮影する以外に選択する余地がない上、光線の照射方法における配慮も、原画を忠実に再現するためにされるものであり、独自に何かを付け加えるものでないから、創作性は認められない」とされています（東京地判H10.11.30知財裁集30巻4号956頁〔版画の写真事件〕）。

　また、**製作工程写真**について、その「目的は、その性質上、製作工程の一場面を忠実に撮影することにあり、…誰が撮影しても同じように撮影されるべきものであって、撮影者の個性が表れないものというべき」とされています〈東京地判H30.6.19平成28年（ワ）32742号〔美術館グッズ事件〕〉。

◇著作物性判断が微妙な場合も多いので…

　もっとも、どのような場合に撮影上の工夫の余地が乏しいのかという判断は、実際には難しいことが考えられます。とはいえ、プロカメラマンではない者がホームページで紹介するために撮影した**商品の写真（陰影あり）**について、著作物性を認めた裁判例もあります（スメルゲット事件知財高裁判決〔次ページ参照〕）。

　したがって、写真は、誰が撮影しても全く同じように写るものを除き、基本的には、著作物と考えておいたほうがよさそうです。

　例えば、街中にある**自動証明写真機**で撮影した写真は、指定された構図等で撮影している限り、著作物性は認められませんが、**プリクラ（プリント倶楽部）**の写真は、「盛れる」（加工できる）ことも含め、撮影に当たって個性を発揮する余地があることから、著作物性が認められる可能性があると考えられます。仮に盛りすぎて別人のように写ったとしても、それもまた「個性」の表れです。

○知財高判H18.3.29〔スメルゲット事件〕 百選Ⅵ8事件

「ある写真が、どのような撮影技法を用いて得られたものであるのかを、その写真自体から知ることは困難であることが多く、写真から知り得るのは、結果として得られた表現の内容である。撮影に当たってどのような技法が用いられたのかにかかわらず、静物や風景を撮影した写真でも、その構図、光線、背景等には何らかの独自性が表れることが多く、結果として得られた写真の表現自体に独自性が表れ、創作性の存在を肯定し得る場合があるというべきである」

裁判所は以上のように述べて、本件写真の著作物性を認めました。

ただし、「創作性が微少な場合には、当該写真をそのままコピーして利用したような場合にほぼ限定して複製権侵害を肯定するにとどめるべきものである」ともしている点に注意が必要です。すなわち、一般に、写真の著作物として認められる場合が多いとしても、その保護の範囲は、創作性が認められる狭い範囲に限定されるという考え方〔⇒2章2(2)【ツボ#9】〕は、ここでも示されています。

【ひとくちメモ】

★写真は被写体（著作物）の「複製物」でもある

被写体が著作物である場合には、その写真は、「写真の著作物」であるとともに、その被写体の著作物の「複製物」でもあります。例えば、版画や絵画の紹介写真が「写真の著作物」として認められない場合があるとしても、版画や絵画の著作物の「複製物」であるという性格は変わりません。また、逆に、写真自体が「写真の著作物」であると認められるからといって、他人の著作物を無断で写真撮影することは、その「複製」行為にほかなりませんので、私的使用目的など著作権法で認められている場合を除き、被写体（著作物）の著作権の侵害となり得ます。

なお、被写体が人物の場合には、「著作権」とは別に、「肖像権」や「パブリシティ権」〔⇒1章2(2)〕が働く場合もありますので、その点にも注意しましょう。

★「写真の著作物」の特別規定

著作権が働く権利のうち、「展示権」（25条）は、「（未発行の）写真の著作物」と「美術の著作物」だけに働く権利です。また、このほかにも、「写真の著作物」を特出しする規定があります（4条4項、18条2項2号、45〜47条の2）。

（10）プログラムの著作物（10条1項9号）

> 【ツボ#14】「プログラム」で表現したものが「プログラムの著作物」ですが、プログラム言語等は対象外です。

◇コンピュータ・プログラムは、著作権法で保護される

　プログラムとは、「電子計算機を機能させて一の結果を得ることができるようにこれに対する指令を組み合わせたものとして表現したもの」をいいます（2条1項10号の2）。

　ここで、「電子計算機」と聞くと、「電卓」をイメージしてしまうかもしませんが、記憶・演算・制御の3装置を備えるものが広く含まれます（加戸46頁）。一般的には、「コンピュータ」を指すと考えておけばよいでしょう。

　コンピュータを機能させて一定の作業をさせることを目的として作られたプログラムのソース・コード（プログラム言語で記述され、人間が読み取り可）とオブジェクト・コード（機械語で記述され、人間が読み取り不可）の両方とも、「プログラムの著作物」として、保護の対象です。

◇コンピュータ・プログラムのアイデア部分は、著作権法では保護されない

　著作権が及ぶのはプログラムの「表現」部分（オブジェクト・コード等）であって、「アイデア」部分には著作権は及びません。すなわち、プログラムを表現するための言語（**プログラム言語**）やそのルール（**規約**）、プログラムの処理の流れ・アルゴリズム（**解法**）は、保護の対象ではありません（10条3項）。

　なお、特定の機能を果たすプログラムの具体的記述が、ごくありふれたものである場合には、作者の個性が発揮されていないものとして、創作性は否定されます。

　他方、プログラムの具体的記述に創作性がある場合には、たとえ、それ自体ではコンピュータ（電子計算機）に対する指令といえないデータであるとしても、その「データ部分を読み込む他のプログラムと協働することによって、電子計算機に対する指令を組み合わせたものとして表現したものとみることができる」記述である場合には、プログラムの著作物として保護が受けられます（東京地判Ｈ15.1.31判時1820号127頁〔電車線設計用プログラム事件〕百選Ⅵ 14事件）。

【ひとくちメモ】

★特許法によるプログラムの保護

　プログラムの保護を巡っては、著作権法と産業財産権法のどちらで保護すべきかについて、かつて、大きな論争がありました。この問題は、昭和60（1985）年の著作権法改正により、著作物の例示として「プログラムの著作物」が追加（10条1項9号）されたことで決着し、TRIPS協定（1994年）においても、著作物としての保護が位置づけられました（TRIPS協定10条1項）〔⇒後述：15章2(2)〕。

　ただし、その一方で、特許においても、コンピュータ・ソフトウエア関連発明について、保護を行う運用が進められ、平成14（2002）年の特許法改正により、「物の発明」の「物」には、「プログラム等を含む」ことが明示されました（特許法2条3項1号）。

★「プログラムの著作物」の特別規定

　「プログラムの著作物」については、著作権法上、特例的な扱いが多いところです。代表的なものとしては、上記の10条3項のほかに、公衆送信の定義（2条1項7号の2）、職務著作（15条2項）、著作者人格権である同一性保持権に関する調整規定（20条2項3号）、権利制限規定（47条の3）、登録（76条の2及び78条の2）があります。

3．著作物の類型（タイプ別）

（1）類型

> 【ツボ#15】一般の「著作物」のほか、「二次的著作物」「編集著作物」「データベース」という類型があります。二人以上で一緒に作った場合には、「共同著作物」にもなり得ます。

◇「著作物」には、いくつかのタイプがある

著作物のタイプ（類型）としては、一般の「著作物」のほか、「二次的著作物」「編集著作物」「データベースの著作物」があります。そして、これらは、一人で創作した場合には「単独著作物」ということになりますが、二人以上が創作に関与し、一定の要件を満たしたものは、「共同著作物」として位置づけられます。これらの違いは、権利行使等の場面で意味を持ってくるのですが〔⇒後述：12章2(6)〕、ここではまず、各タイプの特徴を理解しておきましょう。

（2）二次的著作物

> 【ツボ#16】「二次的著作物」とは、既存の著作物に変更等を加えることでつくられる新たな著作物のことです。

◇ある著作物に新たな表現を加えて創作した著作物を、「二次的著作物」という

「二次的著作物」の法律上の定義は、「著作物を翻訳し、編曲し、若しくは変形し、又は脚色し、映画化し、その他翻案することにより創作した著作物」（2条1項11号）です。

例えば、フランス語を日本語に翻訳したり（翻訳）、楽曲をアレンジしたり（編曲）、イラストを基に立体の着ぐるみを作成したり（変形）することのほか、小説を基にドラマのシナリオを作ったり映画化をした

りするなど（翻案）により作成された著作物が、「二次的著作物」に当たります。

　用語がズラズラと並んで読みづらいと思いますが、ここには、大きく分けて、【翻訳】【編曲】【変形】【翻案（脚色や映画化等）】の４種類が列挙されています。「要約」は、「翻案」に含まれます。全部まとめてザックリ言ってしまえば、「類似」の表現物を創作することです！

◇二次的著作物にいう「翻案」といえるための３つの要件

　「翻案」とは、「既存の著作物に依拠し、かつ、その表現上の本質的な特徴の同一性を維持しつつ、具体的表現に修正、増減、変更等を加えて、新たに思想又は感情を創作的に表現することにより、これに接する者が既存の著作物の表現上の本質的な特徴を直接感得することのできる別の著作物を創作する行為」を指します（江差追分事件最高裁判決〔下記参照〕）。

　う〜ん。なんて漢字ばかりの長い一文なのでしょう…。思わず読み飛ばしたくなるようなこの文章ですが、実はかなり重要です。念仏のように唱える必要はありませんが、要点は、頑張って理解しましょう。

　これは、「翻案」の要件を示したもので、大きくいうと、❶「依拠」、❷「表現上の本質的な特徴」（の「同一性維持」と「直接感得」）、❸「新たな創作的表現の追加」という３つの要素が含まれています。

○最判H13.6.28民集55巻4号837頁〔江差追分事件〕 百選Ⅵ 44事件

　北海道の江差追分全国大会を題材にしたテレビ番組のナレーションが、ノンフィクション書籍の冒頭プロローグを翻案したかどうかが問題になった事案です。最高裁は、「翻案」の定義について、【要旨１】として、上記のように示すとともに、【要旨２】として、「既存の著作物に依拠して創作された著作物が、思想、感情若しくはアイデア、事実若しくは事件など表現それ自体でない部分又は表現上の創作性がない部分において、既存の著作物と同一性を有するにすぎない場合には、翻案には当たらないと解するのが相当である」としました。その上で、本件については、「同じ認識の上に立って、江差町では９月に江差追分全国大会が開かれ、年に１度、かつてのにぎわいを取り戻し、町は一気に活気づくと表現したことにより、本件プロローグと表現それ自体でない部分において同一性が認められること

になったにすぎず、具体的な表現においても両者は異なったものとなっている」等と述べ、翻案の成立を否定しました。

◇「依拠」がなければ、独立した新たな著作物となる（要件❶）

そもそも依拠せずに独自に創作的表現を行ったのであれば、その表現物は、独立した新たな著作物であり、それ自体に著作権が発生します。この点は、既に取り上げましたね〔⇒2章2(2)(創作的表現)〕。

◇「本質的な特徴」は「アイデア」ではなく「(創作的)表現」に着目するとともに、「直接感得」も必要（要件❷）

引っ掛かるとすると、この要件（❷）でしょうか。「表現上の本質的な特徴」というのは何か、というところから「？」だと思いますが、とりあえず、「表現上の本質的な特徴」＝「創作的表現」と読み替えると分かりやすいでしょう。これには2つポイントがあります。

まず1つ目のポイントは、「同一性維持」です。少しカタく言うならば、既存の著作物（先行著作物）の表現上の本質的な特徴（創作的表現）が、後発作品において「同一性を維持」していることが必要ということです。要するに、問題となっている作品同士を客観的に比べてみたときに、共通部分があり、その部分が創作的表現であることが求められます。

その際、「表現上の」とあるように、ここでは、「アイデア」上の特徴には着目しません。あくまでも「表現」上の特徴に着目します。

いくらコンセプトが同じ、あるいは似ているだけでは、「翻案」とはいえず、そもそも、著作権侵害とはなりません（上記判決中の【要旨2】も参照）。著作権法は「創作的表現」を保護しているのであって、「アイデア」は保護の対象とはしていないからです。

その上で、要件❷では、「直接感得」が求められています。これが2つ目のポイントです。すなわち、「翻案」といえるためには、既存の著作物の「表現上の本質的な特徴」（創作的表現）が、後発作品において「直接感得」できることも必要とされています。

60

　これはどういうことかといえば、既存の著作物と後発作品との間に、表現上の本質的な特徴の同一性（共通部分）が客観的には存在するとしても、それ以外の部分（非共通部分）が質的・量的に多いことなどにより、後発作品に「接する者」が共通性を直接感じとることができない場合には、翻案とはいえないということです。

　前述の江差追分事件最高裁判決は、既存の著作物（本件プロローグ）との共通部分である後発著作物（後発作品）のナレーション部分だけでなく、これと一体的に使用されたテレビ番組の「影像」との関わりも考慮した上で、ナレーション部分に「接する者」による「直接感得」の有無を判断しました。その結果、後発著作物であるテレビ番組のナレーション部分について、「影像を背景として放送されたのであるから、これに接する者が本件プロローグの表現上の本質的な特徴を直接感得することはできないというべきである」と判示しました。

表現上の本質的な特徴（2つのポイント）

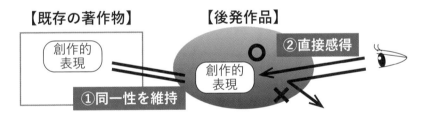

件自体について、独自の意義を見いださず、創作的表現の同一性（共通性）があれば翻案は成立するとの見解（創作的表現の共通性一元論）も有力に主張されています（島並ほか310-311頁〔上野〕等参照）。これは、著作権侵害判断の手法に関わり、また、そもそも「表現上の本質的な特徴」とは何かということを巡る見解の違いでもありますので、著作権侵害のところで、再び取り上げます〔⇒13章2(1)（直接侵害）〕。

◇「新たな創作的表現の追加」があれば「翻案」、なければ「複製」（要件❸）

　江差追分事件最高裁判決による翻案の３要件（❶～❸）は、実は「翻案」だけでなく、「翻案」以外の利用行為にも広く妥当する要素を含んでいます。

　第１に、翻案以外の二次的創作全般に当てはまります。というのも、「翻案」と、その他の二次的創作である「翻訳」「編曲」及び「変形」は、法概念としては明確に区別されてはいますが、これらは、「新たな創作的表現の追加」（修正、増減、変更等）（❸）により創作されるものという点では、共通しているからです。

　第２に、二次的創作だけでなく、「複製」の成否を判断する上でも、重要な判断要素を含んでいます。というのも、翻案の３要件のうち、「新たな創作的表現の追加」（❸）がなければ、「翻案」等（二次的著作）には当たりませんが、「依拠」（❶）と「表現上の本質的な特徴」（❷）の両方の要件を満たしているのであれば、「複製」には当たるからです。

　つまり、「複製」と「翻案」等の違いは、「新たな創作的表現の追加」（❸）の有無にあり、それがある場合が「翻案」等で、それがない場合が「複製」です（右図参照）。

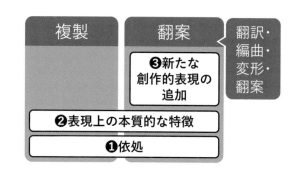

【ひとくちメモ】

★「新たな創作的表現の追加」について

　二次的著作物といえるために必要な「新たな創作的表現」は、「『…先行する著作物に対して、他に類例がないとか全く独創的であること』までをも要するものではな」いところですが、原著作物の創作的表現と区別される新たな「別な創作的表現を感得し得ると評価することができるもの」であることは求められます〈知財高判H18.11.29平成18年（ネ）10057号〔豆腐屋事件〕百選Ⅵ4事件〉。

（3）編集著作物

> 【ツボ#17】「編集著作物」とは、素材の「選択や配列」によって創作性を有する著作物のことです。

◇「編集著作物」の定義（12条1項）

　法律上の定義は、「編集物（データベースに該当するものを除く…）でその素材の選択又は配列によつて創作性を有するもの」（12条1項）です。百科事典、新聞、雑誌、職業別電話帳などが当たります。

◇編集方針（＝アイデア）は、保護の対象ではない

　編集著作物も「著作物」である以上、「創作的表現」であることが必要ですが、編集の対象物である「素材」自体は、「創作的表現」である必要はなく、事実・データ等も含まれます。編集著作物が「著作物」として保護されるのは、そのような素材の「選択又は配列」による具体的な表現に、創作性（個性の表れ）が認められる点にあります。

　一方、編集方針や編集方法は、素材の「選択又は配列」を行う前提となる「アイデア」として、一般に、保護は与えられにくいです。

○東京高判H11.10.28判時1701号146頁〔知恵蔵事件：控訴審〕

　レイアウト・フォーマット用紙に示される柱、ノンブル、ツメの態様、

分野の見出し、項目、文字の大きさ、書体、罫、約物の形状の配置は、「編集著作物である知恵蔵の編集過程における紙面の割付方針を示すもの」であって、「それが知恵蔵の編集過程を離れて独自の創作性を有し独自の表現をもたらすものと認めるべき特段の事情のない限り、それ自体に独立して著作物性を認めることはできない」と判示しました。

○知財高判H25.4.18判時2194号105頁〔治療薬ハンドブック2008事件〕
[百選Ⅵ 48事件]

　　控訴人の書籍『今日の治療薬 解説と便覧2007』の漢方薬便覧部分について、「多数の生薬の中から『ヨクイニンエキス』のみを大分類『漢方薬』に分類するものとして選択した上、漢方3社が製造販売する薬剤がある漢方処方名については、当該漢方処方名に属する漢方3社の薬剤を全て選択し、漢方3社が薬剤を製造販売していない漢方処方名については、臨床現場における重要性や使用頻度等に鑑みて個別に薬剤を選択したというのであるから、薬剤の選択に控訴人らの創作活動の成果が表れ、その個性が表れているということができ、上記のような考慮から薬剤を選択した上、歴史的、経験的な実証に基づきあえて50音順の原則を崩して配列をした控訴人書籍漢方薬便覧部分の薬剤の配列には、控訴人らの創作活動の成果が表れ、その個性が表れているから、一定の創作性があ」るとしました。

【ひとくちメモ】
★素材それ自体には編集著作物の著作権は及ばない
　編集著作物は、素材の「選択又は配列」に創作性がある場合に、その限りにおいて著作物として認められますので、「選択又は配列」を行った者が、素材そのものについての著作権を持つわけではありません。
　逆に、編集著作物に収録された素材が著作物である場合には、その素材の著作物の著作者は、その著作物に関する権利を失いません（12条2項参照）。この点、次のデータベースの著作物も同じです（12条の2第2項）。

(4) データベースの著作物

【ツボ#18】「データベースの著作物」は、「情報の選択又は体系的な構成」に創作性がある場合に保護されます。

◇「データベース」の定義（2条1項10号の3）

　「データベース」の定義は、「論文、数値、図形その他の情報の集合物であつて、それらの情報を電子計算機を用いて検索することができるように体系的に構成したもの」です。

◇データベースの著作物は、編集著作物の一種だが、創作性の対象が微妙に違う

　「データベースの著作物」は、編集著作物で収録した素材を、コンピュータにより検索できるように体系的に構成したものです。

　したがって、編集著作物の一種といえますが、データベースの著作物は、「情報の選択又は体系的な構成」に創作性がある場合に保護されます（12条の2第1項）。データベースの特性から、「配列」ではなく、「体系的な構成」があることが重視されています。単にデータを網羅的に検索できるというだけでは、体系的な構成には当たりません。

○東京地判H12.3.17判時1714号128頁〔ＮＴＴタウンページ事件〕 百選 Ⅵ5事件

　全国の電話番号情報を網羅したタウンページのデータベースについて、その職業分類体系は、「日本標準産業分類の分類項目とは大きく異なって」いること等を認定した上で、「検索の利便性の観点から、個々の職業を分類し、これらを階層的に積み重ねることによって、全職業を網羅するように構成」されているとして、全体として、体系的な構成によって創作性を有するデータベースの著作物と認めました。

○東京地判（中間判決）H13.5.25判時1774号132頁〔翼システム事件〕 百選Ⅵ 15事件

　自動車整備業用に自動車に関する情報を収録したデータベースについて、実在の自動車の情報を選択（収録）したことや、自動車検査証に記載する必要のある項目や車種といったデータ項目を選択したことは、「通常されるべき選択」であって、選択に創作性があるとは認められず、また、データ項目を型式指定－類別区分番号の古い自動者から順に並べた点についても、他の業者の車両データベースにおいても採用されているものであり、体系的な構成に創作性は認められないとして、著作物性を否定しました。

◇「データ」それ自体は、著作物ではない

　データ収集を頑張ったとしても、その頑張り（＝額に汗）自体は、著作権法の保護対象ではありません〔⇒2章2(2)〕。データベースの著作物は、あくまでも、「創作的表現」といえる部分（＝情報の選択又は体系的な構成）を保護するものであり、「データ」それ自体が保護の対象とされているものではないことに注意しましょう。

【ひとくちメモ】

★平成30年不正競争防止法改正

　昨今、「ビッグデータ」が注目されていますが、価値あるデータについては、著作権法ではなく、不正競争防止法による保護があり得ます。平成30（2018）年の不正競争防止法改正では、同法による規制の対象である「不正競争」の類型として、「限定提供データ」（ＩＤ・パスワード等により管理しつつ、相手方を限定して提供するデータ）の不正取得等が追加されています（不競法2条1項11〜16号）。

---

(5) 共同著作物

> 【ツボ#19】「共同著作物」とは、2人以上の者が共同して創作し、かつ、各寄与分を分離できない著作物のことです。

◇「共同著作物」の定義（2条1項12号）

　法律上の定義は、「二人以上の者が共同して創作した著作物であつて、その各人の寄与を分離して個別的に利用することができないもの」です。

　共同著作物の成立要件は、❶共同創作、❷各人の寄与を分離できないことの2つです。

　要件❶は、「著作物」の共同創作を意味しますので、各人が「創作的表現」を共同で行うことが必要です。「アイデア」の提供を行うだけでは、「共同して創作」とはいえません（なお、後述する「職務著作」〔⇒4章3〕が成立する場面には、法人も主体となり得ます）。

66

　要件❷は、分離して個別に利用できないものであることを求めるものです。音楽の「楽曲」（メロディー等）と「歌詞」は分離できることから、これらについては、「共同著作物」ではなく、「結合著作物」（楽曲と歌詞という2つの音楽の著作物の結合体）という扱いでしたね〔⇒本章2(3)(音楽の著作物)〕。

○大阪地判H4.8.27知的裁集24巻2号495頁〔静かな焔事件〕 百選Ⅵ 22事件

　『静かな焔－肝臓移植を受けた医師』という闘病記について、「共同して創作」した著作物に当たるといえるかどうかが争われ、裁判所は、闘病記の文章のうち、闘病者A（後に死亡）が口述をし、看病をしてきた同居者Bがそれを文章として完成させた部分については、「共同して創作した著作物」といえると判断しました。すなわち、Bは、文章化に当たり、文章構成や文体を考慮しながら、重複する部分を削除し、趣旨不明な部分や他に読者が興味をひかれるような出来事がなかったかなどをAに尋ね、その結果を自分なりに取捨選択して文章を補充訂正し、文章として完成させたことを踏まえ、「単なる補助者としての関与にとどまらず、自らの創意を働かせて創作に従事していた」と認められるとしました。

　また、Aもまた、「創作のためのヒントやテーマを与えたという程度にとどまらず、その創作に従事していたと認めることができる」として、AとBが共同して創作したものと認めました。他方、闘病記の文章のうち、Aの死後に、Bが新たに作成した部分は、「共同して創作したとはいえない」としました。

4．保護を受ける著作物とそうでないもの

(1) 日本の著作権法により「保護を受ける著作物」

　【ツボ#20】日本の著作権法による保護の有無は、原則として、「国籍」や「発行地」等で判断されます。

◇基準は「国籍」や「発行地」（6条）
　日本の著作権法で保護されるためには、「著作物」が次の3つの要件のいずれかに当てはまることが必要です。

1号：日本国民の著作物（国籍）

2号：最初に日本国内で発行された著作物（発行地）

3号：条約により日本が保護の義務を負う著作物（国籍・発行地）

【ひとくちメモ】

★国籍や発行地についての考え方

　6条1号は「国籍」に着目し、発行地は問いません。ここにいう「日本国民」には、日本の法令に基づいて設立された法人や日本国内に主たる事務所がある法人を含みます。また、「法人」には、法人格がない社団や財団であっても代表者や管理人の定めがあるものも含みます（2条6項）。

　2号は「発行地」に着目し、国籍は問いません。ここには、最初に日本国外（外国）で発行されたけれども、その発行の日から30日以内に日本国内で発行された場合も含みます。

　3号に関しては、関連条約として、日本が加盟するベルヌ条約（3条）、万国著作権条約（2条）及びTRIPS協定（9条1でベルヌ条約遵守を規定）があります。これらは、加盟国の国民の著作物、及び加盟国で最初に発行された著作物について、各加盟国に保護義務を課しています。

◇「未承認国」の国民の著作物は、原則として保護を受けない

　一般に日本が条約上の保護義務を負うとしても（1号関係）、日本が国家として承認していない国（未承認国）の国民による著作物の場合、3号の下では、日本の著作権法では保護されません。

○最判H23.12.8民集65巻9号3275頁〔北朝鮮事件〕 百選Ⅵ 104事件・109事件

　最高裁は、北朝鮮（2003年1月にベルヌ条約に加盟）の国民の著作物について、日本は、未承認国である北朝鮮との間でベルヌ条約に基づく権利義務は発生しないとの立場をとっているから、我が国は同条約に基づき北朝鮮の国民の著作物を保護する義務を負わない旨を判示しました。

　なお、同判決は、「ある著作物が同条〔6条〕各号所定の著作物に該当しないものである場合、当該著作物を独占的に利用する権利は、法的保護の対象とはならないものと解される。したがって、…同法が規律の対象とする著作物の利用による利益とは異なる法的に保護された利益を侵害するなどの特段の事情がない限り、不法行為を構成するものではない」として、北朝鮮の行政機関により北朝鮮で製作された劇映画の一部を日本の報道機関が一部（2分8秒間）無断で使用したことについて、不法行為責任も否定しました。

【ひとくちメモ】
★未承認国の著作物でも、日本で最初に発行されれば保護される
　未承認国の著作物であれば、6条3号（条約により日本が保護の義務を負う著作物）には当たりませんが、仮に、最初に日本で発行された著作物であれば、6条2号により、日本の著作権法で保護され得ます。

（2）権利の目的とならない著作物

【ツボ#21】法令や判例は、「保護を受ける著作物」ではあっても、原則として「権利の目的」とはなりません。

◇法令や判決は「権利の目的とならない」（13条）

「保護を受ける著作物」（6条）であっても、以下のいずれかに当てはまるものについては、権利（著作権及び著作者人格権）の目的とはなりません（13条）。

1号：憲法その他の法令
2号：国・地方公共団体の機関や独立行政法人等の告示、訓令、通達等
3号：裁判所の判決、決定、命令等
4号：上記（1〜3号）の翻訳物や編集物であって国や地方公共団体の機関等が作成するもの

　確かに、法令などは広く知られ、守られるべきなのに、その利用について国に個別に伺いを立てる必要があるとするならば、利用は進まず、周知も進まないおそれがありますね。
　しかし、この規定があるからひと安心。
　著作権法や裁判例を活用して、思う存分、学習を楽しみましょう！

| ナビゲーション | ＞＞　現在の進捗状況と次の目的地　＞＞ | |

スタート　＞＞　　①②③④⑤　著作者

1つ目の花びらはいかがでしたか？
次の花びらを見に行く前に、「著作者」の
葉っぱなどを見てみましょう！

ゴール

1章	2-3章	4章	5-7章	8-10章	11章	12章	13章	14章	15章
著作権法とは	著作物	著作者	権利内容	権利制限	保護期間	利活用	侵害	著作隣接権	国際条約

第4章　著作者

主な関係条文：2条1項2号、14〜17条、29条

1．総合案内ⓘ（イントロダクション）

　第2章と第3章では、著作権法（著作権）では「何」が保護されるかについて、取り上げてきました。カタく言うならば、「権利の客体」ということであり、それはズバリ、「著作物」ということでした。

　それでは、著作権法では、その著作物に関して、「誰が」権利を持つことになっているのでしょうか。こうした「権利の主体」について取り上げるのが、本章です。そして、実は、答えは簡単です。

　それは、「著作物を創作する者」（著作物の創作者）です。著作権法は、「著作物を創作する者」のことを「著作者」と呼び（2条1項2号）、「著作者」が権利を持つ（享有する）としています（17条1項）。

　もっとも、これが基本的な考え方なのですが、これには法律上、性格が異なる2つの例外があります。その1つが「職務著作」であり、もう1つが「映画の著作物」です。

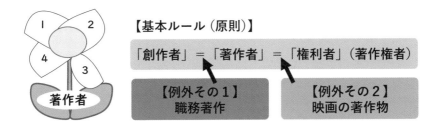

【基本ルール（原則）】

「創作者」＝「著作者」＝「権利者」（著作権者）

| 【例外その1】 | 【例外その2】 |
| 職務著作 | 映画の著作物 |

著作者

　本章で取り上げるのは、【著作権の花】でいうと、花を咲かせる土台となる部分（根や茎・葉）です。それでは、行ってみましょう！

2.「著作者」の基本的な考え方

(1) 全ては「創作」から

> 【ツボ#1】「創作者」＝「著作者」＝「権利者」（著作権者）が
> 基本ルールです。

◇キホンは、「創作者」

　著作権法の目次を眺めてみましょう。著作権法第2章（10〜78条の
2）は「著作者の権利」を定めていますね。そうなのです。著作権法が
権利の主体として想定しているのは、「著作者」です。

　それでは、「著作者」とは一体、誰なのでしょうか。この点について、
2条1項2号は、「著作者」は、「著作物を創作する者をいう」と定義し
ています。つまり、著作物の「創作者」が「著作者」です。

　さらに、17条1項は、「著作者」は著作権法に定める「権利」を「享
有する」とし、同2項は、そのことについて「いかなる方式の履行をも
要しない」としています。

　これは、要するに著作物を「創作」したら、その者は「著作者」とし
て、直ちに「権利を享有」する（権利者となる）ということです。

　著作権の保護は、創作から始まる。そして、「創作者」が「著作者」
であり、「権利者」である。この創作者主義の原則を、まず押さえてお
きましょう。

(2) 誰が「創作者」か

> 【ツボ#2】「創作者」とは、「創作的表現」を行う者のこと。

◇誰が「創作的表現」を行っているかが、ポイント

　「創作者」が「著作者」だとすると、それでは「創作者」（著作物を創
作する者）とは誰のことを指すのでしょうか。

これは、第2章（著作物）で取り上げたことを思い出しましょう。

すなわち、「著作物」といえるためには、「創作的表現」があることが必要でした。ということは、その「創作的表現」を行った者が、「創作者」である（したがって、「著作者」でもある）ということです。

◇アイデアの提供等は、「創作的表現」とはいえない

「アイデア」（企画や構想等）の提供を行っているだけの者は、「創作的表現」を行っている者ではないため、著作者とはいえません。

また、助手等として他人の「創作的表現」を手伝うだけでは、「創作的表現」には当たりませんし、資金面の援助だけという場合も、当たりません。裁判例としては、以下のものがあります。

【ひとくちメモ】

★「創作的表現」そのものとは認められなかった裁判例

◇「企画案ないし構想の域にとどまる」（最判H5.3.30判時1461号3頁〔智恵子抄事件〕 百選Ⅵ 16事件）

➡ 詩集の編集に当たり、企画や収録する際の詩の提案などを行っていた者について、編集著作物の著作者とは認めませんでした。

◇「単に文書作成のための素材を提供したにとどまる」（東京地判H10.10.29知的裁集30巻4号812頁〔SMAPインタビュー記事事件〕）

➡ インタビュー等の口述を基に作成された雑誌記事等の文書について、「あらかじめ用意された質問に口述者が回答した内容が執筆者側の企画、方針等に応じて取捨選択され、執筆者により更に表現上の加除訂正等が加えられて文書が作成され、その過程において口述者が手を加えていない場合」には、口述者は、文書の著作者とはならないとしました。

◇「助手として準備を行ったり、粘土付け等に関与したにすぎない」〈知財高判H18.2.27平成17年（ネ）10100号〔ジョン万次郎像事件〕〉 百選Ⅵ 40事件）

➡ 塑像の作成、石膏取り、鋳造という3つの工程を経て制作されるブロンズ像について、表現が確定するのは「塑像」の段階であることから、「塑像における創作的表現を行った者が当該銅像の著作者というべきである」とし、塑像の制作工程において助手として準備をしたり粘土付け等に関与したりしたにすぎない者を、著作者とは認めませんでした。

◇「アドバイザーの地位」（知財高決H28.11.11判時2323号23頁〔著作権判例百選事件〕 百選Ⅵ 18事件）

➡共同編集著作物について、「編者」の一人とされていたとしても、実質的にはこれらの行為をしたにとどまる「いわばアドバイザーの地位」に置かれている者は、その編集著作物の著作者とはなり得ないとしました。

◇「観念的な建築物が現わされていると認めるに足りる程度の表現であるともいえない」〈知財高判H29.10.13平成29年（ネ）10061号〔ステラマッカートニー青山事件〕 百選Ⅵ 21事件〉

➡建築物の設計資料のうち、外装スクリーン部分（デザイン部分）について、伝統的な和柄（→その意味で「ありふれた表現」）である組亀甲（くみきっこう）柄を立体形状とし、同一サイズの白色として等間隔で同一方向に配置・配列するとの提案について、「実際建築される建物に用いられる組亀甲柄の具体的な配置や配列は示されていないから、観念的な建築物が現されていると認めるに足りる程度の表現であるともいえない」等として、提案者を共同著作者とは認めませんでした。

★「創作」の関与の態様・程度等により、著作物の性格が変わる

　誰が創作者かといったことは、著作物の性格にも影響してきます。例えば、上記のSMAPインタビュー記事事件のような、インタビュー等の口述を基に作成された雑誌記事等の文書を例に挙げると、口述者が創作者（著作者）と位置づけられない場合は、文書作成者が唯一の著作者である著作物（「単独著作物」等）となります。

　一方、文書作成者と共に、口述者も創作者（著作者）と位置づけられる場合は、関与の態様・程度等により、「共同著作物」（口述者と文書作成者の共同著作物）又は「二次的著作物」（口述者は、当該文書を二次的著作物とする原著作物の著作者）と位置づけられます。

◇代作の著作者は、代作者（ゴーストライター）

　誰が「著作者」かということは、「創作的表現」を行っているのは誰かという客観的事実に基づいて判断されます。依頼者のために代作をし、その他人の名前で作品（著作物）を公表したとしても、その作品の「著作者」は、あくまで、その著作物を実際に創作した代作者（ゴーストライター）あって、依頼者ではありません。

　また、実際の著作者ではない者の名前（実名やペンネーム）を著作者名として作品に表示し、販売（譲渡）やレンタル（貸与）をした者は、刑事罰（1年以下の懲役又は100万円以下の罰金）が科せられます（121条：著作者名詐称罪）。

　もっとも、著作者名として表示されていない者が作成した場合であっても、それが「代作」といえない実態がある場合には、著作者名詐称罪の対象にはならないと考えられます。

　しかし、それを超えて、**著作者名詐称罪の対象になるような行為を内容とするゴーストライター契約は、**「公の秩序又は善良の風俗」に反する事項を目的とするもの（公序良俗違反：民法90条）として、**無効です**（ジョン万次郎像事件知財高裁判決〈再掲〉参照）。

(3)「映画の著作物」の「著作者」

> 【ツボ＃3】「映画の著作物」の場合、映画監督等、「全体的形成に創作的に寄与した者」が「著作者」です。

◇「映画の著作物」の著作者は「全体的形成に創作的に寄与した者」

　「映画の著作物」は、通常、「創作」関与者が複数います。その場合、上記のとおり、誰が「著作者」といえるかについては、それぞれの創作の関与の態様・程度により決まるわけですが、毎度、イチから判断するのでは大変です。そこで、法は、「映画の著作物の著作者は、…制作、監督、演出、撮影、美術等を担当してその映画の著作物の全体的形成に創作的に寄与した者とする」（16条）と整理しています。

> **【ひとくちメモ】**
> **★旧著作権法下における映画の著作物の「著作者」とは？**
> 　旧法下では、映画の著作物の著作者について、現在の16条のような規定はありませんでしたが、最高裁は、現行16条と同様の解釈を行うべきことを示し、チャップリンが監督等を務めた『ライムライト』等の映画について、チャップリンを著作者と認定しました（最判H21.10.8判時2064号120頁〔チャップリン事件〕 百選Ⅵ 79事件）。

◇「全体的形成に創作的に寄与した者」の意味

「全体的形成に創作的に寄与」というのは、映画の著作物について、一貫したイメージを持って映画製作の全体に参加している者（映画プロデューサー、映画監督、テレビ番組ディレクター、撮影監督、美術監督等）を指します。

これは、逆にいえば、部分的な寄与にとどまる者（助監督、カメラ助手等）は、映画の著作物の著作者ではないということです。また、映画の著作物の著作者は、原則として、監督等であって、映画製作者（映画製作会社）ではないということです。

〇東京地判H14.3.25判時1789号141頁〔宇宙戦艦ヤマト事件〕 百選Ⅵ 20事件

人気アニメ『宇宙戦艦ヤマト』の作品（→映画の著作物）について、その著作者は、同作品のプロデューサーなのか、美術・設定デザインを担当した漫画家なのかが争われました。裁判所は、各著作物について、具体的な関与の程度・内容を確認した上で、企画書の作成から、映画の完成に至るまでの全製作過程に関与し、具体的かつ詳細な指示をして最終決定を行ったプロデューサーが、著作者（＝本件著作物の全体的形成に創作的に寄与した者）であると認定しました。

他方、当該漫画家については、実際に関与した作業内容は、映画及び音楽から構成される著作物の全体からみれば、部分的な行為にすぎないとして、映画の著作物の著作者としては認めませんでした。

【ひとくちメモ】
★会社等が著作者とされることもある

16条は「ただし、前条の規定の適用がある場合は、この限りでない」としています。すなわち、映画の著作物について「職務著作」（15条）〔⇒後述：本章3）が成立する場合には、「職務著作」の規定が優先的に適用され、「法人等」（映画製作会社等）が著作者となります。

◇「モダン・オーサー」と「クラシカル・オーサー」の別に注意

「映画の著作物」は通常、台本（脚本）があります。また、小説やマンガ・アニメを映画化するケースもあります。

　つまり、「映画の著作物」は、それらの脚本や小説等を原作とする「二次的著作物」でもあります。ここでは、原作が「翻案」利用されている関係にあります。

　また、「映画の著作物」には、音楽（音楽の著作物）が使用されています。映画の中で美術作品（美術の著作物）が使用される場合もあるでしょう。それらの音楽や美術作品は、「映画の著作物」において、「複製」利用されている関係にあります。

　このように、「映画の著作物」において、小説、脚本、音楽等の著作物が利用（翻案や複製）されているわけですが、それらの著作物の著作者は、「映画の著作物」の著作者（映画監督等）とは区別されます。この場合、一般に、小説等の原著作物や、複製利用されている音楽等の著作物の著作者は「クラシカル・オーサー」、映画監督等の映画の著作物の著作者は「モダン・オーサー」と呼ばれます。面白い呼び方ですね。

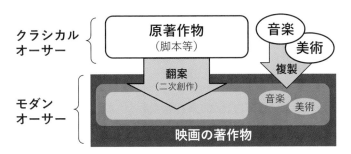

─────────────────────────────────
【ひとくちメモ】
★二次的著作物としての映画の著作物
　「モダン・オーサー」と「クラシカル・オーサー」の区別は、二次的著作物としての映画の著作物の著作権の帰属関係（29条1項）〔⇒本章4〕や著作者人格権〔⇒後述：6章〕において、意味を持ってきます。
　なお、映画に登場する俳優は、「著作者」（オーサー）ではなく、「実演家」（パフォーマー）として、著作隣接権制度により保護されます〔⇒後述：14章〕。

（4）著作者の「推定」（14条）

> **【ツボ#4】著作者名として表示されている者が、実際の「著作者」であると「推定」されます。**

◇著作者の「推定」はひっくり返ることもある

　著作物の原作品（オリジナル作品）において、又は著作物を公衆に提供・提示する際に、著作者名が通常の方法により表示されている者は、その著作物の著作者と「推定」されます（14条）。

　著作権の侵害がある場合、被害を受けた権利者としては、加害者に対して侵害訴訟を起こす場合に、自分が「著作者」であり、権利を持っていることを証明しなくてはなりませんが、14条の推定規定があることにより、その立証責任の負担が軽減されているということです。ただし、あくまで「推定」ですので、相手方が反対の事実を証明すれば、「推定」は覆されます（いわば、「どんでん返し」です）。

　なお、著作者名の表示は、「実名」であるか、よく知られているペンネーム等（変名として周知のもの）であるかにかかわりません。

○東京高判H11.11.17平成10年（ネ）2127号〔ノンタン事件〕 百選Ⅵ 17事件

> 　「ノンタン」という名前の白いネコ（震えるような輪郭線が特徴的）が主人公の絵本について、著作者名の表示は、共同著作名義でした。しかし、裁判所は、創作過程や印税受け取りなどの事実を総合的に考慮した結果、一方の関与は「補助的作業」にとどまるものとして、単独の著作者による著作物であると認定しました（つまり、「推定」を覆しました）。

- -
【ひとくちメモ】
★「変名」は、「実名」の代わりに用いられる氏名・名称のこと
　「推定」の対象になる著作者名の表示は、「実名」と「変名として周知のもの」に限られています。「実名」は、本名を指します。法人が著作者である場合〔⇒職務著作（次項参照）〕には、その正式名称が「実名」です。
- -

他方、「変名」というのは、もちろん、「変な名前」ではなくて、「実名の代わりに用いられる氏名・名称」のことです。「ペンネーム」や「ニックネーム」などがイメージしやすいでしょう。14条は、「雅号、筆名、略称」を、例として挙げています。

　ただし、「推定」の対象となるのは、「変名として周知のもの」に限られており、そのペンネームから、本人の実在が社会的に知られている者であることが求められます。皆さんの好きな作家やアーティストにも、「変名」の例は、結構あるのではないでしょうか。

　なお、公表名義が「実名」か「変名」かで、著作物の存続期間（保護期間）の起算点が変わります（51条及び52条）〔⇒後述：11章4〕。

3.「職務著作」（例外その1）

(1) 制度趣旨（「創作者＝著作者」ルールの例外）

【ツボ＃5】従業員が職務上作成した著作物の「著作者」は、従業員ではなく、使用者（会社等）です。

◇「職務著作」は、会社等（使用者）を著作者と位置づける著作権法上の仕組みのこと

　会社等の従業員が著作物を作成した場合、その「著作者」は、実際に「創作的表現」を行った個々の従業員（自然人）となりそうなものですが、著作権法は、その例外として、一定の要件の下で、会社等を著作者と位置づけています（これが「職務著作」制度です）。

　現代社会において重要な役割を果たしている会社等の社会的実態を踏まえ、業務として作成された著作物の権利を会社等に一元的に集中させることによって、会社等の円滑な事業活動の確保と、著作物の利用の円滑化を図る規定です。

　ここでは、個々の従業員（自然人）は、著作者とは位置づけられていない点に注意しましょう。すなわち、「職務著作」は、「創作者＝著作者＝権利者」の基本ルールのうち、前半部分である「創作者＝著作者」の例外を法律で定めるものです。

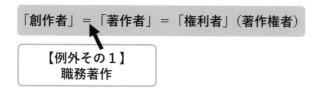

「創作者」＝「著作者」＝「権利者」（著作権者）

【例外その１】
職務著作

(2)「職務著作」の成立要件（15条）

【ツボ＃6】「職務著作」の成立要件は，❶法人等の発意、❷業務従事者、❸職務上の作成、❹法人等名義の公表、❺別段の定めがないこと、の５つです。

◇「職務著作」の５つの要件（15条）

「職務著作」は、15条が根拠規定です。１項と２項があり、２項は特に「プログラムの著作物」についての規定です。１項は、次のように定めています。

「法人その他使用者（以下…「法人等」という。）の発意に基づきその法人等の業務に従事する者が職務上作成する著作物…で、その法人等が自己の著作の名義の下に公表するものの著作者は、その作成の時における契約、勤務規則その他に別段の定めがない限り、その法人等とする」

このことから、【ツボ＃6】に示す５つの要件が導かれます。以下、具体的に見ていきましょう！

◇法人等の発意（要件❶）

著作物の創作が、法人等の判断に基づくものであることが必要です。
これは、職場の上司からの明示的な指示を受けて作成する場合だけでなく、従業員による企画・発案に基づいて、それを上司が了解して作成するような場合を含み得ます。

◯知財高判H22.8.4判時2101号119頁〔北見工業大学事件〕 百選Ⅵ 24事件

> 「法人等と業務に従事する者との間に雇用関係があり、法人等の業務計画や法人等が第三者との間で締結した契約等に従って、業務に従事する者が所定の職務を遂行している場合には、法人等の具体的な指示あるいは承諾がなくとも、業務に従事する者の職務の遂行上、当該著作物の作成が予定又は予期される限り、『法人等の発意』の要件を満たす」

【ひとくちメモ】

★「会社」だけじゃない

　職務著作は、「会社」について成立するとのイメージを持たれやすいのですが、会社だけではありません。法律は、「法人その他使用者」と定めています。また、ここにいう「法人」には、「法人格を有しない社団又は財団で代表者又は管理人の定めがあるものを含む」（2条6項）ほか、「使用者」には自然人（個人事業主）の場合も含みます。

◇業務従事者（要件❷）

　法人等の業務に従事する者が作成することが必要ですが、法人等と「雇用関係」があれば、この要件は満たします。

　他方、雇用契約がない関係にあるとしても、①法人等の指揮監督下において労務を提供する実態があり、かつ、②法人等がその者に対して支払う金銭が労務提供の対価であると評価できる場合には、「法人等の業務に従事する者」の要件を満たすとされています。

◯最判H15.4.11判時1822号133頁〔ＲＧＢアドベンチャー事件〕 百選Ⅵ 23事件

> 　中国国籍の者が、当初は観光ビザ、その後は就労ビザで計3回来日し、日本のアニメ会社の企画に応じてキャラクターのイラストを作成しました。そのうち、就労ビザによる来日中ではない期間に作画したイラストについて、職務著作といえるかどうかが問題となりました。なお、日本に滞在中は、会社の従業員宅に居住し、会社のオフィスで作業し、毎月基本給名目で一定額の支払いを受け（給料支払明細書も受領）、会社が企画した作品に使用するものとして本件イラストを作成していました。

　最高裁は、「法人等と雇用関係にある者がこれに当たることは明らかであるが、雇用関係の存否が争われた場合には、同項の『法人等の業務に従事する者』に当たるか否かは、法人等と著作物を作成した者との関係を実質的にみたときに、法人等の指揮監督下において労務を提供するという実態にあり、法人等がその者に対して支払う金銭が労務提供の対価であると評価できるかどうかを、業務態様、指揮監督の有無、対価の額及び支払方法等に関する具体的事情を総合的に考慮して、判断すべきものと解するのが相当である」としました。その上で、指揮監督下で労務提供及び金銭支払いを受けていたことをうかがわせる具体的事情を考慮することなく、在留資格の種別、雇用契約書の存否、税金の控除の有無等といった形式的な事由を主たる根拠として雇用関係の存在を否定した原判決は、15条1項にいう「法人等の業務に従事する者」の解釈適用を誤った違法があるとして、破棄差戻しました。

【ひとくちメモ】

★外部への発注は、職務著作にはならない

　実社会では、著作物の作成を外部に発注することがよく行われますが、外部発注における発注元と受注先の関係は、一般に、組織的な指揮監督関係にはありません。このため、本要件を満たさず、その場合は、外注先（受注者）が「著作者」であることに留意することが必要です。

★労働者派遣について

　派遣労働について考えてみましょう。派遣労働者の雇用主は、あくまでも「派遣元」事業主であって、派遣先事業主ではありません。しかし、派遣労働者は、「派遣先」からの指揮監督の下、派遣先の業務に従事します（また、賃金の支払いは、雇用主である派遣元が行いますが、派遣先は、派遣元に対して派遣料金を支払います）。このように、派遣労働者は、派遣先との間には雇用関係はありませんが、実質的にみたときに、法人等（派遣先）の指揮監督下において労務を提供するという実態にあり、また、労務提供の対価の原資は派遣先にあるといえることを考えると、「派遣先」との関係で「法人等の業務に従事する者」に当たるというべき場合が多いと考えられます（中山256頁、岡村117頁参照）。

◇職務上の作成（要件❸）

　要件❶の「法人等の発意」とも関係する要件です。一般に、職務上の義務として作成するものは、要件を満たします。「業務に従事する者に直接命令されたもののほかに、業務に従事する者の職務上、…作成する

ことが予定又は予期される行為も含まれる」とされています（知財高判 H18.12.26判時2019号92頁〔宇宙開発事業団プログラム事件〕百選Ⅵ 25事件）。

◇法人等名義の公表（要件❹）

　法人等の名義で公表するものであることが必要ですが、条文上、「公表するもの」とし、「公表されたもの」とはしていません。ここには、「公表は予定されていないが、仮に公表されるとすれば法人等の名義で公表されるものも含まれる」とされています（東京高判 S60.12.4判時1190号143頁〔新潟鉄工刑事事件〕百選Ⅵ 26事件）。

　ただし、「プログラムの著作物」は、公表されず、名義も付けられないことが通常である等の特殊性から、プログラムの著作物に限り、法人等名義の公表は、職務著作の要件ではありません（15条2項）。

【ひとくちメモ】

★署名記事と公表名義

　新聞記事等における、いわゆる「署名記事」について、職務著作は成立しているのでしょうか。この点、有識者や読者からの投稿の場合は、そもそも要件❷❸を満たしません。他方、執筆者が従業員であって、内部執筆分担としての氏名の記載にとどまると判断されれば、職務著作は成立し得ます。

　なお、この場合、有識者や読者からの投稿の著作権はそれぞれの執筆者（写真であれば撮影者）にありますが、それらの投稿記事等の著作権は新聞社に譲渡されるとの規約がある場合は、「著作権」は新聞社が有することになります（ただし、「著作者」はあくまでも執筆者等のままです）。

◇別段の定めがないこと（要件❺）

　契約、勤務規則等において、実際の創作者である「従業員を著作者とする」といった別段の定めがある場合は、職務著作は成立しません。別段の定めの有無は、著作物の「作成の時」を基準に判断されます。

　なお、逆に、要件❶～❹を満たしていないにもかかわらず、「法人等」を「著作者」とする定めを置いたとしても、それは無効です。

（3）「職務著作」の法的効果

> 【ツボ＃7】「職務著作」が成立する場合、会社等は、「著作者」
> として、著作者人格権も持ちます。

◇従業員ではなく、法人等が「著作者」として位置づけられる

　職務著作が成立する場合の「著作者」は、「法人等」であり、その帰結として、その「法人等」が、著作者人格権と著作権（財産権）を最初から取得（原始取得）することになります（17条1項参照）。

【特別おまけメモ！】

職務著作制度の特徴

　日本の著作権法は、大陸法系諸国の考え方を基軸としています。これは、著作権を、自然人である「著作者」の精神的な創作に由来するものと捉える考え方です。このため、財産権としての「著作権」だけでなく、「著作者人格権」も重視しています。

　これに対して、**英米法系諸国**は、著作権の保護の根拠を、**創作インセンティブの促進**に求め、「財産権」の側面を重視しています。これらの考え方の違いは、著作権の名称（呼び方）にも表れており、英米法系諸国では、「Copyright」（コピーする権利）であって、「Author's Right」（著作者の権利）とはされていない点においても、見てとることができます。

　このことから、英米法系諸国では自然人ばかりでなく、「法人」であっても著作者として位置づけることについては違和感なく受け入れられやすいところであり、現に、例えば米国著作権法では、従業員（employee）が職務上作成した著作物に加え、集合的著作物や視聴覚著作物等の一部として発注された著作物（ただし、この場合、雇用著作物（a work made for hire）とする旨の署名文書が必要）について、使用者を広く著作者とする規定があります〈米国著作権法101条及び201条(b)参照〉。

　これに対し、大陸法系諸国では、著作権は著作者である「自然人」に発生すると考えるのが自然な考え方といえます。ところが、**日本の著作権法は、大陸法系諸国の考え方を基礎としつつ、職務著作については、会社といった「法人」を、最初から（原始的に）「著作者」として位置づけるとともに、著作者人格権も有するとしています。**このように、「職務著作」に関する日本の著作権法は、とても特徴的な制度であるということができます。

４．「映画の著作物」（例外その２）

（1）制度趣旨（「著作者＝権利者」ルールの例外）

> 【ツボ＃8】「映画の著作物」の著作権は、一定の要件の下で、「映画製作者」に帰属することが法定されています。

◇「映画の著作物」の著作権は、「映画製作者」に帰属する

　映画の著作物の「著作者」は、既にみたように、「職務著作」が成立する場合を除き、「制作、監督、演出、撮影、美術等を担当してその映画の著作物の全体的形成に創作的に寄与した者」とされています（16条）。したがって、一般に、映画は多数の著作者が参画して製作される共同著作物です。

　他方、映画製作者は、巨額の投資とスタッフを動員して映画を製作し、ビジネス上のリスクも負っています。16条で位置づけられる各著作者が著作権者であるとして、それらに権利行使の判断を委ねると、意見が対立する場合、円滑な利用を妨げるおそれがあります〔⇒後述：12章2(6)(共同著作物や共有著作権の特別ルール)参照〕。

　そこで、著作権法は、「映画の著作物」について、16条の「著作者」の位置づけを前提にした上で、これらの著作者が映画の著作物の製作に参加することを約束している場合には、「著作権」は「映画製作者」に帰属するとしています（29条１項）。

　つまり、29条は、「映画の著作物」について、「創作者＝著作者＝権利者」の基本ルールのうち、後半部分である「著作者＝権利者」ルールの例外を法律で定めるものです。

「創作者」＝「著作者」＝「権利者」（著作権者）

【例外その２】
映画の著作物

> 【ひとくちメモ】
> ★「著作者＝権利者」ルールの例外となる他の場面
> 　映画の著作物の著作権の帰属に関する29条1項は、「著作者＝権利者」ルールの「法律」上の例外ですが、当事者間の「契約」によっても、「著作者」≠「権利者」の状況を生み出すことができます。それは、著作者が「著作権」を他人に譲渡する場合です〔⇒譲渡は、12章2(2)を参照〕。
> 　ただし、「著作権」は譲渡できるのですが、「著作者人格権」は譲渡することができない点に注意しましょう〔⇒後述：5章2(4)参照〕。

（2）成立要件（29条１項）

> 【ツボ#9】映画監督等の著作者が、「映画製作者」（要件❶）に対して「製作に参加することを約束」（要件❷）している場合に、映画製作者に権利が帰属します。

◇映画製作者（要件❶）

　「映画製作者」とは、「映画の著作物の製作に発意と責任を有する者」（2条1項10号）のことです。「発意」とは、最初に自ら企画・立案した場合だけでなく、「他人からの働き掛けを受けて**製作意思を有するに至った場合**」も含みます。

　また、「責任」を有する者かどうかは、「製作自体についての**法律上の権利義務の主体**であると認められるか否か、製作自体についての法律上の権利義務の主体であることの反映として、**製作自体につき経済的な収入・支出の主体ともなる者**であると認められるか否かによって決せられるべき」とされています〔東京高判Ｈ15.9.25平成15年（ネ）1107号〔マクロス事件Ⅱ〕のほか、知財高判Ｈ18.9.13判時1956号148頁〔グッドバイ・キャロル事件〕 百選Ⅵ 29事件 も同旨〕。

86

【ひとくちメモ】

★権利の帰属先（映画製作者）は「映画会社」に限らない

　「映画の著作物」としては、劇場用映画に限らず、テレビドラマやアニメーション、ゲームソフトの影像なども含まれます（2条3項参照）。

　このため、「映画製作者」としては、「映画の著作物」の実態等に応じ、映画会社にとどまらず、放送事業者、放送番組製作者、テレビ広告製作会社、ゲーム会社などもあり得ます。

◇製作に参加することの約束（要件❷）

　「映画製作者」に対し、映画の著作物の著作者が「当該映画の著作物の製作に参加することを約束」していることが必要です。参加約束を「文書」で行うことは、法律上は求められていません。

（3）法的効果（著作権の法定帰属）

【ツボ#10】映画の著作物の著作権（財産権）は、「映画製作者」に帰属します。

◇「映画製作者」に著作権が帰属する（ただし、「著作者」でない限り、「著作者人格権」までは持ち得ない）

　「映画製作者」は「著作者」ではありませんが、「著作権」が法律上「帰属」します（29条1項）。ただし、この場合、映画製作者に帰属するのは「著作権（財産権）」だけであり、著作者人格権は、著作者（映画監督等）に残ります〔⇒著作権と著作者人格権の違いは、次章参照〕。

　なお、「完成」していない映画の著作物には、29条1項は適用されません。その場合の著作権は、原則どおり「著作者」に帰属します。

○東京高判H5.9.9判時1477号27頁〔三沢市勢映画製作事件〕[百選Ⅵ 28事件]

　東京高裁は、「著作権法29条1項により映画製作者が映画の著作物の著作権を取得するためには、いうまでもなく著作物と認められるに足りる映

画が完成することが必要」としました。

　他方、映画として完成していない場合でも、編集作業が行われていないなど、まだ映画として完成していると認められない段階における未編集のフィルムは存在し得ます。この場合、未編集のフィルムに記載されている映像については、その記録されている映像がそれ自体で創作性のある映像著作物といえる場合には、その著作権は、「監督としてその撮影に関わった著作者」に帰属するとしました。

【ひとくちメモ】

★映画製作者に帰属する著作権は、「モダン・オーサー」の著作権のみ

　「映画製作者」に帰属する著作権は、「モダン・オーサー」の著作権に限られ、映画の著作物で使用された音楽や原作等の著作権は、あくまで「クラシカル・オーサー」のもとに残っています。したがって、映画の著作物の利用については、映画製作者と共に、原作等の「クラシカル・オーサー」からも許諾を取る必要があることに注意しましょう。

★テレビ放送用に製作した「映画の著作物」の場合、映画製作者（放送事業者）に帰属する著作権の範囲は、放送のために必要な範囲に限られる

　「専ら放送事業者が放送のための技術的手段として製作する映画の著作物」（したがって、ＤＶＤ化して販売することを当初から予定して製作した放送番組などは対象外です）については、映画製作者たる放送事業者に帰属する著作権は、その放送のために必要な範囲に限定されています（29条2項）。「有線放送」についても同様の規定があります（同条3項）。

ナビゲーション 　　＞＞　現在の進捗状況と次の目的地　＞＞

スタート　＞＞＞＞　著作者　さぁ、また花びらの観察に戻りましょう！花びらの2つ目（2枚目）です！　ゴール

1章	2-3章	4章	5-7章	8-10章	11章	12章	13章	14章	15章
著作権法とは	著作物	著作者	権利内容	権利制限	保護期間	利活用	侵害	著作隣接権	国際条約

88

第5章 権利の内容①
（全体像：権利内容のイロハ）
主な関係条文：2条5項、17〜28条、59条

1．総合案内ⓘ（イントロダクション）

　第2章と第3章では権利の客体（「何」が保護される？）を、第4章では権利の主体（「誰」が保護される？）を取り上げてきました。それでは、権利者（著作者）は「何を」主張できるのでしょうか。

　これが、【著作権の花】の2つ目の花びらの部分です。これから7章まで3回に分けて紹介していきます。本章はその初回ですので、権利の内容のイロハを取り上げます！

　さて、著作者はどのような権利を持つのかというと、ズバリ「著作権」ですね。

　ただ、前章でも少し出てきたのですが、著作者は、大きく2種類の権利を持っています。17条1項を見てみましょう。

　「著作者は、…『著作者人格権』（18〜20条）並びに『著作権』（21〜28条）を享有する」

　「著作権」という場合、この「著作者人格権」を含めて呼ばれることがあります（広義の「著作権」）。「著作者人格権」も「著作権」も、実は、それぞれにいくつかの権利が含まれること、「公衆」という概念が重要な働きをしていることなど、知っておくべき特徴があります。

　本章では、権利はいつ発生し、また、どのような性格や種類があるのかなど、著作権（広義）の特色について全体像を学んでいきます！

２．著作者の権利（全体像）

（1）権利は自動発生（無方式主義）

> 【ツボ＃1】著作権は、著作物の創作とともに自動発生します（無方式主義）。

◇無方式主義

　著作権は、著作物の創作とともに、自動的に発生します。特許や意匠、商標などの産業財産権と異なり、公的機関による登録がなければ権利が発生しない、というものでもありません。

　このように、**権利の発生等**について、登録や著作権表示等の「**いかなる方式の履行をも必要としない**」ことを「無方式主義」といいます（17条2項）。著作物には、ⓒマークの表示が付けられていることもありますが、そのような著作権表示がなくても、著作権は自動発生し、権利を行使する際にも何ら方式（formality）は必要ではない、というのが一般的な国際ルールでもあります〈ベルヌ条約5条(2)参照〉。

【ひとくちメモ】

★著作権法上の登録制度は、無方式主義と矛盾しない

　ところが、です。著作権法上、登録制度があります。しかし、これは著作権に関する一定の事実関係の公示や、取引の安全の確保等のための制度です。登録しないと、著作権が発生しないとか、著作権を行使できないということではありません。登録制度については、後述します〔⇒12章4〕。

★万国著作権条約とⓒマーク

　著作権に関する基本的な国際条約は、**ベルヌ条約**（文学的及び美術的著作物の保護に関するベルヌ条約）です。ベルヌ条約は、著作権について無方式主義を採用しており〈5条(2)〉、日本もその例外ではありませんが、これに対して、かつての米国は、方式主義を採用していました。著作権保護のためには、著作権局への登録（registration）と著作権表示（notice）を必要としていたのです。そこで、無方式主義と方式主義の橋渡しをするための条約が登場します。

　それが**万国著作権条約**（Universal Copyright Covention）（1952年）です。無方式主義の国の著作物であっても、著作物の発行の際に著作権表示（「ⓒ」マーク、「最初の発行年」及び「著作権者名」）をしておけば、方式主義の国においても保護されるとしました。

　しかし、その後、米国をはじめ、方式主義の国も無方式主義への移行が進んだ結果、万国著作権条約（U.C.Cとも呼ばれますが、もちろん、缶コーヒーとは関係ありません！）は、その役目をほぼ終えたと言えます。

（2）著作者の権利の性格

> **【ツボ＃2】著作権には、無断利用を禁止できる効力があります。ただし、禁止できない場合もあります。**

◇無断利用に対しては、「やめろ」といえる

　著作権は、**独占権**です。権利者は、著作物を自分で利用できるのはもちろんのこと、**他人が著作物を無断利用している場合、著作権の侵害だとして、利用をやめさせることができる排他的効力**があります。

　民法では、土地や建物、動産といった有体物に対する絶対的な支配権として、所有権といった「物権」が法律に書かれていますが（民法175条以下参照）、著作権は、著作権法により、この**「物権」的な効力**が特別に認められているものです。

　これは、特許権等の産業財産権についても同じです。法律によって、権利が侵害された場合の差止請求権（「やめろ！」といえる権利）が認められています。

　さらに、権利者は、一般の不法行為の場合と同様に、権利侵害により損害が発生した場合には、権利者は、侵害した者に対して、損害賠償請求（「弁償しろ！」等の請求）をすることもできます。逆に、権利者は、他人に対して、著作物の利用許諾（差止請求・損害賠償請求をしないことの約束等）をすることもできます。

◇相対的独占権ということ

　ただし、著作権の場合、排他的効力は「絶対的」ではなく、「相対的」なものです（相対的独占権）〔⇒1章2(2)〕。これは、複数の人がお互いに「依拠」せずに、たまたま同じ表現をした場合には、それぞれの創作者は、それぞれが著作権を持つということであり〔⇒2章2(2)（創作的表現）参照〕、その点で、権利が与えられた特定の者だけが排他権を持つ産業財産権（特許権等）とは、性格を異にしています。

(3)「著作者人格権」と「著作権」の全体像

> 【ツボ#3】著作者の権利には、大きく分けて2種類あります。人格的な利益を守る「著作者人格権」と、財産的な利益を守る「著作権（財産権）」です。

◇著作者の権利は「著作者人格権」と「著作権」の2種類

　著作者の権利、すなわち「著作権」には、大きく分けて2つの種類があります。「著作者人格権」と「著作権」（財産権）です。
　「著作者人格権」は、著作物の創作者である「著作者」の「人格的な利益」（精神的な利益）を守る権利です。著作者の内面を守る権利といえます。これに対して、「著作権」（財産権）は、著作物の「財産的な利益」（経済的な利益）を守る権利です。
　一般に「著作権」というのは、財産権としての「著作権」（「著作財産権」という言い方もあります）を指す場合が多いのですが、「著作者の権利」という意味合いの場合は、「著作者人格権」も含みます。

　　【広義の著作権】＝「著作者人格権」＋「著作権（財産権）」

> 【ツボ#4】「著作者人格権」も「著作権（財産権）」も、それぞれ、複数の権利（支分権）から成り立っています。

◇「著作者人格権」も「著作権」も、権利の内容は1つではない

　実は「著作権」というのは、「著作権」という1つの権利のみがあるわけではありません。

　例えば、「フルーツ」が、「ミカン」「ブドウ」「リンゴ」等の総称であるように、「著作権」は、著作権を構成する個々の権利の総称です。

　「著作権」を構成するそれぞれの権利のことを「**支分権**」といいます。著作者人格権も著作権も、それらの支分権（権利）によって構成されています（「**支分権の束（たば）**」と言われることもあります）ので、どのような支分権があるのかを理解しておくことが必要です。

　「著作者人格権」と「著作権」の支分権にはどのようなものがあるか、まずは、全体像を簡単にご紹介します。

◇「著作者人格権」は3種類（18〜20条）

　著作者人格権には、3つの支分権があります。

　①**公表権**（公表するかしないか等を決める権利）
　②**氏名表示権**（自分の名前を表示する等の権利）
　③**同一性保持権**（勝手に変更されない等の権利）

◇「著作権」（財産権）の支分権はたくさんある（21〜28条）

　著作権（財産権）は、著作者人格権以上に、支分権がたくさんありますが、大きく4つに分類して考えると、理解しやすいでしょう。

　まず、著作権は、英語で「Copyright」（コピーライト）ですので、「コピー」に関する権利がすぐに頭に浮かぶと思います。

　それ以外にも、著作権は、著作物（創作的表現）を他人（公衆）に伝えることに関する権利も含みます。これには、著作物の原作品やコピーなど、有体物によって伝えるもの（**公衆への提供**）と、有体物によらないで伝えるもの（**公衆への提示**）とがあります。

　さらに、「二次的著作物」に関する権利があります。

①コピーに関する権利

　・複製権（コピーする権利）

②公衆への提示に関する権利

　・上演権・演奏権（上演・演奏する権利）

　・上映権（上映する権利）

　・公衆送信権（放送・有線放送、インターネット送信する権利）

　・公への伝達権（受信中の公衆送信をリアルタイム伝達する権利）

　・口述権（口述する権利）

　・展示権（美術・写真作品を展示する権利）

③公衆への提供に関する権利

　・頒布権（映画の著作物を譲渡・貸与する権利）

　・譲渡権（譲渡する権利）

　・貸与権（貸与〈レンタル〉する権利）

④二次的著作物に関する権利

　・翻案権等（翻訳・編曲・変形・翻案をする権利）

　・二次的著作物の利用権（原著作者の権利）

【ひとくちメモ】

★書店での立ち読みはOK？

　支分権の内容を理解しておくことは重要です。なぜなら、**支分権として書かれていない行為には、著作権は及ばない**からです。例えば、本を読むことや音楽を聴くことなど、著作物（情報）に「アクセス」すること自体は、支分権の対象（著作権が及ぶ利用行為）ではありません。したがって、本を読むことや音楽を聴くこと自体は、権利者にいちいち断りを入れなくても、著作権の侵害にはなりません。そういえば、皆さんも、書店で立ち読みすることはありますよね。ただ、最近はあまり見かけなくった気がしますが、「立ち読み禁止」との表示のある書店や、本によっては、（怪しげな本ではなくても）ビニールカバーが付けられているものもあります。その場合、皆さんは、「読むこと自体は、著作権法上問題ないはずだ！」とか言って、店員の制止を振り払い、ビニールを破るなどして、本を読んでも問題ないでしょうか？

　…ここは常識で考えましょう。さすがに、これはまずそうですね。この場合は、著作権の問題ではなく、書店の**施設管理権**等の問題です。

(4) 著作者人格権の一身専属性

> 【ツボ#5】著作者人格権は、「著作者」だけが持つことができます。著作権（財産権）と違い、譲渡はできません。

◇「著作者人格権」と「著作権（財産権）」は別モノ

「著作者人格権」は、著作者が自ら創作した著作物に対して有する人格的な利益を守る権利です。したがって、経済的な利益を守る「著作権（財産権）」とは性格を異にする別モノです。ということは、同じ「著作物」について、「著作者人格権」と「著作権（財産権）」の両方の権利が、それぞれの支分権ごとに働くということです。

例えば、著作者（著作権者）から「複製権」〈著作権（財産権）の一つです〉について利用の許諾を得たとします。

この場合であっても、著作者に無断で変更を加えれば、「翻案権」等〈著作権（財産権）の一つ〉や「同一性保持権」〈著作者人格権の一つ〉の侵害となり得ます。

◇「著作者人格権」は一身専属・譲渡不可

「著作権（財産権）」は、著作者が死亡しても相続され、また、他者に権利を譲渡することもできます。これに対して、「著作者人格権」は著作者の「人格」にくっついて発生する権利です。そのような性格から、「著作者人格権」は、「著作者の一身に専属し、譲渡することができない」（59条）とされています。

「一身専属」ということですから、著作者が死亡した場合は、著作者の死亡と同時に著作者人格権は消滅します。職務著作（15条）の場合、法人等が著作者となりますので、法人が著作者人格権を持ちますが、法人が解散手続きにより消滅すれば、著作者人格権は消滅します（なお、合併や分割等において、合併等の前後で法人の同一性を失っていない場合は、著作者としての地位は失わないと考えられます）。

┌───┐

【ひとくちメモ】

★「著作者人格権を行使しない」との約束は許されるか？

　この点は議論が分かれていますが、著作者人格権は、厳格に行使されると著作物の利活用に支障を来すおそれがあるため、実務上は、著作者人格権の不行使特約も行われています。

　また、「不行使特約」の契約条項がない場合であっても、「著作者が、第三者に対し、必要に応じて、変更、追加、切除等の改変を加えることをも含めて複製を黙示的に許諾しているような場合には、…著作者の同意に基づく改変として、同一性保持権の侵害にはならない」とした裁判例があります〈知財高判H18.10.19平成18年（ネ）10027号〔計装工業会講習資料事件：控訴審〕　百選Ⅵ 36事件〉。

└───┘

（5）著作権法で重要な「公衆」概念

┌───┐
【ツボ＃6】「公衆」とは、「特定かつ少数以外」の者のこと。
└───┘

◇著作権は、原則として「公衆」利用に権利が及ぶ

　本章前記（3）の著作権の支分権のリストを、もう一度見てみましょう。「公衆送信権」など、「公衆」とか「公」という言葉がありますね。

　そもそも、著作権法は、権利の保護を定める法律ですが、著作物等の円滑な利用とのバランスを図ることで、文化の発展に寄与することを目的とする制度です（1条）。

　したがって、著作物の利用行為について、何でもかんでも権利を主張できるとするのでは、このバランスが崩れてしまうおそれがあります。そこで、著作権法は、権利が及ぶ範囲について、原則として、その著作物の利用が、（潜在的な可能性も含めて）広範に行われるものをターゲットとしており、その調整の役割を果たしているものが「公衆」概念です。

　すなわち、著作権は、原則として、著作物の利用が「公衆」に対して、あるいは「公」に利用されるものについてのみ権利が及ぶということを、基本的な考え方としているといえます。

◇「公衆」は「特定かつ少数」以外を指す

　「公衆」は、「不特定」又は「特定かつ多数」の者を意味します。「不特定」というのは、「不特定かつ多数」の場合のほか、「不特定かつ少数」も含みます。このことから、著作権法における「公衆」は、要するに、「特定かつ少数」以外の者を指す概念です。

　「公衆」とはいえない「特定かつ少数」の例としては、例えば、親が、我が子に読み聞かせをしたり、子守唄を歌ったりするような場面が考えられます。逆に、子が親の前で教科書を朗読したり、演奏を披露したりする場面などもそうですね。こうした家族間では、お互いに「特定かつ少数」に当たります。

　なお、ほかに誰もいない場所で、1人で楽器を演奏したり、ましてや鼻歌を歌ったり口笛を吹いても、それを聴くのが自分だけであれば、そもそも「公衆」に対するものではないことは、いうまでもありません。

	多数	少数
不特定	○（公衆）	○（公衆）
特定	○（公衆）（2条5項）	×（公衆ではない）

◇「公衆」か否かはケース・バイ・ケースで判断する

　「特定」か否かは、一般に、事前の人的結合関係の強弱が着目されます。誰でも対象になり得るような相手方なら、それが結果的に1人であったとしても、「不特定」の者に当たります。例えば、お店にフラリと立ち寄るお客さんは、お店にとって、「不特定」に当たります。

　「じゃあ、常連客はどうなのだ？」ということが気になると思いますが、誰でもお客さんになり得るという点に注目すれば、やはり「不特定」といえるでしょう。しかし、「特定」か「不特定」かという判断だけでは、実際には線引きが難しい場面もあると考えられます。例えば、「会員向けサービス」と称している場合は、「特定」でしょうか？

　そこで意味を持ってくるのが、「公衆」の定義規定です。著作権法上、「公衆」には「**特定かつ多数の者を含む**」と定められています（2条5項）。この規定は、例えば、特定の会員向けサービスであり、不特定向けサービスではないので合法だ、といった脱法的強弁を防ぐことが趣旨であるとされています（加戸77頁参照）。

　なお、相手方が「不特定かつ多数」の例としては、インターネット上でのブログや動画の投稿（受信者は世界中！）が挙げられます。逆に、「不特定かつ少数」の例としては、ネットオークションへの出品（落札者は1人）等が挙げられます。ただし、「**多数**」か「**少数**」かという点は、一律に「何人から」ということが、数学の公式のように定められるものでもありません。

　「公衆」に対する利用行為に当たるか否かは、「**著作物の種類・性質や利用態様を前提として、著作権者の権利を及ぼすことが社会通念上適切か否かという観点をも勘案して判断**」されます。社交ダンス教室側からみた受講生の位置づけについて、以下のように、「公衆」であると判示されました〔⇒音楽教室の事例については、7章3(1)参照〕。

〇名古屋高判H16.3.4判時1870号123頁〔社交ダンス教室事件〕

> 　「ダンス教師の人数及び本件各施設の規模という人的、物的条件が許容する限り、何らの資格や関係を有しない顧客を受講生として迎え入れることができ、このような受講生に対する社交ダンス指導に不可欠な音楽著作物の再生は、組織的、継続的に行われるものであるから、社会通念上、不特定かつ多数の者に対するもの、すなわち、公衆に対するものと評価するのが相当である」

ナビゲーション			>> 　現在の進捗状況と次の目的地　 >>						

スタート　>> >> >> >>　

花びらの2つ目は、ここからが本番！
（「二枚目」じゃないから「色男」じゃないが、見どころいろいろ、花（話）します！）

ゴール

1章	2-3章	4章	5-7章	8-10章	11章	12章	13章	14章	15章
著作権法とは	著作物	著作者	権利内容	権利制限	保護期間	利活用	侵害	著作隣接権	国際条約

第６章　権利の内容②
（著作者人格権）
主な関係条文：３～４条、18～20条

Ⅰ．総合案内ⓘ（イントロダクション）

　【著作権の花】の２つ目の花びら（権利の内容）（右のイラスト参照）の第２回目となる本章では、「著作権」（広義）のうち、「著作者人格権」を取り上げていきます。

　著作物は、著作者自身の思想・感情の創作的な表現物であり、その表現物には、著作者の人格が表れているとみることができます。一般に、「創作性」が「個性の表れ」と理解されているのも、そのことを示すものといえるでしょう。

　こうして、日本では、「著作権」（広義）はまさに、単なる「コピーライト」（コピーに関する権利）ではなく、「著作者の権利」なのであり、中でも、著作者人格権は、著作物について、その著作者の人格的な利益を守る権利として位置づけられます。

　そして、前章〔⇒5章2(3)〕でも軽く紹介しましたが、著作者人格権には３つの支分権があります（18～20条）。

　①公表権（公表するかしないか等を決める権利）
　②氏名表示権（自分の名前を表示する等の権利）
　③同一性保持権（勝手に変更されない等の権利）

　それぞれの権利の内容について、早速見ていきましょう！

２．公表権

（1）公表権の内容（18条）

> 【ツボ＃1】「公表権」は、未公表の著作物を公表することに関する権利です。

◇「公表権」は「いつ」「どのように」公表するか、また、そもそも「公表しない」ことを決められる権利

　「まだ公表されていないもの（同意を得ないで公表された著作物を含む）を公衆に提供し、又は提示する権利」が、公表権です（18条1項）。公表のタイミングや方法等を決めることができる権利です。

　なお、公表権は、未公表の著作物が他の作品に組み込まれた場合でも、権利は失われません。例えば、未公開の小説を原作として、映画の著作物（二次的著作物）がつくられた場合、映画の著作物を公表するには、小説の著作者（原著作者）の同意が必要です。

【ひとくちメモ】
★「提供」と「提示」の違い
　「提供」も「提示」も、どちらも「伝える」ことですが、有体物を介して行うかどうかという点が異なります。「提供」は、創作的表現が固定されているもの（作品やその複製物といった**有体物**）を他人にあげたり（譲渡）、貸したり（貸与）する場合を指します。これに対して、「提示」は、そのような有体物の提供以外の方法（＝上演・演奏、上映、公衆送信、口述、展示等）で、見せたり聞かせたりするような場合を指します。

（2）「まだ公表されていない」著作物

> 【ツボ＃2】公衆に適法に提供・提示されていないものは、公表権が及びます。

◇公表権は「まだ公表されていない」著作物が対象

公表権は、「まだ公表されていない」著作物（未公表著作物）を対象としています。したがって、例えば、公表を予定していない手紙も、そのような著作物に当たります〈東京高判H12.5.23判時1725号165頁〔三島由紀夫手紙事件〕（未公表の手紙を掲載した書籍の出版について、著作者人格権の侵害となるべき行為に当たるとしました）〉。

◇公衆への適法な提供・提示によって、公表された著作物となる

「公表」について、著作権法は、①「発行」か②適法に（著作権者により）「公衆に提示」されることのうち、どちらかの要件を満たせば「公表されたものとする」としています（4条1項）。

ここで、「発行」という言葉が出てきました。これは、「その性質に応じ公衆の要求を満たすことができる相当程度の部数の複製物」であって、著作権者により「適法に複製」されたものが「適法に頒布」（譲渡・貸与）されることを指します（3条1項参照）。なお、「相当程度の部数」とありますが、著作物の「性質に応じ」個別に判断されます。

いずれにしても、著作権者により適法に公衆に提供・提示されることによって、「公表された」著作物になるということです。

◇著作権者により「公表」された著作物であっても、著作者の公表権は働き得る場合がある

実は、著作権者により「公表」された著作物であっても、公表権が働く場合があります。それは、著作権（財産権）を持っている者（著作権者）により、公衆に提供・提示されたとしても、その提供・提示について「著作者」（創作者）が同意していない場合です。

つまり、「著作権者」が公表したとしても、「著作者」がその公表に同意していない場合には、公表権は死んでいません。公表権の対象である「まだ公表されていないもの」には、著作者の「同意を得ないで公表された著作物を含む」とされていることに注意しましょう。以下に「まだ公表されていない」か否かが示された裁判例を紹介します。

〇東京地判H12.2.29判時1715号76頁〔中田英寿事件〕 百選Ⅵ 31事件

> 　他人の書籍にサッカー選手の中学生時代の詩が無断掲載された事案です。サッカー選手が中学校在学当時に創作した詩について、学校の文集に掲載されたこと、及び同文集は合計300部以上配布されたことを踏まえれば、「300名以上という多数の者の要求を満たすに足りる部数の複製物が作成されて頒布されたものといえるから、公表されたものと認められる」とし、また、「公表されることに同意していたということができる」と判示しました。
>
> > 　なお、これは、前章でみた「公衆」概念にも関わります。ただし、「300名以上という多数の者」としてはいますが、「300名以上でないと『多数』に当たらない」とは言っていませんので、誤解のないようにしましょう。

【ひとくちメモ】

★「公表された著作物」

　上記のとおり、「公表」されたというのは、著作権者により「公衆に対する適法な提供・提示」があった場合を指します。したがって、逆に言えば、「公衆に対する適法な提供・提示」がなされていない段階のものは、いくら公衆がアクセスできる状況にあったとしても、「公表された著作物」には当たらないという点に注意しましょう。

　例えば、正式発売前のマンガは、たとえ、ウェブサイト上に誰かが無断でアップロードしたために、不特定の者がその海賊版のマンガにアクセスできるような状態になったとしても、著作権法上は、依然として「まだ公表されていない」著作物に当たります。なお、第三者が勝手にアップロードを行う行為そのものは、公表権の侵害であるとともに、著作権〈公衆送信権（送信可能化権）〉の侵害でもあります。

　「公表された著作物」という用語は、著作権法上、著作権（財産権）の権利制限規定〔⇒8〜10章参照〕において、よく登場しますが、その定義は、3条や4条にあるということを、頭の片隅に置いておきましょう。

（3）公表権が及ばない場合

> 【ツボ＃3】未公表作品の著作権を譲渡した場合には、公表を「同意」したものと推定されます。

◇公表を「同意したものと推定」される場合がある

　以下の①～③の場合には、著作者が公表を同意したものと推定されます（18条2項）。同意が推定される内容は、それぞれの場合に応じて異なりますが、いずれも「推定」です。

　法律上、「みなす」（看做す）ということではありませんので、著作者が同意していないという反対の事実を証明できれば（＝反証すれば）、覆すことができます。

　①未公表の著作物の著作権を著作者が譲渡した場合（1号）
　→公衆への提供・提示につき、同意したものと推定
　②未公表の「美術の著作物」又は「写真の著作物」の原作品を著作者が譲渡した場合（2号）
　→原作品を展示により公表することにつき、同意したものと推定
　③「映画の著作物」の著作権が29条により映画製作者に帰属した場合（3号）
　→公衆への提供・提示につき、同意したものと推定

◇公表を「同意したものとみなされる」場合もある

　情報公開法や公文書管理法等の円滑な運用の観点から、行政機関等に未公表著作物を提供した場合には、情報公開等による開示を同意したものとみなされます。

　ただし、開示決定等までに著作者が同意しない旨の意思表示をした場合には、この「みなし」規定は適用されません（18条3項）。もっとも、公益上の必要等がある場合には、そもそも公表権は働きません（4項）。

３．氏名表示権

（1）氏名表示権の内容（19条）

【ツボ#4】「氏名表示権」は、自分の「著作者名の表示」に関する権利です。

◇「氏名表示権」は、著作者名を表示しないことや、「実名・変名」のどちらを表示するか決められる権利

　「氏名表示権」は、著作物の原作品（オリジナル作品）に、又は著作物を公衆に提供・提示する際に「著作者名の表示」をするかどうかを著作者が決められる権利です。著作者名を表示する場合、「実名」や「変名」（ペンネームや雅号等）を決める権利を含みます（19条1項）。

　なお、関心は低いのではないかと思いますが、本書の「白鳥綱重」という著者名は、ペンネームではありませんので、念のため…。

【ひとくちメモ】
★二次的著作物の場合の氏名表示権

　映画の著作物の場合、モダン・オーサー（二次的著作物である映画の著作物の著作者）とクラシカル・オーサー（原著作物〈例えば、原作となった小説〉の著作者）のそれぞれが著作者です〔⇒4章2(3)参照〕。したがって、映画の著作物を利用（例えば、上映）する際は、モダン・オーサーとクラシカル・オーサーは、それぞれの著作物の著作者として、それぞれが氏名表示権を持っています。

◇原作品への表示以外の場合は、「著作物の公衆への提示・提供」の場面に限定されている（19条1項）

　氏名表示権は、「原作品そのもの」に表示する場合に働くほか、「著作物」を公衆に提示・提供する際に働く権利です。ということは、書評での作品紹介等、著作物そのものの提示・提供を伴わない場面では、そこで氏名が間違えられていたとしても氏名表示権の侵害ではありません。

【ひとくちメモ】
★「著作権（財産権）が働く公衆への提供・提示」でなくてもよい

　「公衆への提供・提示」は、「著作物」の提示・提供である必要はあるのですが、それ以上の要件は書かれていません。これは、「公衆への提供・提示」は、著作権（財産権）が及ぶ提示・提供利用（支分権の対象である譲渡や貸与、上演・演奏等）である必要はないということを意味します。

　具体例を見てみましょう。

　例えば、ツイッターで写真をリツイートする場合、リツイートされた写真の画像（著作物）は、リンク（インラインリンク）元から直接送信されます。したがって、リツイートによる「リンク」の送信行為それ自体は、著作権の支分権の一つである「公衆送信権（自動公衆送信権）」の侵害ではないと考えられます。つまり、著作権（財産権）が及ぶ利用行為ではありません。しかし、この場合でも、リツイートの際に写真の画像がトリミングされ、もともと表示されていた著作者名が削除されるのであれば、リツイートにより著作物（写真の画像）を公衆に提示している以上、「氏名表示権」（著作者人格権）の侵害に当たります（最判R2.7.21民集74巻4号1407頁〔リツイート事件：上告審〕）。

（2）氏名表示権が制限される場合

【ツボ＃5】著作者名の表示が既にあれば、そのとおりに表示すればよく、また、表示を省略できる場合もあります。

◇氏名表示権が制限される3つの場合（19条2～4項）

以下の場合には、氏名表示権が制限されます。

①著作者自身による表示に従う場合（2項）
②著作者が創作者であることを主張する利益を害するおそれがない場合（3項）
③情報公開法等との調整（4項）

　上記①は、例えば、あるペンネーム（変名）が著作者名として表示された本について、第三者がその復刻版を出版する場合、そのペンネームを著作者名として表示すれば足りるということです。ただし、著作者が別段の意思表示をした場合は、それに従う必要があります。また、②著作者が創作者であることを主張する利益を害するおそれがない場合は、公正な慣行に反しない限り、著作者名の表示を省略できます。例えば、著作者名の表示をしないままコンピュータ・プログラムを製品に組み込み、製造販売しても、氏名表示権の侵害にはならないと考えられます。

　③情報公開法等との調整は、情報公開法や公文書管理法等の規定に基づき、従前の表示に従って著作者名を表示したり、情報公開の部分開示により著作者名の表示を省略したりする場合には、氏名表示権は働かないということを意味しています。

【ひとくちメモ】

★著作者名の表示の省略の可否に関する裁判例

◇**雑誌への写真掲載**（東京地判H5.1.25判時1508号147頁〔ブランカ事件〕）

➡「全ての個々の写真毎にその脇に著作者名を表示することが不適切な場合があったとしても、頁毎、あるいは記事のまとまり毎に写真を特定して著作者を表示することまでも不適切とする事情は認められない」

◇**新聞広告への写真掲載**（大阪地判H17.1.17判時1913号154頁〔セキツイユーホーム事件〕）

➡「原告本人尋問の結果によれば、一般に、広告に写真を用いる際には、撮影者の氏名は表示しないのが通例であり、原告も従来、この通例に従ってきたが、これによって特段損害が生じたとか、不快感を覚えたといったことはなかったことが認められる」

◇**番組のエンドロールでの字幕表示**〈東京地判H27.2.25 平成25年（ワ）15362号〔歴史小説事件〕 百選Ⅵ 32事件〉

➡判決は、番組のエンドロールで「参考文献 X著『田沼意次 主殿の税』」等と表示していたことは「著作者名の表示」に当たるとしつつ、「仮にそうでないとしても、…ほとんどの部分において複製権侵害、翻案権侵害のいずれも成立していないこと、そして、…被告は、シリーズ『THEナンバー２～歴史を動かした陰の主役たち』のテレビ番組において、被告各番組と同様に、その回の主要参考文献とした作品については、番組のエンドロールにおいて『参考文献』として当該作品のタイトルとその著者名を併記したものを字幕表示していたことが認められること、それらの諸事情を総合すると、本件においては『著作物の利用の目的及び態様に照らし著作者が創作者であることを主張する利益を害するおそれがない』（同条３項）と認めるのが相当である」とし、エンドロールへの字幕表示は「公正な慣行に反しない」としました。

４．同一性保持権

（1）同一性保持権の内容（20条）

> 【ツボ＃6】著作者の「同一性保持権」は、「意に反して」変更・切除等の改変を受けない権利です。著作物だけでなく、「題号」も権利の対象です。

◇「同一性保持権」は、「意に反して」改変を受けない権利

　同一性保持権は、著作物や題号の同一性を保持する権利です。創作的表現を行った著作者の想いを尊重するもので、著作者が嫌だと思う改変をやめさせたりすることができます（20条）。「意に反して」行われる改変にモンク（文句）が言える権利ということです。

　これは、利用者からしてみると、著作者が「嫌だ」と思う改変を行うことはできないということになります。

　どのような場合に著作者が「嫌だ」と思うかは、**著作者の内心次第**ですから、著作者に何のこだわりもなければ全く問題にならない半面、表現の完全性にこだわりがあればあるほど、同一性保持権の侵害が問題になる場面が増えてきます。「著作者」の「意に反して」行われる改変かどうかがポイントです。

> 【ひとくちメモ】
> ★著作者が少しでもムカっとくるなら、「意に反して」となるか？
> 　意に反するか否かについて、条文上はそれ以上の限定がなく、また、旧著作権法の規定（旧法18条：「同意ナクシテ」）を実質的に引き継いだ規定といえることから、純粋に著作者の**主観的な意思**により判断されるとの考え方があります。ただ、それを純粋に貫くと、「少しでも ムカっとくるなら赤信号」（注意：このような標語があるわけではありません）ということですので、公正な利用が過度に阻害されるおそれがないとも限りません。したがって、「意に反するか否かは、著作者の立場、著作物の性質等から、**社会通念上著作者の意に反するといえるかどうかという客観的観点**から判

断」する考え方（東京地判Ｈ18.2.27判時1941号136頁〔計装工業会講習資料事件：第1審〕）が妥当と考えられます。この点、「通常の著作者であれば、特に名誉感情を害される」か否かといった観点で判断することを示す裁判例もあります（東京地判Ｈ18.3.31判タ1274号255頁〔国語テスト事件：第1審〕）。

★「改変」について

(1) 創作的表現ではない部分が改変されても侵害か？

　裁判例では、論文中の仮名の変更、読点の切除、中黒の読点への変更、改行の省略についても、「論文の外面的表現形式に増減変更を加えたものであることは、明らかというべきである」として、「実質的意味内容を害するものではないとしても」、同一性保持権の侵害になり得ることを示したものがあります（東京高判Ｈ3.12.19知的裁集23巻3号823頁〔法政大学懸賞論文事件〕）。

　同一性保持権は、「著作物」（又は題号）の改変を対象とする権利ですが、著作物の一部が改変（変更等）される場合には、たとえその改変部分だけを切り出してみれば、それ自体は創作的表現といえないとしても、「著作物」という、いわば、ひとまとまりの創作的表現の一部です。同判決は、そのような、ひとまとまりの創作的表現の構成部分として同一性保持権は及ぶ、ということを示したものと考えられます。

(2) 直接物理的な改変がなくても侵害か？

　著作物そのものに直接物理的な改変は加えていないとしても、付加的な情報等を加えることで、実質的意味内容を変更するような場合は、同一性保持権の侵害となるのでしょうか。例えば、拡張現実（ＡＲ：Augmented Reality）の技術を利用することにより、実在する著作物（彫刻作品等）を撮影する際に、その場には存在しないもの（別の彫刻作品等）をディスプレーの画像上に重ねることによって、鑑賞者（視聴者）が受ける著作物の印象（実質的意味内容）がガラリと変化することも考えられます。

　この点で参考になりそうな裁判例に、新梅田シティ事件大阪地裁決定（後掲）があります。裁判所は、「カナル及び花渦に直接物理的な変更を加えるものではないが」としつつ、巨大工作物（希望の壁）の設置により、著作物といえる「本件庭園」の基本構想が感得しにくい状態となり、また、利用者にとって「本件庭園の景観、印象、美的感覚等に相当の変化が生じる」として、20条１項の「改変」に当たるとしました。

　もっとも、この事案では「カナル及び花渦」に直接物理的な変更を加えていないとしても、希望の壁により「カナルと新里山とが空間的に遮断される形になり、開放されていた花渦の上方が塞がれる」とのことですので、実質的には、追加的な変更が物理的に行われる事案であったともいえそうです。ただし、いずれにしても、著作物そのものに直接物理的な改変が加えられていないケースであっても、それが、「著作者の名誉又は声望を害する方法によりその著作物を利用する行為」なのであれば、著作者人格権

の侵害とみなされます（113条11項）。したがって、基本的には、この規定（「みなし侵害」規定）に当てはまるかどうかが判断されることになると考えられます〔⇒後述：13章2(2)参照〕。

(3)「表現上の本質的な特徴」はここでも必要

　「表現（形式）上の本質的な特徴をそれ自体として直接感得させないような態様においてこれを利用する場合」は、そもそも同一性保持権は及びません（パロディ・モンタージュ写真事件最高裁判決〔⇒後述：13章2(1)等参照〕）。

◇条約や実演家の権利よりも高い保護水準

　著作者人格権の一つである同一性保持権は、ベルヌ条約にも定めがありますが、ベルヌ条約は、最低限ここまでは保護しようというものを定めています。同条約では、同一性保持権について、「自己の名誉又は声望を害するおそれ」があるものに対して、異議を申し立てる権利として位置づけられています〈ベルヌ条約6条の2(1)〉。つまり、たとえ「意に反」する改変であったとしても、「名誉又は声望を害するおそれ」がなければ、侵害にはなりません。

　こうしてみると、「意に反」する改変を保護の内容とする日本の著作権法は、条約の最低限の保護よりも高いレベルの保護を求めていることが分かります。これは、旧著作権法の時代からの扱いであり、**著作物は著作者の人格の分身**であるとする考え方が根底にあるといえます。

【ひとくちメモ】
★実演家人格権との違いに注意

　著作権と区別される制度に、「著作隣接権」があります。著作隣接権者の一つとして、著作物（脚本等）を演じる「俳優」などの「実演家」が位置づけられており、実演家には、著作隣接権（財産権）が認められていますが、それとともに、実演家人格権も認められています〔⇒後述：14章3〕。ただし、**実演家人格権として認められる同一性保持権（90条の3）**は、「意に反して」改変を受けない権利ではなく、「自己の名誉又は声望を害する」改変を受けない権利とされています。こちらは、条約と同レベルの保護水準です（WIPO実演・レコード条約5条参照）。

◇「同一性保持権」は、「著作物」だけでなく「題号」も対象

　同一性保持権は、著作者が作成した「著作物」だけでなく、「題号」も対象としています。「題号」というのは、著作物のタイトル（題名）のことですが、文字数の制約等から、著作物（創作的表現）と認められない場合が多いと考えられます。しかし、仮にそうであったとしても（著作物ではないとしても）、「題号」も同一性保持権の対象です。

（2）同一性保持権が及ばない場合

> 【ツボ＃7】「やむを得ない」と認められる改変は、同一性保持権の侵害とはなりません。

◇「やむを得ない」改変は、認められる（20条2項1〜4号）

　同一性保持権が及ばない場面として、以下の4つがあります。

1号：教科書等掲載や学校向け番組放送における用語変更等
2号：建築物の増築、改築、修繕又は模様替えによる改変
3号：コンピュータ・プログラムの実行やバージョンアップ等のために必要な改変
4号：以上のほか、「著作物の性質並びにその利用の目的及び態様に照らしやむを得ないと認められる改変」

◇教科書等掲載や学校向け番組放送における用語変更等（1号）

　著作権（財産権）と著作者人格権は、別の権利ですので、法律上、著作権（財産権）が制限される場合であっても、著作者人格権が当然に制限されるわけではありません（50条）。

　しかし、学校で使用義務のある教科書への掲載（33条1項等）や、学校向け番組の放送利用等（34条1項）は、著作権（財産権）が制限されるところ〔⇒後述：10章2〕、これらの規定による、学校教育の目的上やむ

を得ないと認められる用語変更等（改変）なのであれば、同一性保持権
も制限されるとしているのが、この規定です。

◇建築物の増築、改築、修繕又は模様替えによる改変（2号）

建築物は住居や店舗、オフィス等で使用するものですので、その所有
者の実用目的のために必要な増改築等により生じる改変は、やむを得な
いものとして認められています。

○大阪地決H25.9.6判時2222号93頁〔新梅田シティ事件〕 [百選Ⅵ 35事件]

> 複合商業施設（建築物）の模様替え（巨大モニュメントの新設）により、
> 建築物と一体的に運用されていた「庭園」（噴水やカナル等の配置とデザ
> インにより思想感情が表現された著作物）の景観、印象、美的感覚等に相
> 当の変化が生じたことについて、「改変」に当たるとしつつ、「建築物にお
> ける著作者の権利と建築物所有者の利用権を調整する場合に類似する」と
> して20条2項2号を類推適用し、同一性保持権の侵害を否定しました。

◇コンピュータ・プログラムの実行やバージョンアップ等のために必要な改変（3号）

バグ（欠陥）の修正など、コンピュータ・プログラムとしての機能を
発揮するために必要な改変は、やむを得ないものと認められます。

◇「やむを得ないと認められる改変」（4号）

「前3号に掲げるもののほか」として、「著作物の性質並びにその利用
の目的及び態様に照らしやむを得ないと認められる改変」が認められて
います。本号が適用される具体例としては、例えば、以下のような場面
が想定されています（加戸186-187頁参照）。

①印刷技術の制約上、原画と同じ色彩を表現できない
②放送技術の制約上、映像の一部が画面からはみ出てしまう
③演奏や演技の技術が未熟なため、思うような演奏・演技がどうして
　もできない

　裁判例では、この規定（4号）について、「著作物の性質並びにその利用の目的及び態様に照らし、著作権者の同意を得ない**改変を必要とする**要請が同項1号ないし3号に掲げられた例外的場合と同程度に存在する」場合に、「やむを得ない」と認められる改変に当たるとされています〈大阪地判H13.8.30平成12年（ワ）10231号〔毎日がすぷらった事件〕 [百選VI 34事件] 等〉。

　「やむを得ない」改変の範囲は比較的狭く考えられる傾向にありますが、いずれにしてもケース・バイ・ケースで判断されます。

○法政大学懸賞論文事件東京高裁判決（再掲）

　大学発行の雑誌に懸賞論文を掲載・出版した際に、著作者の承諾なく、送り仮名の変更、読点の削除、改行の省略などを含む53カ所の変更等を行った事案です。東京高裁は以下のように判示し、「やむを得ないと認められる改変」には当たらないとしました。

　「本件論文は大学における学生の研究論文であり、また、本件雑誌が大学生を対象としたものであることは、弁論の全趣旨により明らかであることからすると、利用の目的において、教科用の図書の場合と同様に前記のような改変を行わなければ、大学における教育目的の達成に支障が生ずるものとは解し難いし、また、前記のような性格の論文において、他の論文との表記の統一がいかなる理由で要請されるのかも明確ではない。そうすると、被控訴人の主張するところからは、かような著作物の利用の目的及び態様に照らし、本件論文の掲載に当たって、前記の著作権者の同意を得ない改変の必要性が例外的に許容されている1号及び2号の場合と同程度に存したものと解することは到底困難というべきである」

○東京高判H12.4.25判時1724号124頁〔脱ゴーマニズム宣言事件〕

　『ゴーマニズム宣言』中の複数の漫画カットが、これを批評する書籍に無断で採録された事案です。裁判所は、「控訴人の意見を批評、批判、反論するために、その意見を正確に指摘しようとすれば、漫画のカットを引用することにならざるを得ないのは理の当然である」等とし、漫画カットの引用（32条1項）を認めるとともに、漫画カットに描かれた人物の似顔絵に目隠しを施した改変については、以下のように述べ、同一性保持権侵害にはならないとしました。

　「（原カットは）醜く描写されているために名誉感情を侵害するおそれがあり、…目隠しによって、名誉感情を侵害するおそれが低くなっていることが明らかであるから、右目隠しは、相当な方法というべきである」「（原

カットを）そのまま引用した場合には、被控訴人書籍が読まれることによって、更にモデルの名誉感情を侵害するおそれがあることは明らかであり、被控訴人に、右名誉感情の侵害を強いなければならない理由はない」

他方、コマ配置の変更については、原カット中の人物像の視線や指した指の方向にあったコマの位置関係が変更されており、「レイアウトの都合を不当に重視して」「控訴人の表現を不当に軽視したものというほかはな」いとして、「やむを得ない改変」に当たらないとしました。

【ひとくちメモ】

★ヘタすぎると「やむを得ない」改変（４号）になる！？

　笑い話のようですが、前記した「③演奏や演技の技術が未熟なため、思うような演奏・演技がどうしてもできない」の内容は、言い換えれば、演奏・演技の技術が「下手」だと「やむを得ない改変」と認められる（同一性保持権の侵害にはならない）ということです。そうしますと、「中途半端に上手」だった場合は、「やむを得ない改変」といえるかどうかの判断が微妙になってきます。他方、「ものすごく上手」であれば、そもそも「改変」は回避できますが、逆に「ものすごく下手」であっても「改変」にはならない可能性があります。というのも、ド下手すぎて、その演奏・演技からは元の著作物（演奏・演技の対象である楽曲や脚本等）の表現上の本質的な特徴は全く感じ取れず、もはや「全く新しい著作物を創作した」といえるかもしれないからです。

★そもそも同一性保持権が働かない場合

　著作者の創作的表現（著作物）が固定されているモノ（有体物）が「廃棄」された場合は、そのモノ（有体物）の所有権の侵害の問題となり得ますが、「表現」自体は「改変」されていません。したがって、廃棄や滅失それ自体には、著作者人格権（同一性保持権）は及びません〈所有権と著作権の関係を再確認しておきましょう〔⇒1章2(2)〕〉。

★同一性保持権侵害に基づく主張を認めない他のアプローチ

　裁判例では、20条２項の除外規定（「やむを得ない」改変等）ではなく、一般条項により、同一性保持権侵害に基づく（行き過ぎた）主張を制限するものも見られます。例えば、**東京地判Ｈ8.2.23知的裁集28巻1号54頁〔やっぱりブスが好き事件〕**は、事前の合意に反して出版社の方針に反する原画を締め切り間際に引き渡した揚げ句に、長時間にわたる修正の要求・説得を拒否し、編集長をほかに取り得る手段がない状態に追い込んだ原告が、「このように重大な自己の懈怠、背信行為を棚に上げて、編集長がやむを得ず行った本件原画の改変及び改変後の掲載をとらえて、著作権及び著作者人格権の侵害等の理由で本件請求をすることは、**権利の濫用で**

あって許されないものといわざるをえない」としました。

　また、東京高判H10.8.4判時1667号131頁〔俳句添削事件〕は、雑誌の「入選句」欄への掲載に際し、「俳句を添削し改変した行為は、右のような俳句界における事実たる慣習に従ってたものであり、許容されるところであって、違法な無断改変と評価することはできない」としました。

> **【ツボ＃8】プライベート空間における改変であっても、同一性保持権の侵害とされる可能性がある！？**

◇私的領域における改変も、同一性保持権の対象になり得る

　私的な領域における改変であっても、著作者の「意に反して」改変するものであれば、形式的には、同一性保持権の侵害になり得ます。

　ゲームのストーリーを、本来の想定を超えた内容とするパラメータを記録したメモリカードを利用したプレーヤーの行為（＝私的領域における改変）が同一性保持権の侵害に当たることを前提に、メモリカードの輸入・販売行為について、不法行為に基づく損害賠償責任を認めた最高裁判例があります〔下記参照〕。

○最判H13.2.13民集55巻1号87頁〔ときめきメモリアル事件〕 百選 Ⅵ 33事件

　あこがれの女生徒から卒業式当日に愛の告白を受けることを目標として、高校3年間、主人公の能力を向上させていく努力を積み重ねるという内容の恋愛シミュレーションゲームにおいて、そのハッピーエンドを簡単に実現できるプレーヤーの能力値のパラメータ（体調、文系、理系、芸術、運動、雑学、容姿、根性、ストレス）を記録したメモリカードを輸入・販売した行為が、同一性保持権の侵害になるか否かが問題となった事案です。

　最高裁は、「主人公の人物像が改変されるとともに、その結果、本件ゲームソフトのストーリーが本来予定された範囲を超えて展開され、ストーリーの改変をもたらす」として、同一性保持権の侵害となることを認めました。

　なお、本書のはしがきで紹介した「恋愛シミュレーションゲーム」は、この「ときめきメモリアル」のことです。実際に判決文を読んでみよう！

◇ときめきメモリアル最高裁判決をどう読むか

　本来、私的領域における改変については、著作者の人格的利益との比較考量を踏まえると、実質的に侵害といえない場合が多いのではないかと考えられます。例えば、中高生が（「中高年」でも可）アニメソングのヒドい替え歌を作って、家庭内でほくそ笑んでいるとして、それは同一性保持権の侵害というべきなのでしょうか？

　しかし、ときめきメモリアル事件（通称、「ときメモ」事件）の場合は、少し事情が異なります。それぞれのプレーヤーによる「改変」は、**私的領域におけるものであるとはいえ、そのような「改変」は、本件メモリカードが販売されたからこそ助長され、だからこそ、多数の者**（本件の場合は、販売総数522個）**によって同種の「改変」**が行われた事情が認められます（1人のプレーヤーだけが、家庭内でこっそりと、人知れず「改変」しているのとは状況が異なります）。

　このようなことから、**私的領域における改変といえども、集合的にみれば、同一性保持権を侵害していると評価して、そのような侵害を引き**起こしたメモリカードの輸入・販売行為について、損害賠償責任を認めたということができるのではないかと考えられます。

> **【ひとくちメモ】**
> **★著作権（財産権）の場合との対比（私的領域における利用）**
> 　私的領域における著作物の利用について、著作権（財産権）の場合は、それを正面から認める権利制限規定が置かれています（30条）。
> 　しかし、私的領域における複製であっても、著作権者の利益を保護する必要がある複製については、保護と利用のバランスを図る観点から、除外規定が置かれたり（30条1項各号）、私的録音録画補償金制度が置かれたりしています（同条3項）。
> 　特に、私的録音録画補償金制度は、個人それぞれの私的録音・録画は零細なものであるとしても、集合的にみれば（＝社会全体でみれば）影響が大きいとして、定められているものです。仕組みとしては、実際に私的録音・録画を行う者を補償金の支払義務者としつつ、そのような容易な複製を可能にする録音・録画機器等のメーカー（製造業者）を、支払いの協力義務者としています。

115

　これに対して、著作者人格権（同一性保持権）の場合は、私的領域における利用について、著作権（財産権）に対する30条のような、同一性保持権を制限する明文規定は置かれていません。このことは、同一性保持権に関する私的領域における保護と利用のバランスは、解釈によって柔軟に行うことが制度的に予定されているということなのかもしれません。

| ナビゲーション | ＞＞　現在の進捗状況と次の目的地　＞＞ |

スタート　＞＞＞＞＞＞

あと1章で、2つ目の花びら
（権利内容）が終わります！

ゴール

1章	2-3章	4章	5-7章	8-10章	11章	12章	13章	14章	15章
著作権法とは	著作物	著作者	権利内容	権利制限	保護期間	利活用	侵害	著作隣接権	国際条約

第７章　権利の内容③
（著作権）

主な関係条文：21〜28条

１．総合案内ⓘ（イントロダクション）

　本章は、いよいよ、【著作権の花】の２つ目
の花びら（権利の内容）の最終回（３回目）で
す。前章では「著作者人格権」について取り上
げました。この章では、もう一つの、財産権と
しての「著作権」を取り上げます。

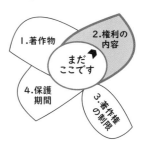

　通常、「著作権」といえば、この財産権とし
ての「著作権」をイメージすることが多いと思いますが、「著作権」（財
産権）も著作者人格権と同じく、一つの権利ではなく、いくつかの権利
（支分権）から成り立っています。このため、「支分権の束（たば）」と
言われることもありますが、「束」といっても、常に「１セット」で取
り扱われるわけではありません。それぞれの支分権ごとに、立派に権利
として扱われ、また、著作者人格権と比べるとその数はとても多いので、
思わずクラクラしてしまいそうです。

　しかし、ご安心を！　大きくみると、次の４つに分類できます。

① 「コピー」に関する権利
② 「公衆への提示」に関する権利（有体物によらない公への伝達）
③ 「公衆への提供」に関する権利（有体物による公への伝達）
④ 「二次的著作物」に関する権利

　それでは、それぞれの内容を見ていくこととしましょう！

117

2．コピーに関する権利〈複製権（21条）〉

> 【ツボ#1】「複製権」はコピーに関する権利です。紙にコピー（印刷・プリントアウト）する場合だけでなく、ダウンロードやスクリーンショット（スクショ）なども「複製」です。

◇「複製」とは、有体物に新たに固定することをいう

「著作者は、その著作物を複製する権利を専有する」（21条）とされています。これが「複製権」です。

「複製」とは、「印刷、写真、複写、録音、録画その他の方法により有形的に再製すること」です（2条1項15号）。別の言い方をするならば、カタチのある具体的な物（有体物）に新たに固定することであり、新たに固定された物は、著作物の「複製物」です。

【ひとくちメモ】

★「複製」は、意外と広い？

複製のことを、一般に「コピー」（Copy）といいますが、著作権法上の「複製」は複写機によるコピーに限りません。著作権法上の「複製」は、もっと広く、有体物に新たに固定することを指し、表現物の内容が直接には知覚できないとしても、パソコン等の機器を使って再生することにより視聴できるようなものも含みます。

例えば、日常用語に言うダビング、ダウンロード、保存、スクリーンショット（スクショ）等も、「複製」に当たります。

複製の対象が音楽データなら「録音」、動画データなら「録画」と言いますが、これらも「複製」です。さらに、完全コピー（デッドコピー）だけでなく、一部に変更等が加えられ、その結果、見た目が完全に同じではないとしても、その変更等が「創作的表現」といえない場合は、著作権法的には、それも「複製」です〔⇒3章3(2)(二次的著作物)参照〕。

ただし、著作権の保護対象は「著作物」（創作的表現）です。「同じ」とか「似ている」というのが、単に「アイデア」部分（コンセプト等）だけなのであれば、そもそも「複製」には当たりません〔⇒2章2(1)(アイデア・表現二分論)参照〕。

★演劇用の著作物や建築の著作物の場合の「複製」

　脚本などの「演劇用の著作物」の場合は、脚本等をコピー機で複写することだけでなく、その「上演、放送又は有線放送を録音し、録画すること」も、演劇用の著作物の「複製」に含まれます（2条1項15号イ）。

　「建築の著作物」の場合は、「建築に関する図面に従つて建築物を完成すること」も「複製」です（同15号ロ）。それまで建築物が存在していなかったとしても、図面に記載された建築物を完成させれば、「建築の著作物」の「複製」に当たります〔⇒3章2(7)（図形の著作物）〕。

【ツボ＃2】複製権には「公衆」要件は書かれていません。多くの場合、複製されたものは、公衆により繰り返し使用される可能性があるからです。

◇**複製権には「公衆」要件が明示されていない**

　「公衆」や「公に」という公衆概念は、著作権法において権利の保護と利用の調整を図るものとして重要であることを学びましたが〔⇒5章2(5)〕、「複製権」は、上記のとおり「複製する権利」とされているだけ（21条）であり、「公に」等の要件は明示されていません。

　これは、複製といった著作物の有形的再製を行うことにより、その複製物が人々に渡って、「将来、反復して使用される可能性」があることから、「予防的に著作者の権利を及ぼす」との趣旨によるものと理解されています（東京地判H12.5.16判時1751号128頁〔スターデジオ事件〕百選Ⅵ 59事件）。

◇**一時的固定・蓄積にも複製権は及ぶ**

　反復して使用される可能性が考慮されているということは、逆に、客観的にみて、そのような可能性がないのであれば、「複製権」を及ぼすべき場面とはいえません。コンピュータにおける情報処理の過程で行われる一時的な固定・蓄積のうち、すぐに消えてなくなってしまう「瞬間的かつ過渡的な蓄積」は、そのような例に当たります。

　前記したスタデジオ事件東京地裁判決は、「ＲＡＭにおけるデータ等の蓄積」は「一時的・過渡的な性質を有するもの」として、「複製」には当たらないとしました。

　他方、一時的な固定・蓄積であっても、その固定・蓄積物が反復して使用される可能性があるのであれば、原則として複製権は及びます。ただし、「複製」といえる一時的な固定・蓄積であっても、コンピュータにおける情報処理の過程における利用等については、複製権の適用を制限する規定も置かれています〔⇒後述：8章2(2)及び9章3(3)-(4)〈柔軟な権利制限規定〉〕。

◇「依拠」がなければ、複製権の侵害にはならない

　ワン・レイニー・ナイト・イン・トーキョー事件最高裁判決は、「著作物の複製とは、既存の著作物に依拠し、その内容及び形式を覚知させるに足りるものを再製するという」と述べています〔⇒2章2(2)（創作的表現）〕。

　これは、江差追分事件最高裁判決〔⇒3章3(2)〕に照らして言い換えるならば、❶既存の著作物への「依拠」と、❷「表現上の本質的な特徴」（の同一性維持及び直接感得）の2つを、「複製」の要件として示したものとみることができます。江差追分事件最高裁判決では、これら❶と❷に、「新たな創作的表現の追加」（❸）が加わると、それが「翻案」の要件となることを示したものです〔⇒依拠について、2章2(2)及び13章2(1)も参照〕。

3．公衆への提示に関する権利

(1) 上演権・演奏権（22条）

> 【ツボ＃3】「上演権」と「演奏権」は、「著作物を公に演ずる権利」です。音楽の著作物の場合が「演奏」で、それ以外が「上演」です。

◇「上演権」と「演奏権」は、「著作物を公に演ずる権利」

「著作者は、その著作物を、公衆に直接見せ又は聞かせることを目的として（以下「公に」という。）上演し、又は演奏する権利を専有」します（22条）。これが「上演権」及び「演奏権」です。

◇「上演」や「演奏」は、「著作物を演ずること」をいう

「上演」も「演奏」も、「演」という用語から分かるとおり、「著作物を演ずること」です。

「演奏」は音楽の著作物を演ずることで、「歌唱」も含みます。「上演」は、「演奏以外の方法により著作物を演ずること」です（2条1項16号）。演劇、バレエ、落語などが当てはまります。

> 【ひとくちメモ】
> ★歌手の歌がものまねされたら？
> ある歌手の歌唱がものまねされた場合、ものまねによって、「音楽の著作物」である歌詞や楽曲が演奏されていますので、その「演奏」行為には、音楽の著作者（作詞家・作曲家）の演奏権等が及んでいます。
> 他方、ものまねの直接の対象は、歌手の「歌唱」（演奏）ですね。歌唱それ自体は、「著作物を演ずること」であり、著作権法上は、「実演」（2条1項3号）に当たります。歌手は「実演家」で、著作隣接権の対象です。
> それでは、果たして、「歌唱」のものまねに対して、実演家の権利が及ぶのか、及ばないのか…？　これについては、14章で取り上げることとします〔⇒後述：14章3(実演家の権利)参照〕。

【ツボ#4】上演や演奏は、「ライブ（生）」に限られません。また、「公に」行う場合に及びます。

◇「上演」「演奏」は、録音・録画物を再生する行為等を含む

「上演」や「演奏」には、ライブ（生）での上演や演奏だけでなく、録音・録画物（ＣＤやＤＶＤ等）の再生も含むとともに、電気通信設備を使って行う伝達も含みます（2条7項）。

　ただし、例外として、公衆送信や上映に該当するものは、「上演」や「演奏」からは除かれています（2条7項括弧書）。それらは上演や演奏ではなく、「公衆送信」や「上映」として位置づけられます。

【ひとくちメモ】

★校内放送は「放送」ではない？

　放送や有線放送等は「公衆送信」に当たりますが、それでも、「同一の構内」で送信されるものは、「公衆送信」とはされていません（2条1項7号の2括弧書）〔⇒後述：本章3(3)〕。したがって、上記の定義に当てはめると、例えば、学校の「校内放送」で音楽を流す場合、著作権法上は、「放送」（公衆送信）ではなく、「演奏」に当たることになります。

　ただし、「演奏」に当たるとしても、一般の「校内放送」のように、非営利目的で、聴衆から料金を徴収しないで行う等の場合には、著作権者の許諾を取る必要はありません（38条1項）〔⇒10章4(1)〕。

★録音物の再生と旧・附則14条

　録音物の再生に関して、著作権法にはかつて附則14条の規定がありました。これは、音楽喫茶やダンスホール、ディスコ等を除き、市販のレコード等の適法な録音物を再生したり、放送で流したりすることは、著作者名等の出所を表示すれば、著作権者の許諾を得なくとも自由に行うことができるとするものでした。旧著作権法時代の規定（30条1項8号及び同2項）を「当分の間」適用する経過措置でしたが、附則14条は、平成11（1999）年の改正により、削除（廃止）されています。

◇上演権や演奏権が及ぶのは、「公衆に直接見せ又は聞かせることを目的として」行う場合に限られる

　上演権や演奏権が及ぶのは、「上演」や「演奏」について、「公に」行うことです。すなわち、「公衆に直接見せ又は聞かせることを目的として」いることが必要です。この「公に」は、上演権や演奏権以外の権利でも共通に出てきますので、ここで確認しておきましょう。

　なお、演奏について、「公衆に直接見せ又は聞かせることを目的として」というのは、次に紹介する裁判例で示されているように、演奏が行われる外形的・客観的な状況に照らし、「公衆」に演奏を聞かせる目的意思が演奏者にあったと認められるか否かにより、判断されます。

○知財高裁Ｒ3.3.18令和2年(ネ)10022号〔音楽教室事件〕

　知財高裁は、著作権法22条の趣旨について、「『公衆』に対して演奏を聞かせる状況ではなかったにもかかわらず、たまたま『公衆』に演奏を聞かれた状況が生じたからといって（例えば、自宅の風呂場で演奏したところ、たまたま自宅近くを通りかかった通行人にそれを聞かれた場合）、これを演奏権の行使とはしないこと、逆に、『公衆』に対して演奏を聞かせる状況であったにもかかわらず、たまたま『公衆』に演奏を聞かれなかったという状況が生じたからといって（例えば、繁華街の大通りで演奏をしたところ、たまたま誰も通りかからなかった場合）、これを演奏権の行使からは外さない趣旨で設けられたものと解するのが相当であるから、『聞かせることを目的』とは、演奏が行われる外形的・客観的な状況に照らし、演奏者に『公衆』に演奏を聞かせる目的意思があったと認められる場合をいい、かつ、それを超える要件を求めるものではないと解するのが相当である」としました。

　なお、音楽教室におけるレッスンは、生徒が１人だったとしても、音楽事業者から見れば「不特定」の者として「公衆」に当たる等として、演奏権が及ぶと判断する一方、生徒による演奏は、生徒から見れば「公衆」ではない教師に対する演奏であって、演奏権は及ばないとしました。

（2）上映権（22条の2）

> 【ツボ＃5】上映権は、「公に上映する権利」です。対象は「映画」に限られません。

◇「上映権」は、「著作物を公に上映する権利」

　「著作者は、その著作物を公に上映する権利を専有する」とされています（22条の2）。これが「上映権」です。上演権や演奏権と同様に、「公に」行うものが対象です。すなわち、「公衆に直接見せ又は聞かせることを目的として」行う上映が権利の対象です。

　ただし、テレビ放送やネットで視聴中の動画といった、「公衆送信」されている著作物を、そのまま映写する場合は、「上映」には当たりません（2条1項17号括弧書）。しかし、「上映」権は働かないのですが、それを公衆に見せたり聞かせたりする目的で行う場合には、別の権利である「公の伝達権」は働きます（23条2項）。

◇「上映権」の対象は「映画」に限られない

　「上映」は、「著作物…を映写幕その他の物に映写すること」をいい、「これに伴つて映画の著作物において固定されている音を再生すること」を含みます（2条1項17号）。また、映画の著作物に限らず、美術や写真なども、スクリーン等に映し出せば、上映権の対象になり得ます。

【ひとくちメモ】

★音の再生と上映権

　上記の規定（2条1項17号）のとおり、「映画の著作物」をスクリーン等に映し出す際、その映画に一体的に含まれている音楽とともに映し出す行為については、その音楽の再生も「上映権」の対象です。これに対して、美術や写真等を映写する際に音楽も同時に再生する場合は、美術等の映写は「上映権」の対象である一方、音楽については「演奏権」が働きます。

（3）公衆送信権（23条1項）

> **【ツボ#6】公衆送信権は、放送・有線放送や、インターネット送信をする権利です。**

◇「公衆送信」の代表格は、「放送」「有線放送」「自動公衆送信」

　「公衆送信」は、公衆によって直接受信されることを目的として行われる送信のことです（2条1項7号の2）。「無線」で行われる送信と「有線」で行われる送信のどちらも含まれます。「公衆送信」はさらに4つに区分されますが、これらのうち、特に、「放送」「有線放送」と「自動公衆送信」の違いをきちんと押さえておくことが重要です。

❶放送
❷有線放送　┐→ 一方向型（同一内容・同時受信）
❸自動公衆送信 → 双方向型（リクエストに応じて行う自動送信）
❹その他の公衆送信

まず、「放送」と「有線放送」は、どちらも、公衆に一斉送信するものです（一方向型）。一斉送信により、著作物が常に受信者の手元まで送信されているものを指します〈公衆（受信者）は、見たい番組があれば、手元のテレビ受信機のチャンネルを切り替えるだけです〉。

これに対して、「自動公衆送信」は、双方向の送信です（双方向型）。公衆（受信者）からのリクエストに応じて自動的に送信されるものを指します。私たちがインターネットを利用する際、クリック（アクセス）すると情報がサーバから自動的に送られてきます。そのようなインターネット送信が、「自動公衆送信」です。

◇「同一構内における公衆への送信」（2条1項7号の2括弧書）

「公衆によって直接受信されることを目的として行われる送信」であっても、同一構内にある電気通信設備を用いた送信（無線ＬＡＮや有線ＬＡＮ）は、原則として、「公衆送信」ではありません。

【ひとくちメモ】
★同一構内送信の原則と例外

同一構内における電気通信設備を用いた送信は、原則として、同一の者の占有に属する区域内である限り、「公衆送信」には当たりません。

したがって、例えば、ＩＣＴを活用した教育を実践している学校の授業で、校内ＬＡＮにより、教員のパソコン端末にある動画教材や音声教材を、各生徒のタブレット端末で視聴できるように送信することは、「（自動）公衆送信」には当たりません。もっとも、「（自動）公衆送信」には当たらないとしても、上映権や演奏権の対象にはなり得ます。

しかし、その場合であっても、非営利目的で、その上映や演奏について聴衆から料金を徴収しないで行う等の場合には、著作権者の許諾を取る必要はありません（38条1項）。このことは、「上映権・演奏権」の箇所で、校内放送について既に述べたことと同じです〔⇒本章3(1)〕。

他方、同一構内における送信であっても、例外的に、「プログラムの著作物」については、「公衆送信」に当たります。例えば、ある会社が、1台のパソコン端末に適法に保存したコンピュータ・プログラムを、同一構内のＬＡＮを通じて、多数の社員のパソコン端末で使えるように送信することは、同一構内の送信ではありますが、「（自動）公衆送信」に当たり、著作権者の許諾が必要です。

◇「放送・有線放送」と「自動公衆送信」は、著作権の強さが違う

　放送・有線放送は、その公共的な性格や著作物の利用態様等を踏まえ、著作権が及ぶ範囲を限定することも正当化されやすいという特徴があります。これに対して、**自動公衆送信（インターネット送信）**は、いつでも誰でもどこへでも著作物を世界中に送信できる利用形態です。

　いまや、小学生がなりたい職業に、「ユーチューバー」がランクインする時代ですね。このことは、動画配信の広告収入で個人が生計を立てられることもあるほど、インターネットによる伝播力の強さを物語っています。これは、裏を返せば、世界と簡単につながるインターネットは、権利者にとってみれば、自分の作品がたくさんの人によって、至るところで勝手に使われやすいということでもあります。

　このように、著作権法では、「他人」の著作物をネット配信（自動公衆送信）することは、権利保護の観点からは、慎重に考えられやすい事情があります。その結果、一般に、**自動公衆送信における利用は、放送・有線放送よりも、著作権がより保護されています。**

【ひとくちメモ】
★インターネット放送は、著作権法上の「（有線）放送」か？

　答えは「NO」です。昨今は、伝統的な放送だけでなく、Netflix（ネットフリックス）のような動画ストリーミング配信も登場しています。しかし、これらは「インターネット放送」や「ウェブキャスティング」と呼ばれることがあるにしても、著作物の送信の形態を見れば、インターネット回線を使って、各ユーザーからの求めに応じて（クリックして初めて）インターネット送信されるものです。つまり、法律上は「自動公衆送信」に当たります。他方、視聴者からみれば、テレビで観るのも、パソコンで観るのも、大差ないという声があるでしょう。しかし、著作者にしてみれば、放送とネット配信とでは、電波が届く範囲等での送信か、世界中への配信かという点で大きく異なります。

　著作権法は、著作物の使われ方に着目し、著作者（私人）の「権利」である著作権について、保護と利用のバランスを図る法律です。そこで、このような著作物の利用態様の違いから、放送・有線放送と自動公衆送信では、権利が働く強さが異なっているのです。もっとも、最近では、放送局自身が、放送番組をインターネットで同時配信したり、追っかけ配信等をしたりする動きも出ています。

こうした動きを踏まえ、**令和3（2021）年の著作権法改正**では、放送の同時配信等（**放送同時配信等**）に関する改正が行われ、権利制限規定の拡充や、放送について許諾がある場合の配信許諾の推定、権利の集中管理等がされていない実演やレコードの利用円滑化に関する規定整備等が行われました〔⇒後述：9章5(3)、12章2(3)及び14章2(2)等〕。

> **【ツボ＃7】公衆送信権のうち、公衆への一斉送信を行う権利が「放送権」や「有線放送権」です。**

◇「放送」とは、「無線」による「公衆への一斉送信」のこと

「放送」とは、「公衆送信のうち、公衆によつて同一の内容の送信が同時に受信されることを目的として行う無線通信の送信」のことです（2条1項8号）。地上波テレビ放送や衛星放送（BS放送・CS放送）、地上波ラジオ放送が典型例です。ただし、いくら23条1項を見ても、「公衆送信を行う権利」（公衆送信権）とあるだけで、「放送する権利」（放送権）とは書かれていません。上記の定義から明らかなように、放送は「公衆送信」の一部ですので、**放送する権利であっても、著作権の支分権のカテゴリーとしては、「公衆送信権」として分類されます。**

◇「有線放送」は、「有線」による「公衆への一斉送信」のこと

「有線放送」は、「公衆送信のうち、公衆によつて同一の内容の送信が同時に受信されることを目的として行う有線電気通信の送信」のことです（2条1項9号の2）。ケーブルテレビ（CATV）が典型例です。このような「有線放送」を行う権利（有線放送権）も、著作権では、まとめて「公衆送信権」という扱いです。

> **【ツボ＃8】公衆送信権のうち、公衆からの求めに応じて自動的に送信する権利が、「自動公衆送信権」です。その一歩手前のアップロード行為を行う権利が、「送信可能化権」です。**

◇「自動公衆送信」は、「公衆からの求めに応じて自動的に行う送信」のこと

　「自動公衆送信」は、「公衆送信のうち、公衆からの求めに応じ自動的に行うもの（放送又は有線放送に該当するものを除く。）」のことです（2条1項9号の4）。インターネットによる送信が典型例です。放送・有線放送とは違い、双方向の特徴があることから、**インタラクティブ送信**と呼ばれることもあります。

　「自動公衆送信権」も、「放送権」や「有線放送権」と共に、**著作権としては、まとめて「公衆送信権」**という扱いです。

◇「送信可能化」は、自動公衆送信のスタンバイ状態

　自動公衆送信には、その一歩手前の段階である「送信可能化」を含みます（23条1項括弧書）。

　すなわち、「送信可能化」とは、インターネットに接続しているサーバ等の「自動公衆送信装置」に情報を入力することなどにより、**いつでも自動公衆送信できるようにしておくこと**です（2条1項9号の5）。例えば、ブログやインスタグラム等に写真をアップロードする場合、そのアップロード行為が「送信可能化」に当たります。

　その後、そのブログ等に誰かがインターネット上でアクセスすることで、アップロードされた写真が、サーバから自動的に送信されると、その送信自体が、「自動公衆送信」に当たります。

【ひとくちメモ】

★自動公衆装送信装置

　「自動公衆送信装置」（2条1項9号の5イ）は、「これがあらかじめ設定された単一の機器宛てに送信する機能しか有しない場合であっても、当該装置を用いて行われる送信が自動公衆送信であるといえるときは、自動公衆送信装置に当たる」とされています（**最判H23.1.18民集65巻1号121頁**〔まねきＴＶ事件〕百選Ⅵ 83事件）。

★著作隣接権には「公衆送信権」はない？

答えは「ＹＥＳ」です。先ほどから、説明の中で、「著作権としては、まとめて『公衆送信権』という扱いです」などと紹介してきましたが、実は、実演家の権利など、著作隣接権については、「公衆送信権」という支分権は認められていません。

その代わりに、著作隣接権者の種類に応じて、放送権、有線放送権、送信可能化権等が、個別に定められています。その際、インターネット送信（自動公衆送信）に関しては、自動公衆送信そのものを行う権利（自動公衆送信権）は認められておらず、その一歩手前の「送信可能化」の権利だけが認められています〔⇒著作隣接権については、14章を参照〕。

◇送信可能化には「蓄積型」と「入力型」の２種類がある

送信可能化の方法には、「蓄積型」と「入力型」があります。「蓄積型」は、受信者が、記録（蓄積）されている情報を、インターネットを通じて入手できるようにするタイプのものを指します。

これに対して、「入力型」は、リアルタイムで情報を入力し続けるタイプの方法です。その情報にアクセスして視聴する受信者にとってみれば、それが音楽や映像であれば、いわゆる「頭出し」はできません。ストリーミング配信されているものは、入力型に当たります。

【ひとくちメモ】

★自動公衆送信にも２種類ある

送信可能化だけでなく、自動公衆送信についても、送信可能化が蓄積型である場合を「蓄積型自動公衆送信」、入力型である場合を「入力型自動公衆送信」と言うこともあります。オンデマンド型送信は「蓄積型」、インターネット放送（ウェブキャスティング）は「入力型」です。

★その他の「公衆送信」

公衆送信であっても、「放送」「有線放送」「自動公衆送信」に含まれないものもあります。

具体的には、「一斉送信」でも、「公衆からの求めに応じ自動的に行う送信」でもないものであり、「公衆からの求め」に応じて「手動」で公衆に送信（電子メールやＦＡＸ等）するタイプのものです。

（4）公への伝達権（23条2項）

> 【ツボ#9】公への伝達権は、公衆送信の二次利用の一部（公衆送信のリアルタイム伝達）にのみ及ぶ権利です。

◇「公への伝達権」は、公衆送信の二次利用の一部のみが対象

　公衆送信の二次利用のうち、例えば、放送やインターネット上の著作物をいったん「保存」して利用するのであれば、複製権（ないし録音・録画権）や演奏権・上映権等が働き得ます。

　これに対し、「公の伝達権」（23条2項）は、そのような場面ではなく、公衆送信されている著作物を、受信装置を用いて「リアルタイム」で公に伝達する行為（生伝達）を対象としています（このように、「公の伝達」という言葉の響きとは裏腹に、範囲は意外と狭いです）。

　テレビ受信機に映っているテレビ放送をリアルタイムで公衆に見せたり、YouTubeの動画を受信中のパソコン画面等を通じて公衆に見せたりする場合は、「公への伝達権」の対象です〔⇒ただし、教育利用等については権利制限規定があります（後述：10章2(教育)及び同4(非営利・無料)参照）。

【特別おまけメモ！】

「公衆への伝達権」

　WIPO著作権条約（1996年）の8条において、「公衆への伝達権」（Right of Communication to the Public）が定められていますが、これは、「公衆への提示」に関する著作権を広く指す概念です。

　すなわち、WIPO著作権条約の「公衆への伝達権」は、「公衆への提示」のうち、上演・演奏や放送等といった、一方向型の提示行為だけでなく、公衆（利用者）からのアクセスに応じて送信を行う双方向型の提示行為も広く含みます。こうして、「公衆への提示」に関する権利を包括的に規定しており、また、公衆が、好きな場所から好きな時間にアクセスして利用できる状態にする権利（＝利用可能化権）も、明示的に含まれています。

　したがって、名前は似ていますが、日本の著作権法23条2項の「公への伝達権」より範囲が広いことに注意しましょう。

　ところで、著作権の支分権のうち、「複製権」は、「複製」という結果に

着目した権利ともいえますが、日本では、「公衆への提示」に関する権利は、「結果」ではなく、提示「行為」（上演・演奏・上映・放送等）の種類に着目して定められています。送信可能化等も、インターネットによる送信という新しい提示手段が登場したことに対応して、権利の内容として追加されたものです〈平成9（1997）年に「公衆送信権」の規定整備〉。

　他方、この点につき、外国に目を向けると、例えばEU情報社会指令（2001/29/EC）3条は、WIPO著作権条約8条に対応し、より包括的に「公衆への伝達権」を定めています。こうしたアプローチの違いは、次のような面で、考え方の違いとなって表れてきます。すなわち、日本の「公衆送信権」は、著作物の「送信行為」に着目します。その結果、公衆送信による受け手（公衆）の範囲の変化は重視されません。これに対し、EUにおける「公衆への伝達権」は、伝達「結果」に着目します。具体的には、最初の伝達技術と同じ手段により伝達が行われる場合には、「新しい公衆」（new public）に対する伝達であるか否かに注目し、これがYESだとすると、公衆への伝達権が及ぶ利用行為であると判断されます（作花666頁参照）。例えば、インターネット上の無断リンクについて、日本では、リンクを張ることは、著作物の送信行為それ自体ではないとして、公衆送信権（自動公衆送信権）の侵害は一般に否定されます（知財高判H30.4.25民集74巻4号1480頁〔リツイート事件：控訴審〕百選Ⅵ61事件）。

　これに対し、EUでは、リンクを張ることは「伝達」に当たり、最初の伝達先として想定され得なかった公衆（新しい公衆）への伝達である場合には、「公衆への伝達権」の侵害が肯定され得ます。また、リンク先の著作物が、違法にアップロードされたものである場合には、そのことを現に知らず、又は知り得なかったといえない場合には、「公衆への伝達権」の侵害に当たります（さらに、営利目的のリンク行為の場合は、知得についての推定が働きます）〈2016年のGSMedia事件欧州司法裁判所判決（C-160/15, EU：C：2016：644）等〉。

（5）口述権（24条）

> 【ツボ#10】口述権は、朗読などにより、公に「口頭で伝達する権利」です。芝居がかった口述は、「上演」です。

◇「口述権」は、公に口頭で伝達する権利

　「口述権」は、「言語の著作物を公に口述する権利」です（24条）。「公に」ということですから、「公衆に直接見せ又は聞かせることを目的として」行うものが対象です。

131

　ここで「口述」とは、「朗読その他の方法により著作物を口頭で伝達すること（実演に該当するものを除く。）」と定義されています（2条1項18号）。その典型例として「朗読」が挙げられていますが、自分の口で直接語る場合に限らず、上演や演奏と同じように、録音物（ＣＤ等）の再生も含むとともに、電気通信設備を用いて行う伝達も含みます。ただし、公衆送信や上映に該当するものを除きます（2条7項）。

◇演劇的な口述は「上演」

　「口述」の定義上、「実演に該当するもの」が除かれています。「実演」は、「著作物を、演劇的に演じ、舞い、演奏し、歌い、口演し、朗詠し、又はその他の方法により演ずること」を指すので（2条1項3号）、「演ずる」ものは、「口述権」の対象外です。この場合は、「演奏以外の方法により著作物を演ずること」（同項16号）といえるので、それを「公に」行う場合には、「上演権」の対象となります（22条）。

【ひとくちメモ】
★読み聞かせが「口述」か「上演」かは、読み手の力量次第

　例えば、子どもに対する「読み聞かせ」であれば、それが口述なのか、上演なのかは、読み聞かせる方の力量次第ということになりそうですね。私も、子どもへの普段の読み聞かせは、『まんが日本昔ばなし』の懐かしの声優の声マネも含め、かなり頑張ってきたつもりですが、「上演」の域に達しているのか、単なる「口述」なのかは定かではありません…。もっとも、いずれであっても、「公に」行わないものである場合はもちろん、ボランティアが非営利目的により無料で行う読み聞かせには、口述権も上演権も及びません（38条1項）〔⇒10章4(1)(非営利・無料)〕。

　なお、上演（口演）と言える場合、その上演者（口演者）は、「実演家」として、著作隣接権が与えられます〔⇒14章3(実演家の権利)〕。

（6）展示権（25条）

　【ツボ#11】展示権は「原作品により公に展示する権利」です。「美術の著作物」「未発行の写真の著作物」だけが対象です。

◇「展示権」は、美術・写真作品を原作品により展示する権利

　展示権は、「美術の著作物又はまだ発行されていない写真の著作物をこれらの原作品により公に展示する権利」のことです（25条）。美術館における美術作品や写真作品の展示が典型例ですが、展示権の対象は、「美術の著作物」と「未発行の写真の著作物」だけに認められているとともに、かつ、「原作品」（オリジナル作品）に限られていることに注意が必要です。範囲は意外と狭いですね。

　「原作品」は、著作者が「オリジナルはコレ！」と位置づけた作品を意味しますが、特に写真の著作物の場合、複製物が複数存在するなど、原作品と複製物の特定が難しい側面があるため、複製物が出回っていないもの、すなわち、「未発行」の写真のみが対象とされています。

【ひとくちメモ】
★「原作品」の所有者と著作権の調整の必要性

　展示権は、「原作品」により公に展示する権利ですので、「原作品」の所有者が著作権者でない場合、著作権と所有権の調整が必要になります。そこで、著作権法は、権利制限規定として、その調整規定を置いています〔⇒後述：10章6（所有権との調整）〕。

4．公衆への提供に関する権利

(1)「頒布」と「譲渡」と「貸与」の関係

> **【ツボ#12】**「頒布」＝「譲渡＋貸与」です。

◇「頒布」は「譲渡」と「貸与」の両方を含む概念

　著作権法では、公衆への提供として「頒布」「譲渡」「貸与」の3種類が定められています。どれも、創作的表現が固定されている有体物の占有を他人に移す場面ですが、公衆に対する複製物の「譲渡」や「貸与」を、ひっくるめて「頒布」と呼んでいます（2条1項19号）。

◇もともとは、映画の著作物に関する「頒布権」だけだった

　著作権法では、頒布、譲渡、貸与のそれぞれについて「頒布権」（26条）、「譲渡権」（26条の２）、「貸与権」（26条の３）を定めています。「頒布権」は「映画の著作物」について認められる権利であり、「譲渡権」と「貸与権」は「映画以外の著作物」についての権利です。

　以前は、映画以外の著作物においては、譲渡や貸与に関する権利は認められていませんでしたが、貸レコード店の増加に対応して「貸与権」が創設され〈昭和59（1984）年改正〉、WIPO著作権条約に対応するために「譲渡権」が創設されました〈平成11（1999）年改正〉。

（2）頒布権（26条）

> 【ツボ#13】頒布権は「映画の著作物」だけに認められる権利です。劇場用映画フィルムが念頭にありました。

◇「頒布権」は、「映画の著作物」だけに認められている権利

　著作者は、「映画の著作物をその複製物により頒布する権利」を専有します（26条１項）。また、映画の著作物に音楽や美術作品が複製されて使用されている場合、それらの著作者（クラシカル・オーサー）も、「当該映画の著作物の複製物により頒布する権利を専有する」ことが明記されています（26条２項）。

【ひとくちメモ】
★　「二次的著作物」としての映画の著作物
　映画の著作物は、小説等の原著作物の「二次的著作物」という性格があります。したがって、それらの原著作物の著作者（これもクラシカル・オーサー）は、「二次的著作物の著作者が有するものと同一の種類の権利を専有」します（28条）〔⇒後述：本章5(2)〕。

◇「映画の著作物」に頒布権が認められてきたのは、劇場用映画フィルムの配給制度の慣行があったことが背景にある

　映画の著作物にのみ頒布権が認められてきた主な理由は、①「映画製作には多額の資本が投入されており、流通をコントロールして効率的に資本を回収する必要があったこと」、②著作権法制定当時、劇場用映画の取引については、映画フィルム（映画の著作物の「複製物」）が貸与先の上映映画館の間を移転していくという「配給制度の取引慣行が存在していたこと」、③「著作権者の意図しない上映行為を規制することが難しいため、その前段階である複製物の譲渡と貸与を規制する必要があったこと」によります〈中古ゲームソフト事件最高裁判決（後掲）〉。

> 【ツボ#14】頒布権は、「公衆」ではない者への提供にも権利が及び得るとともに、「消尽しない」という特色があります。

◇「頒布権」は、「特定かつ少数」の者（公衆ではない者）への譲渡や貸与にも権利が及ぶ

　「頒布」とは、一般に、「公衆」に対する譲渡や貸与を指しますが、映画の著作物に関しては、「公衆に提示することを目的として当該映画の著作物の複製物を譲渡し、又は貸与することを含む」とされています（2条1項19号）。

　すなわち、映画の著作物に関する「頒布権」は、公衆に上映等をする目的で譲渡や貸与をする場合は、「譲渡」や「貸与」自体は公衆に対して行われないとしても（＝「特定かつ少数」の者に対する譲渡や貸与であっても）、「頒布権」は及ぶということです。

◇「頒布権」は、原則として「消尽しない」

　次の「(3) 譲渡権」で紹介しますが、譲渡権には「消尽（しょうじん）」の例外規定があります。「消尽」とは、原作品や複製物をいったん適法に販売等した場合、その後の譲渡には権利（譲渡権）は及ばないと

いうものです。つまり、譲渡権が及ぶのは最初の譲渡だけです。

　これに対して、「頒布権」（26条）には、消尽の規定はありません。頒布には「譲渡」が含まれますが、前述したような映画の著作物の特性から、最初の譲渡だけでなく、その後の譲渡についても権利（頒布権）は及ぶと理解されています。

◇「公衆への提示（上映等）を目的としない」映画の著作物については、頒布権は「消尽する」

　「映画の著作物」には、劇場用映画だけでなく、テレビドラマやアニメーション、ゲームソフトの影像なども含まれるため〔⇒3章2(8)〕、それらを収録したＤＶＤ等のソフトが販売される場合、そのソフトの販売（譲渡）も頒布権の対象です。ということは、それらも消尽しない（中古販売にも著作権者の許諾が必要）のでしょうか？

　この点についての判断を示したのが、中古ゲームソフト事件最高裁判決です。最高裁は、譲渡が「公衆に提示することを目的としない」タイプのもの、具体的には、「公衆に提示することを目的としない家庭用テレビゲーム機に用いられる映画の著作物の複製物」（中古ゲームソフト）は、いったん適法に譲渡（販売等）されたことにより、権利は消尽する（中古販売には頒布権が及ばない）としました。

○最判H14.4.25民集56巻4号808頁〔中古ゲームソフト事件〕 百選Ⅵ 62事件

> 　最高裁は、商品の譲渡の際には、一般に譲受人は当該目的物を自由に再譲渡ができることを前提としていることや、最初の譲渡の際に対価等を回収・確保する機会が保障されていること等を踏まえれば、消尽について定めを置いていない26条の解釈としては、「公衆に提示することを目的としない家庭用テレビゲーム機に用いられる映画の著作物の複製物の譲渡については、市場における商品の円滑な流通を確保するなど…の観点から、当該著作物の複製物を公衆に譲渡する権利は、いったん適法に譲渡されたことにより、その目的を達成したものとして消尽し、もはや著作権の効力は、当該複製物を公衆に再譲渡する行為には及ばないものと解すべきである」としました。

【ひとくちメモ】
★劇場用映画のＤＶＤは消尽するか？
　上記の考え方を踏まえるならば、劇場用映画等であっても、それがＤＶＤやブルーレイ・ディスク等に収められたソフト（複製物）など、家庭用のテレビやパソコンで視聴されることを目的としているものについては、ゲームソフト等と同様に、頒布権は「消尽する」と考えられます。

（3）譲渡権（26条の2）

【ツボ#15】譲渡権は、公衆に譲渡する権利です。適法に譲渡された複製物等の譲渡権は、「消尽」します。

◇「譲渡権」は「映画の著作物以外」を公衆に譲渡する権利

　「譲渡権」は、著作物をその「原作品又は複製物の譲渡により公衆に提供する権利」です（26条の2第1項）。映画の著作物に認められる頒布権とは異なり、常に「公衆」に対する譲渡が対象です。「譲渡権」は、「映画の著作物以外」の著作物の譲渡で働く権利です。「譲渡」とは、有体物の所有権と占有（事実上の支配）の移転を意味し、お金をもらう「有償譲渡」のほか、タダであげる「無償譲渡」も含みます。

◇「譲渡権」は「消尽する」

　既に紹介したように、「譲渡権」は消尽します。原作品や複製物をいったん適法に譲渡すると、その複製物等のその後の譲渡（再譲渡）に譲渡権は及びません。
　つまり、最初の譲渡（販売等）で権利が「尽」きて、それ以降は権利が「消」えてしまうということです。これは、最初に譲渡する際に対価等を回収・確保する機会が保障されていることなどがその理由です。その意味で、譲渡権は「最初の譲渡をコントロールする権利」であるといえます。

137

【特別おまけメモ！】

デジタル消尽について

　譲渡権は、それぞれの著作物が固定されている有体物（原作品又は複製物）の譲渡によって、無体物である著作物を公衆に提供する権利です。最初の適法な譲渡が行われた場合、その有体物の再譲渡（転売）には譲渡権は及ばない、とするのが譲渡権の「消尽」です。

　他方、いまはデジタル・ネットワーク時代です。著作物が、紙等の有体物ではなく、デジタル媒体のまま取引される場合、譲渡権は「消尽」するのでしょうか。例えば、デジタルコンテンツがインターネット上でダウンロード販売されている場合、購入者が、ダウンロードしたコンテンツを記録媒体（ＣＤやＤＶＤ等）に保存し、他人に譲渡した場合には、その譲渡には、譲渡権は及ばない（「消尽」する）のでしょうか。

　この場合、コンテンツを保存した記録媒体の譲渡には「譲渡権」が及びますが、その前段階である、インターネット上でのダウンロード販売は、著作権法上は「譲渡権」ではなく、「（自動）公衆送信権」（←インターネット送信）と「複製権」（←ダウンロード）の対象です。したがって、「最初の譲渡」はないため、原則として消尽しないと考えられます。

　ただし、ダウンロード販売（自動公衆送信＋複製）の許諾（ライセンス）による「複製物」の作成について、「譲渡」と同視できる事情があるのであれば、例外的に、譲渡権の消尽を考える余地はあるかもしれません。この場合、作られる個々の複製物について、自由譲渡が認められているかということや、経済的価値に見合った対価を権利者が得ているといえるか等が判断材料になると考えられます（複数回のダウンロードが可能な設定とされている場合には、譲渡権の消尽は認められにくいと考えられます）。

◇「適法な譲渡」により譲渡権は消尽する（国内外を問わない）

　下記①～③のいずれかに当てはまるものには、譲渡権は及びません（26条の2第2項）。これらは**強行規定（強行法規）**であり、当事者間で消尽しないとする定めを置いても、それは無効です（加戸211頁）。

①権限ある者により譲渡されたもの（1号及び4号）

→原作品又は複製物〈1号は公衆に対する譲渡、4号は公衆ではない者（特定かつ少数）に対する譲渡〉

②文化庁長官による裁定等により譲渡されたもの（2号及び3号）

→複製物〈文化庁長官による裁定等（67条1項等）を得て公衆に譲渡されたもの（複製物）（2号）や、文化庁長官による裁定申請中利用

（67条の2第1項）として公衆に譲渡されたもの（3号）〉

③国外において適法に譲渡されたもの（国際消尽）（5号）

→原作品又は複製物

【ひとくちメモ】

★国際消尽

　5号は、いわゆる「国際消尽」を規定したものです。ただし、その例外として、国外向けに権利者が発行している商業用レコードの輸入等（いわゆる「還流」）は、要件を満たす場合には、著作権侵害とみなされます（113条10項）〔⇒後述：13章2(2)（みなし侵害）〕。

　なお、商業用レコードというのは、「市販の目的をもつて製作されるレコードの複製物」のことです（2条1項7号）。市販されている音楽ＣＤをイメージするとよいでしょう。

【ツボ#16】「消尽」以外にも譲渡権が働かない場面があります。

◇場面①：「権利制限規定に基づき作成された複製物の譲渡」には、譲渡権は及ばない（47条の7）

　著作権（財産権）は、30条以下により、複製権（21条）等が及ばない場面についての規定（権利制限規定）が置かれています。

　例えば、学校の授業で使用するための複製（35条1項）などですが、この場合、著作権者の許諾を得ずに、複製物を作成することができます。

　そして、**権利制限規定の適用を受けて作成された複製物は、公衆に譲渡することができます。**つまり、譲渡権は働きません（47条の7本文）。

　ただし、権利制限規定には利用目的を定めているものがあり、その場合には、許諾なく**公衆に譲渡できるのは、その目的の範囲内の譲渡に限**られます。上記の学校授業の例でいえば、「学校外」で使用するために譲渡する場合は、許諾が必要です（47条の7ただし書）。

◇場面②：「善意・無過失の譲受人による公衆への譲渡」には、譲渡権は及ばない（113条の2）

　複製物を譲り受けた者（購入者等）が、それを譲り受けた時点において、譲渡が消尽しないものであったことは知らず（＝善意）、かつ、知らないことについて落ち度がない（＝無過失）場合には、その「善意・無過失の譲受人」が、その複製物をさらに他人（公衆）に譲渡することについては、譲渡権は働きません（113条の2）。

　しかし、ここで注意！　これは、「善意・無過失の譲受人」が登場したら「消尽」するということではありません。善意・無過失の譲受人から、さらに譲り受けた者が、そのことを知っていたり（＝悪意）、知っているべき立場にある者であったりするなど（＝有過失）の場合は、その者による公衆への譲渡については、譲渡権が復活します。

　113条の2の例外規定は、あくまで、「善意・無過失の譲受人が行う譲渡」だけに適用されるということです（あくまで、属人的）。いったん、「善意・無過失の譲受人」が登場したからといって、手品のように、「違法」だったものが「適法」になるわけではありません。

【ひとくちメモ】
★「善意・無過失」はいつの時点で判断するか
　113条の2が適用される「善意・無過失」は、「複製物の譲渡を受けた時」点で判断されます。あとで事情を知ったとしても（＝悪意）、113条の2は適用されます。

---

(4) 貸与権（26条の3）

【ツボ#17】貸与権は、公衆に貸与（レンタル）する権利です。譲渡権と違い、「消尽」の規定はありません。

◇「貸与権」は「映画の著作物以外」を公衆に貸与する権利

　著作者は、その著作物をその「**複製物の貸与により公衆に提供する権利**」を専有します（26条の３）。

　これが「**貸与権**」です。譲渡権と同様、「公衆」要件があるとともに「映画の著作物以外」の著作物に働く権利です。ただし、譲渡権と異なり、公衆への提供が「原作品」の場合には、貸与権は及びません。

　貸与権は、もともと、貸レコード店の増加に対応して昭和59（1984）年に新設された権利です。当初は、貸与権の規定は、書籍や雑誌の貸与には「当分の間」適用しない旨の経過措置（附則４条の２）が置かれていましたが、コミックを中心とする貸本店の広まりを踏まえ、平成16（2004）年の改正により経過措置は廃止されました。

◇「貸与」か「譲渡」かは、実質をみて判断

　「貸与」と「譲渡」は、いずれも有体物を介して提供する行為ですが、「貸与」は、有体物の所有権を移転せずに、その使用収益を認めるものを指します。当事者間の契約において、見かけ上、所有権が移転する「譲渡」の形式をとっていたとしても、その後、元の所有者に所有権を戻すことが前提とされている場合、実質的には「貸与」と変わりません。

　このように、「いずれの名義又は方法をもつてするかを問わず、これと同様の使用の権原を取得させる行為」については、著作権法にいう「貸与」に含まれます（２条８項）。

◇「貸与権」は消尽しない

　貸与権については、譲渡権のような消尽の規定はありません。

　適法に譲渡されたことにより、譲渡権が消尽した複製物であっても、貸与権は及びます。

　なお、「貸与権」は、無料で行う貸与であっても権利が及ぶのが原則ですが、無料で行う貸与であって、かつ非営利目的の場合は、貸与権が制限されています（38条４項）〔⇒いわゆる「公貸権」も含め、非営利目的による貸与については、後述〈10章4(3)〉参照〕。

> 【ひとくちメモ】
> ★図書館内での本の閲覧は「貸与」か「展示」か
>
> 　図書館では本等の貸し出しサービスを行っていますが、利用者が、館内に陳列してある本を、貸し出し手続きを行わず館内で閲覧している状態は、その本（言語の著作物等が固定されている有体物）の占有（事実上の支配）は図書館から利用者に移転していないため、「貸与」ではありません。したがって、「貸与権」は及びません。
>
> 　他方、なんとなく、「展示」には当たりそうな気もしますが、実は、一般に、「展示権」が及ぶ場面でもありません。というのも、「展示権」（25条）は、①「美術の著作物」又は「未発行の写真の著作物」のみが対象であり、かつ、②「原作品」により公に展示する権利だからです（もちろん、仮にそれが「美術の著作物」といえるもので、かつ「原作品」なのであれば、「展示権」の対象ですが、その場合であっても、原作品の所有者による展示については、大幅に権利制限されていますので（45条）〔⇒後述：10章6(1)〕、結局、展示権が及ぶ場面は限定的といえます）。

5．二次的著作物に関する権利

（1）二次的著作物をつくる権利（27条）

> 【ツボ#18】27条は「翻案」等をする権利です。ただし、二次的創作によって元の著作物の特徴が全く見られなくなった場合は、完全に新しい著作物として、この権利は及びません。

◇「翻訳」「編曲」「変形」「翻案」をする権利

　「著作者は、その著作物を翻訳し、編曲し、若しくは変形し、又は脚色し、映画化し、その他翻案する権利を専有する」とされています（27条）。つまり、「翻訳権」「編曲権」「変形権」「翻案権」が、著作者の権利として定められています。「二次的著作物」は、「著作物を翻訳し、編曲し、若しくは変形し、又は脚色し、映画化し、その他翻案することにより創作した著作物」（2条1項11号）のことですので、27条は、「二次的著作物をつくる権利」と言い換えることができます。

◇「依拠」がない場合や、既存の著作物の「表現上の本質的な特徴」が全くなくなった場合には、権利は及ばない

「翻案」等といえるためには、3要件が必要でしたね。すなわち、❶依拠、❷表現上の本質的な特徴（の同一性維持及び直接感得）と、❸新たな創作的表現の追加（修正・増減・変更等）です〔⇒3章3(2)〕。「二次的著作物をつくる権利」は、「翻案」等を内容としますので、これら3要件を満たす行為に権利が及びます。

> **【ツボ#19】「二次的著作物をつくる権利」（著作権）と「同一性保持権」（著作者人格権）は、別の権利です。**

◇「翻案OK」であっても、場合によっては著作者人格権（同一性保持権）の侵害になる可能性もある

「二次的著作物をつくる権利」は、「変更」等を内容とする権利です。したがって、先に見た「同一性保持権」（20条1項）と重なる側面が大きいのですが、これらは別の権利であることに注意しましょう。

実際問題として、「二次的著作物をつくる権利」（翻案権等）は「著作権」（財産権）の一つですので、権利が「著作者」から、別の者に移転（譲渡）される場合があります。つまり、「著作者」と「著作権者」が異なる場合があります。この場合、「著作権者」から「追加・修正OKです！」との許諾を得たとしても、その追加・修正によって、「著作者」の同一性保持権を侵害する可能性があり得ます。

また、「著作者＝著作権者」の場合であっても、修正等によって、著作者の名誉が害される場合などは、やはり、同一性保持権の侵害となり得ます。したがって、追加・修正等の許諾をもらう（又は行う）際には、相手方（又は自分）が、著作権（財産権）と著作者人格権のいずれについて権利を有し、許諾の対象としているのかを確認することが必要です。なお、利用者としては、トラブルを回避するためには著作者人格権の不行使特約を合わせて行うことも考えられます〔⇒5章2(4)参照〕。

（2）二次的著作物の利用権（28条）

> 【ツボ#20】二次的著作物の「原著作者」は、「二次的著作物の
> 著作者」と同じ種類の権利を持ちますが、権利が及ぶ範囲に
> ついては、議論があります。

◇原著作者は、二次的著作物の著作者と同じ種類の権利を持つ

　「二次的著作物の原著作物の著作者は、当該二次的著作物の利用に関し、この款に規定する権利で当該二次的著作物の著作者が有するものと同一の種類の権利を専有」します（28条）。

　これまで、著作権（財産権）の支分権として、複製権や、公衆への提示・提供に関する権利を取り上げてきましたが、二次的著作物の著作者（映画の著作物でいえば、モダン・オーサー）が有するこれらの権利は、原著作物（元の著作物）の著作者（映画の著作物でいえば、クラシカル・オーサー）も持つ、ということです。

　例えば、小説（言語の著作物）の著作者は、本来、「映画の著作物」にだけ認められている「頒布権」（26条1項）は持ち得ませんが、その小説が映画化された場合、28条によって、小説の著作者〈原著作者（クラシカル・オーサー)〉は、その映画の利用に関しては、映画の著作物の著作者（モダン・オーサー）と同じく「頒布権」を持ちます。

◇「二次的著作物の著作者」は、新たな創作的表現の追加部分に
のみ権利を持つ

　「著作物」と認められるためには、「創作的（表現)」であることが必要ですが、二次的著作物の著作者が「創作」を行ったといえるのは、新たな創作的表現の追加部分です。

　このため、二次的著作物の著作者（モダン・オーサー）が著作権を持つのは、「二次的著作物において新たに付与された創作的部分のみ」とされています〈ポパイ・ネクタイ事件最高裁判決（再掲)〉。

◇逆に、二次的著作物の「原著作者」は、自分が創作した部分でなくても、二次的著作物の著作者と同じ権利を持つことを示したかのような最高裁判決がある

二次的著作物の「原著作者」は二次的著作物の著作者と同じ種類の権利を持ちますが、原著作者は二次的著作物の表現全てについて権利を持つのか？　この点に関して、二次的著作物の原著作物の著作者は、二次的著作物の著作者と同じ権利を有する旨を示した判決があります。

小説家が執筆した各回の小説原稿に沿って、漫画家が連載漫画を作成していた事案において、最高裁は、漫画『キャンディ・キャンディ』の主人公を描いた絵ハガキ等の作成・販売について、原作である小説家による差止請求を認めました（最判H13.10.25判時1767号115頁〔キャンディ・キャンディ事件〕 百選Ⅵ 49事件）。

【ひとくちメモ】
★キャンディ・キャンディ事件の事案の特殊性

キャンディ・キャンディ事件最高裁判決は、一見すると、二次的著作物の「原著作者」は、自分が創作していない表現（漫画の作画部分）についても、二次的著作物の著作者と同じ権利を持つことを示したかのようにも見えます。しかし、この事案では、連載漫画が上記のようなプロセスを経て作成された（したがって、漫画の作図部分について原著作者の創作性がないとは言い切れない）との事情があったことが判断の前提になっていると考えられます。

ということは、本件のような事情がない他の一般的な場面においては、上記の考え方が一般的に当てはまるのかについては、疑問の余地があります。著作権法は、創作的表現を行った創作者に独占権を与える制度ですから、自らが全く創作を行っていない表現について、創作者でない者に著作権を付与することは、妥当とはいえません。

なお、私は子どものころ『キャンディ・キャンディ』をテレビでよく見ていました。大人気アニメでしたので今でも『キャンディ・キャンディ』の名前やイラストを見るだけで、「そばかす、なんて♪」といったオープニング曲の歌詞（作詞：名木田恵子）がメロディー付きで頭の中に流れてきます。それだけに、こうしたトラブルは、いわゆる大人の事情があったとしても、やはり、「ちょっぴりさみ～しい～♪」気持ちです。

Shiro's Relax Column

シアトルでビックリしたこと

　私は、米国北西部のワシントン州シアトルに、約2年間、留学のため滞在しました。シアトルといえば、スタバとか、マイクロソフトとか、エメラルド・シティとか、いろいろと連想するわけですが、現地に住んでみて、日本との違いに驚くことも多々ありました。例えば、こんなことです。

①郵便事情

　ある日、郵便受けに届いた私宛ての封書。しかし、宛名を見ると、スペルがめちゃくちゃです（無理に発音しようとすると、「**ツナシ～ベ・シロポ～リ**」と読める）。大らかというか、いい加減というか、よくそれで届いたものです。ちなみに、差出人は、銀行でした（…ホント、「誤配」されなくてよかった）。

②タトゥー

　シアトルでは、タトゥーをしている人をよく見かけます。そして、ある日すれ違った通りすがりの人の上腕部に、大きく、「**火曜日**」という文字が…！！

　思わず凝視してしまいましたが、以来、私は、変な意味の外国語が自分の服にプリントされていないか、気を付けるようになりました。

③「コンニャクイモ！」

　シアトルでは、トレイル（自然遊歩道）が発達しています。ある日、初サイクリングを楽しんでいると、私を追い越す人たちが口々に、「**コンニャクイモ！**」と言うではありませんか！　そんなものが、シアトルで流行っているのかとビックリしましたが、よく耳を凝らすと、「On Your Left！」（左に行くよ）と言って、追い越して行っただけなのでした。

　右側通行の国に来たんだな、と実感した瞬間です

ナビゲーション	>> 現在の進捗状況と次の目的地 >>

スタート　>> >> >> >>

次は第8章！
花びらはあと2枚！
がんばって！

ゴール

1章	2-3章	4章	5-7章	8-10章	11章	12章	13章	14章	15章
著作権法とは	著作物	著作者	権利内容	権利制限	保護期間	利活用	侵害	著作隣接権	国際条約

第8章 著作権の制限①
（権利制限規定の主な特徴）

主な関係条文：30～50条

Ⅰ．総合案内ⓘ（イントロダクション）

　著作権法は、著作権（財産権）が制限される場面について、30条から50条に規定を置いています。これが、一般に「権利制限規定」と呼ばれているものです。

　権利制限規定は、利用者からみれば、「著作権者の許諾を得る必要はない」利用行為です（著作権者からみれば、「勝手に使うな！」とは言えない利用行為です）。こうして、権利制限規定は、**著作権侵害とならない利用行為の範囲を定めるものとして、重要な役割を果たしており**、私たちの日常生活においても、深く関わる内容を含んでいます。

　これは、【著作権の花】でいうと３つ目の花びら（著作権の制限）に当たる部分です。今にも落ちそうでいて、絶対に落ちないという、絶妙なバランスを保っているところが、こだわりの注目ポイントです！

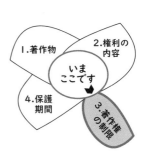

　著作権の制限（権利制限）について、第10章までにわたって取り上げていきますが、本章ではまず、共通して知っておいたほうがよいと考えられる主な特徴を取り上げます。中でも、何かと話題（？）の「フェア・ユース」との関係や、平成30（2018）年の著作権法改正で導入された「柔軟な権利制限規定」のほか、「権利制限のトリセツ」も紹介します！

2．権利制限規定の考え方

(1) 権利制限の一般的なルール

> 【ツボ#1】スリー・ステップ・テストが、権利制限の一般ルールです。

◇スリー・ステップ・テスト

　著作権は適切な保護が必要ですが、円滑な利用との調整も必要です。そのための重要な仕組みの一つが著作権の「権利制限」です。その基準として、一般に「スリー・ステップ・テスト」（3段階基準）が知られています。これは、ベルヌ条約等の著作権に関する国際条約で採用されている考え方で、①著作物の通常の利用を妨げず、かつ、②著作者の正当な利益を不当に害しない、③特別な場合には、それぞれの国内法令で、権利の制限や例外を定めることができるとするものです〈ベルヌ条約9条(2)、TRIPS協定13条、WIPO著作権条約10条等〉。

　日本の著作権法では、この考え方を踏まえ、具体的な場面（特別な場合）に関する権利制限規定を、30条以下に置いています。

(2)「個別」の権利制限規定ということ

> 【ツボ#2】権利制限について、大陸法系諸国は「個別」規定を置き、英米法系諸国は「包括」規定を置く傾向があります。

◇「包括」的な規定がよいか、「個別」的な規定がよいかは、各国における法へのアプローチの違いによるところも大きい

　制定法を重んじる**大陸法系の国**（欧州諸国等）は、権利制限規定を法律で「個別」に書いていくことを好む傾向があります。日本の著作権法も、具体的な場面を想定した上で、それぞれの場面の特性を踏まえた権利制限規定を「個別」に置いています。

　他方、著作物の利用手段である技術の進展は日進月歩です。このため、権利制限規定を「個別」に置く場合、デジタル化・ネットワーク化等に対応し、権利制限規定の見直しを頻繁に行う必要があります。

　また、技術や具体的な場面設定を踏まえた適用範囲を法的に記述する必要があることから、法律の書きぶりが複雑になってきているのも事実です。このことから、むしろ個別規定ではなく、国民に分かりやすく、シンプルな「包括」規定を置くべきとの意見があります。

　この点、判例法を重んじる**英米法系**の国（英国・米国等）は、個別の権利制限規定とともに、「**包括的**」な権利制限規定を置く傾向がみられます。有名なものは、米国著作権法の**フェア・ユース**規定ですが、そもそも、フェア・ユースとは、どのようなものでしょうか？

◇「フェア・ユース」（fair use）の一言で全て解決するわけではなく、結局は、ケース・バイ・ケースで判断

　フェア・ユースは、著作物の「フェア・ユース」（公正利用）は著作権侵害にはならないとする考え方で、米国著作権法107条に規定があります。いわば、権利制限についての一般的・包括的な規定です。

　ただし、実際に「フェア・ユース」と言えるかどうかについては、利用の目的・性格、利用される著作物の性格、利用される部分の量や本質、潜在的な市場や価値に対する影響といった、4つの要素（ファクター）を個別に見た上で、総合的に判断されます。個別の事案ごとに、ケース・バイ・ケースで判断されるということです。

◇フェア・ユース規定は、米国で確立した判例法が、米国で明文化されたものである

　米国は、日本と異なり、判例法の国です。現在の米国の著作権法にはフェア・ユースの規定がありますが、これは、それまでの判例において確立されてきた法理を明文化したものであって、この明文化によって、既存の判例法理を変更したり狭小化したり、あるいは拡大したものではないと説明されています。

　他方、日本は、制定法を重んじる、いわゆる大陸法系に属しており、また、米国のような、「フェア・ユース」を認める裁判例の蓄積があるわけではありません。

　米国型のフェア・ユース規定を日本で新たに設けた場合、それが一般的・包括的な規定であればあるほど、具体的な利用の場面で、実際に適用されるか否かは、「裁判で決着するまでよく分からない」という事態が、より多く発生することになります。しかも、その利用が、著作権侵害と認定される場合には、民事責任（差止めや損害賠償責任等）だけでなく、重い刑事罰の対象にもなります。日本において、フェア・ユース規定（一般的・包括的な権利制限規定）を置こうとする場合、罪刑法定主義との整合性についても、考慮が必要と考えられます（平成29年4月「文化審議会著作権分科会報告書」も参照）。

◇日本では、権利者の不利益の度合いが低いものについて、「柔軟な権利制限規定」が置かれた

　日本の法制度の下で、フェア・ユース規定を導入することが難しいとしても、著作権法は技術の進展に迅速に対応しきれるかという課題は残ります。そこで、このような状況を打開すべく、平成30（2018）年に著作権法が改正され、**柔軟な権利制限規定**が導入されました。

【ひとくちメモ】

★柔軟な権利制限規定

　平成30年著作権法改正では、それまでも置かれてきたデジタル化・ネットワーク化対応の複数の権利制限規定を整理・統合し、また、新しい要素も追加して、新たに規定が設けられました。具体的には、「**30条の4**」（著作物に表現された思想又は感情の享受を目的としない利用）、「**47条の4**」（電子計算機における著作物の利用に付随する利用等）、及び「**47条の5**」（電子計算機による情報処理及びその結果の提供に付随する軽微利用等）が設けられました。権利者への不利益の一定の「明確性」とともに、時代の変化に対応可能な「柔軟性」を合わせ持つ規定として、ある程度包括的な権利制限規定が置かれたわけです。

　なお、従来からある権利制限規定においても、実は、「引用」の規定（32

条1項)のように、もともと柔軟性の高い規定ぶりのものもあります。

★民法の一般条項による権利制限もあり得る

　民法1条1項は、私権と公共の福祉（社会全体の利益）との調和をうたっています。著作権も私権であり、著作権法は、民法（一般法）の特別法という性格があるので、民法の一般条項も、著作権法に適用されます。

　すなわち、著作権法上の権利制限規定に当てはまらず、形式的にみれば、原則として著作権が及ぶ利用行為であるとしても、個別の事案において、著作権の行使が、権利濫用（民法1条3項）等に当たる場合には、権利の行使が制限されます〔⇒6章4(2)参照〕。

3．権利制限規定の注意ポイント

(1) 権利制限規定のおおまかな種類（全体像）

> 【ツボ＃3】「私的複製」「図書館」「教育」「福祉」など、場面に応じた権利制限規定が置かれています。

◇権利制限規定はたくさんあるが、ある程度カテゴリー化できる

　著作権の権利制限に関する規定は、30条から50条に置かれています。さまざまな分類が可能だとは思いますが、規定の内容面に注目して大雑把にみれば、以下の10のカテゴリーに分けることができます。

① 「私的複製」関係　　　　　⑥ 「福祉」関係
② 「付随・軽微利用」関係　　⑦ 「非営利・無料」関係
③ 「図書館」関係　　　　　　⑧ 「立法・行政・司法」関係
④ 「引用・転載」「報道」関係　⑨ 「所有権との調整」関係
⑤ 「教育」関係、　　　　　　⑩ 「放送局」関係

　① 「私的複製」は、個人的又は家庭内における複製を指します。普段、あまり気にせず、コピー、録音・録画、ダウンロード、バックアップ、スクショなどを行っていると思いますが、この規定により、著作権者の許諾を取る必要がないとされているケースが多いところです。

②「付随・軽微利用」は、コンピュータによる情報処理や、写真撮影等における「写り込み」等を指します。「柔軟な権利制限規定」は、ここに入ります。著作権者への不利益がないか、不利益があるとしても軽微であるものについて、権利制限が認められています。

③「図書館」は、図書館による利用者への複写サービスや、図書館による保存等について定めています。④「引用・転載」「報道」は、他人の著作物を紹介したりする際に、根拠として、よく使われるものです。学校生活やビジネス・シーンにおいても、「引用」として認められるための要件については、意識しておきたいところです。

⑤「教育」、⑥「福祉」は、それぞれの場面ごとに、著作権者の許諾なく、他人の著作物を利用できる根拠規定です。「教育」は、教員や受講生（学生・生徒等）が、学校の授業に必要なコピーやインターネット利用を行うことができるとするものです。

⑦「非営利・無料」は、営利目的でないとともに、観客からお金を取らない場合には、著作権者の許諾なく上演・演奏等を行うことができるとするものです。ただし、上演・演奏者等に対して、ギャラ等の報酬を支払わないことが必要です。

以上のほか、裁判手続や行政審査手続等における利用を認める⑧「立法・行政・司法」関係、美術や写真の原作品所有者による展示等を認める⑨「所有権との調整」関係、放送局による放送利用のための一時的固定を認める⑩「放送局」関係があります。

◇関係する権利制限規定は、1つとは限らない

上記カテゴリーは、あくまで「目安」としてカテゴリー化したにすぎません。例えば、教育関係者（教員や学生・生徒等）であれば、当然、⑤「教育」に目が行くと思いますが、作文・レポート等の作成における必要な引用や音楽演奏や演劇の上演は、それぞれ別のカテゴリーの権利制限規定（④「引用・転載」や⑦「非営利・無料」）でカバーされます。

このように権利制限規定は、「特定カテゴリー内の規定しか使えない」というわけではなく、また、決して「どれか1つしか使えない」というわけでもありません。

◇**著作権法の改正は、権利制限規定を改正するものが多い**

権利制限規定は、利用者による利用の円滑化のために、一定の範囲で著作権者の「権利」を「制限」し、保護と利用のバランスを図る規定です。また、上記のように、ある程度はカテゴリー化できるわけですが、例えば「私的複製」であれば、どのような私的複製であっても自由に許される…ということではありません。

それぞれの権利制限規定では、「バランス」を図るために、具体的な要件が設定されています。著作権法は頻繁に改正されますが、特に最近は、デジタル化・ネットワーク化の進展に対応し、これら権利制限規定の見直し（権利制限規定の追加や拡充）を行うものが多いです。

(2) 権利制限規定に書かれていること

> 【ツボ#4】それぞれの権利制限規定には、他人の著作物を許諾なく利用できる場面（誰が、何を、どのような目的で、どのような利用ができるのか等）が書かれています。

◇**権利制限規定には、他人の著作物を許諾なく利用できる場面（著作権者が権利を制限される場面）が、具体的に書かれている**

権利制限規定の書きぶりは、それぞれの規定によって異なりますが、おおむね、以下のような要素から成り立っていますので、それぞれの規定を読む際は、これらの点を意識するとよいと思います。書かれていない要素については、特に限定がないということです。

主体：「誰が」利用できるか
客体：「何を」利用できるか

目的：どのような「目的」で利用できるか

利用行為：どの著作権（支分権）が制限されるか

利用条件：その他「利用条件」はあるか

（3）権利制限規定のトリセツ

> 【ツボ＃5】権利制限規定は、「出所の明示」の義務や「目的外利用の禁止」など、頻出の利用条件があります。

◇権利制限規定には、いくつかの頻出の利用条件がある

「利用条件」については、いくつかパターンがありますので、以下のとおり「トリセツ」風に紹介したいと思います（①～⑤）。

なお、以下のうち、⑤は、全ての権利制限規定に共通する利用条件ですが、①～④は規定によって扱いが異なる場合があり、また、規定によっては、これら以外にも、個別の利用条件が定められている場合もあります。それらの内容は、次章以降で取り上げていきますが、ここでは、まず、その際によく出てくる利用条件を紹介します。

利用条件①：目的外利用の禁止（所定の目的に沿った利用に限られ、目的外での利用はできない）

ご利用いただける内容として、「複製」など、特定の行為が示されていることが多いですが、実は、それ以外のご利用ができる場合もございます。その範囲は、それぞれの権利制限規定によって異なっておりますので、詳しくは、47条の6（翻訳・翻案等）や、47条の7（権利制限規定により複製したものの譲渡）をご覧ください。

また、作成した複製物について、別の規定（権利制限規定）で認められている場合を除き、所定の目的以外のご利用はできませんので、ご注

意ください。詳しくは、47条の7ただし書（複製物の譲渡）と49条（複製みなし等）をご確認くださいませ。

利用条件②：ただし書（著作権者の利益を不当に害するような利用はできない）

「著作権者の利益を不当に害する」場合には、ご利用いただけません。こちらは、ご利用になる著作物の種類や用途、利用の仕方等を踏まえて判断されます。

例えば、学校の授業で用いるために必要なコピーを取ることは可能ですが（35条1項）、その場合であっても、子どもたち一人ひとりに購入していただくことを念頭に置いて市販されているドリルを、学校が1冊だけ購入して、クラスの人数分コピーすることは、認められません（35条1項ただし書関係）。

特にご注意いただきたい利用場面につきましては、多くの場合、「ただし、～」と書かれた文（ただし書）にて、注意喚起させていただいております。

「『ただし』との 文字が見えたら 気を付けよう！」でございます。

利用条件③：補償金（利用に当たって料金がかかる場合もある）

ご利用場面によっては、料金をご請求させていただく場合もございます。法律の規定で「補償金」等と書かれているものが、それに当たります。こちらは、著作権者が利用を断れない代わりに、その経済的利益を守るため、「補償」する必要があるとされているものですので、気持ち良く、必要な料金のお支払いをお願い申し上げます。

なお、お支払い方法は、特別のワンストップ窓口が指定されているものもございます。詳しくは、それぞれの関連規定をご確認ください。

155

利用条件④：出所の明示（刑事罰が科されることもある）

　出所の明示が必要な場合がございます（48条）。これを行っていただかないと、刑事罰（50万円以下の罰金）が待っておりますので、ご注意ください（122条）。なお、出所の明示は、慣行がある場合にのみ求められる場合もございます。その際は、その旨を個別にお示ししております。

利用条件⑤：著作者人格権（の制限ではない）

　ご案内中の権利制限規定は、「著作権」（財産権）についてのものです。「著作者人格権」を制限するものではございません（50条）。

　このため、これらの規定によって、「著作権者」の許諾なく利用することが可能だとしても、ご利用内容によっては、「著作者人格権」を侵害しちゃった！　ということになる場合もございます。

　加筆・修正等のご利用によって、著作者の「意に反」する可能性がある場合などは、あらかじめ「著作者」（創作者）にご了解をお取りくださいませ。

　以上、いかがでしたでしょうか（雰囲気だけでも、お楽しみいただけましたか？　なお、文面はご覧いただいたとおりですが、著者としては、結構マジメに書きました！）

　これらの共通トリセツを念頭に置きつつ、次章から、権利制限規定の個別の内容に入っていきましょう！

ナビゲーション		>> 　現在の進捗状況と次の目的地　>>							

スタート　>> >> >> >> >> >>　　①②④③著作者　　「三枚目」の本領発揮は、これからです！　それでは、ご案内しま～す！　　ゴール

1章	2-3章	4章	5-7章	8-10章	11章	12章	13章	14章	15章
著作権法とは	著作物	著作者	権利内容	権利制限	保護期間	利活用	侵害	著作隣接権	国際条約

第９章 著作権の制限②
（権利制限規定の内容）
主な関係条文：30〜32条、39〜41条、42条の３、43条、
47条の４、47条の５

Ⅰ．総合案内ⓘ（イントロダクション）

　前章では、権利制限規定の10のカテゴリーを紹介しましたが、いよいよ本章から、その具体的な内容を取り上げていきます。【著作権の花】の３つ目の花びら（著作権の制限）の２回目です。

　ただし、権利制限規定は、数がそれなりに多いため、本章と次章の２回に分けて、それぞれのカテゴリーごとに紹介していきます。その初回となる本章では、以下の４つのカテゴリーを取り上げます。

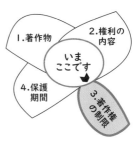

① 「私的複製」関係
② 「付随・軽微利用」関係
③ 「図書館」関係
④ 「引用・転載」「報道」関係

　なお、本章及び次章で扱う権利制限規定は、条文がたくさんありますので、読者の皆さんがそれぞれの立場・状況に関わりの深そうなものを中心に内容を確認し、その他は適宜読み飛ばしていただいても結構です。ただし、思わぬところに「使える」権利制限規定があるかもしれませんので、権利制限規定としてはどのようなものがあるか、とりあえずは、「ツボ」に書かれていることを中心に、全体について、ザッと目を通しておくことをお勧めします！

2.「私的複製」関係（カテゴリー①）

（1）私的使用のための複製（30条）

【ツボ#1】私的使用のための複製は、広く認められています。

◇30条の全体像（私的使用のための複製）

　個人的又は家庭内その他これに準ずる限られた範囲内における使用（私的使用）を目的とするときは、その使用する者が著作物を複製することができます（30条1項）。これは、閉鎖的で私的な領域における零細な利用を認めるものです。ただし、一定の要件を満たす場合には適用が除外され、又は補償金の支払いが必要な場合があります。

【ツボ#2】家族とシェアすることはOKですが、友達とシェアするための複製は、許諾が必要です。

◇30条1項（私的使用のための複製）の適用要件

　私的使用目的の複製が認められるための要件は、主に次の6つです。

❶目的：「私的使用」目的
❷主体：「使用する者」
❸利用行為：「複製」
❹利用条件1：目的外利用の禁止
❺利用条件2：適用除外事由に当てはまらないこと
❻利用条件3：補償金（一定の録音・録画のみ）

◇目的限定：「私的使用」目的（要件❶）

　個人的又は家庭内その他これに準ずる限られた範囲内における使用（私的使用）を目的とすることが求められています。これは「自分」や

「家族」が使用するために複製する場合を指します。

　これに対して、「家族以外の他人」と共有する目的の場合は、一般に含まれません。例えば、SNSで友達とシェアする目的でコピー等することは（それをシェアすることも含めて）、30条1項で認められる対象には含まれません（「人類は皆兄弟。家族じゃないかっ！」と叫んだとしても、残念ながら、法的には認められません…）。また、企業等の「団体において、内部的に業務上利用するため」に行う複製（企業内複製）も、30条1項の対象外です（東京地判S52.7.22無体裁集9巻2号534頁〔舞台装置設計図事件〕 百選Ⅵ 65事件 ）。

◇主体限定：「使用する者」が行うこと（要件❷）

　「使用する者」が、いわば自分の手足として、他人に複製の作業をしてもらう場合も、この要件は満たします。「代わりにコピーしといて！」と家族に頼む場合は手足といえることが多いと思います。しかし、頼んだ相手が、複製代行サービスを行っている業者（いわゆる「自炊代行業」）である場合は、もはや、閉鎖的で私的な領域における零細な利用とはいえないため、30条1項の対象にはなりません。

　顧客からの求めに応じ、顧客から送付された書籍を裁断し、スキャナーで書籍を読み取って電子ファイルを作成し、顧客に納品するサービスを行っていた業者について、複製行為は、当該業者のみが「専ら業務として行って」おり、作成された電子ファイルを私的使用する顧客（利用者）は「同行為には全く関与していない」として、30条1項の適用は否定されています（知財高判H26.10.22判時2246号92頁〔自炊代行事件〕 百選Ⅵ 66事件 ）。

◇目的の範囲内の「複製」であること（要件❸、❹）

　30条1項は「複製」を明示していますが、「翻訳、編曲、変形又は翻案」をすることもできます（47条の6第1項1号）。

　しかし、私的使用目的でいったん複製（コピー等）したもの（複製物）を、私的使用以外の目的で頒布したり、公衆に提示すること（目的

外利用）はできません（49条）。この場合は、21条の「複製」等をした
ものとみなされます（つまり、原則どおり許諾が必要です）。

◇適用除外事由に当てはまらないこと（要件❺）

　これは、【利用条件】に関するものですが、「共通トリセツ」には出て
こなかった利用条件です。以下のどれかに当てはまる場合は、私的使用
目的の複製であっても、自由に行うことはできません。

①公衆が利用可能なダビング機での複製（1項1号）
②コピーコントロールが回避された事実を知りながら行う複製（1項
　2号）
③違法配信コンテンツと知りながら行う複製（1項3号・4号）
④映画館等で上映中の映画の盗撮（映画盗撮防止法4条）

◇一定の録音・録画は、補償金の支払いが必要であること（要件❻）

　これは、「私的録音録画補償金」と呼ばれるものです。私的録音録画
ができる特定の機器や記録媒体を購入する際は補償金の支払いが必要で
す（30条3項）。適用除外事由（要件❺）と私的録音録画補償金制度
（要件❻）については、以下、もう少し具体的に見ていきましょう。

> 【ツボ#3】公衆が利用可能な高速ダビング機での複製は、私的
> 複製（録音・録画）とは認められません。

◇適用除外①：公衆が利用可能なダビング機での複製（1号）

　公衆の使用に供することを目的として設置されている自動複製機器を
使う場合は、30条1項は適用されません（30条1項1号）。ということ
は、私的使用の目的といえどもコンビニ等の複写機を使ってコピーする
場合、原則として許諾が必要（無許諾コピーは著作権侵害）ということ
になります。でも、普段そのようなことは気にしていないと思います。

実は、自動複製機器のうち、「紙」のコピー専用機器（正確には「専ら文書又は図画の複製に供するもの」）は「当分の間」含まないとされています（附則5条の2）。

「当分の間」（とうぶんのかん）はまだ続いていますので、**コンビニ等での紙のコピーは、現時点では許諾は要らない**という扱になっています。

この適用除外は、もともと、貸レコード業の広がりに対応した規定でした。昭和59（1984）年の改正により「貸与権」が創設されるとともに、この規定も設けられ、**高速ダビング業がターゲット**とされました。紙のコピー専用機器が「当分の間」除外されたのは、機器が家庭に十分普及していないことや、著作権の処理体制が必ずしも整っていないことを踏まえての措置です。

なお、30条1項1号に定める自動複製機器を使わせた業者は、刑事罰（懲役5年又は罰金500万円以下）の対象です（119条2項2号）。

【ひとくちメモ】

★「当分の間」は、いつまで続く？

「当分の間」って言うけど、ソレって結局、いつまで？　と思いますよね。残念ながら、法律の附則で「当分の間」と書かれている場合、一般に、「一律に何年です」と言えるものではありません。この規定が廃止されない限り続くという意味では、「結構続く」ということです。

【ツボ#4】コピーコントロール（コピー制御）が回避されたことを知っている場合、私的複製は認められません。

◇適用除外②：コピーコントロールが回避された事実を知りながら行う複製（2号）

WIPO著作権条約11条に対応し、平成11（1999）年の改正により導入された規定です（30条1項2号）。無断コピーを防止・抑止するための制御手段（コピーコントロール）のことを、著作権法では**「技術的保護手段」**と呼んでいます（2条1項20号）。

　技術的保護手段（コピーコントロール）が回避された事実を知りながら行う複製には、30条１項は適用されません。他方、技術的保護手段（コピーコントロール）の回避サービスを反復継続して行ったり、回避装置・プログラムの公衆への提供等〈公衆への提供目的で製造・輸入・所持すること等を含む〉を行った場合、懲役３年又は罰金300万円以下の刑事罰が科せられます（120条の２第１号及び２号）。

　また、回避装置やプログラムの提供だけでなく、**回避を機能とする指令符号**（ライセンス認証を回避するための不正なシリアルコード等）の公衆への提供等も、民事責任（113条７項）とともに、刑事罰（懲役３年又は罰金300万円以下）の対象です（120条の２第４号）。

◇アクセスコントロール（アクセス制御）の回避は別の条文で措置

　著作権法は「複製」等の利用行為を対象とする制度であり、見たり読んだり聞いたりする「アクセス」は、本来、対象としていません。

　しかし、そのような無断アクセスを制御する「技術的利用制限手段」（アクセスコントロール）についても、それを**回避する行為**は、研究又は技術の開発の目的上正当な範囲内で行われる場合等を除き、**著作権の侵害とみなされ**（113条６項）、民事責任が発生するとともに、回避サービスを反復継続して行う場合（「業」として行う場合）には、**刑事罰の対象（懲役３年又は罰金300万円以下）**です（120条の２第２号）。

　また、回避行為だけでなく、指令符号の公衆への提供等も、著作権侵害とみなされるとともに（113条７項）、回避装置・プログラム・指令符号の公衆への提供等は、刑事罰の対象となります（120条の２第１号及び４号）。

民事責任	刑事責任
[コピー制御] 　①回避事実を知りながら複製 　②回避指令符号の公衆提供 [アクセス制御] 　①回避行為 　②回避指令符号の公衆提供	懲役３年・罰金300万円以下 [コピー・アクセス制御共通] 　①業としての回避サービス 　②回避装置・回避プログラム・回避指令符号の公衆提供

【ひとくちメモ】

★不正競争防止法による規制との関係（技術的制限手段）

　アクセスコントロールに関する著作権法の規定は、TPP整備法により、平成30（2018）年の著作権法改正により導入されたものですが、**不正競争防止法では、コピーコントロールとアクセスコントロールをまとめて「技術的制限手段」**（不競法2条8項）と定義し、その回避装置・プログラム・指令符号の提供や、回避サービスを「不正競争」であるとして、規制対象にしています（不競法2条1項17号・18号及び21条2項4号）。

　なお、著作権法において、「回避装置」と「回避プログラム」の「公衆提供」については、民事責任（差止請求等）が位置づけられていません。これは、その回避装置等の公衆提供の時点では、どの著作物等に用いられるのか、特定の著作物等との結びつきが明白とはいえないためです。

> **【ツボ#5】違法配信されている音楽・映像は、個人で楽しむためであっても、ダウンロードは認められません。**

◇適用除外③：違法配信を知りながら行う録音・録画（3号）

　平成21（2009）年の改正により導入された規定です（30条1項3号）。そもそも、他人が著作権を持っている音楽や映像といったコンテンツを勝手にインターネットにアップロードすること自体、公衆送信権や送信可能化権の侵害であり、違法です。しかし、アップロードした者を特定できなかったり、海外にいて摘発が困難だったりする場合も多く、また、そのコンテンツをダウンロードする利用者がいることが、アップロード行為を助長する面があります。

　このため、私的使用目的でダウンロード（録音・録画）する行為についても、そのような**違法配信コンテンツの録音・録画であることを「知りながら」**行う場合には、**複製権が及ぶ**とされています。

【ひとくちメモ】
★不注意で知らない場合は、「知りながら」に当たらない
　ここでいう「知りながら」というのは、文字通り「知りながら」である
場合のことを指します。違法配信の事実を、著しい不注意（重過失）によ
り知らなかった場合は、「知りながら」には当たりません（30条2項）。

　また、平成24（2012）年には、議員立法により、刑事罰（懲役2年又
は罰金200万円以下）も導入されました（119条3項1号）。ただし、刑
事罰は、「有償」で公衆に提供され、又は提示されているものが違法配
信された場合に限られます。したがって、正規版がCDやDVD等で販
売されたり、インターネットで有料配信等をされたりしていない場合に
は、刑事罰の対象ではありません。また、権利者による告訴がなければ、
処罰の対象にはなりません（123条1項「親告罪」）。

【ツボ#6】違法配信されているマンガや写真なども、ダウン
ロードすることはできません。ただし、それがパロディ作品
等の場合は、私的複製が認められます。

◇適用除外③：違法配信コンテンツと知りながら行うマンガ等の ダウンロード（4号）

　正規版コンテンツの違法配信（いわゆる「海賊版」）は、音楽・映像
だけでなく、マンガ等の著作物についても被害救済が必要となるため、
令和2（2020）年改正により、「録音・録画」（音楽・映像）以外の私的
ダウンロードにも複製権が及ぶことになりました（30条1項4号）。

◇民事措置の4要件（「録音・録画」以外）

　ただし、録音・録画以外の複製の場合は、著作権侵害となる場面は限
られています。以下の4つの要件を全て満たす無許諾の複製が、著作権
侵害として、差止請求等（民事措置）の対象になります。

①違法配信コンテンツの複製であること
②悪意があること（「知りながら」行う複製であること）
③軽微ではないこと（「軽微」ではない複製であること）
④「著作権者の利益を害しない特別な事情」がないこと

【ひとくちメモ】

★民事措置の4要件について

　これらのうち、①違法配信コンテンツの複製は、30条1項3号の「録音・録画」の場合と同じ要件です。日本国内で違法に配信（自動公衆送信）される場合だけでなく、海外のサーバから自動公衆送信される場合であっても、国内で行われたとしたならば著作権の侵害となるべきものも対象です。ただし、「録音・録画」の場合と異なり、違法にアップロードされたものが、パロディ作品等といった二次的著作物（翻訳物を除く）である場合は、対象外です。

　2つ目の②「知りながら」行う複製という要件も、30条1項3号の「録音・録画」の場合と同じです。

　3つ目の、③「軽微」ではない複製か否かは、例えば、作品全体のごく一部を複製する場合（分量が少ない場合）や、画質が粗いもの（それ自体、鑑賞に堪えないもの）の複製なら、「軽微」と認めやすいでしょう。

　そして、以上の3つの要件を満たす場合であっても、複製を行う者が④「著作権者の利益を害しない特別な事情」があることを立証できれば、著作権者の許諾は不要となります。なお、例えば、正規版を購入しなくてもインターネットにより無料で入手できたということは、「特別な事情」には当たらないと考えられます。

◇刑事罰の追加2要件（「録音・録画」以外）

　上記の4要件を満たす私的使用目的のダウンロード（複製）について、さらに以下の2要件を満たす場合には、刑事罰（2年以下の懲役又は200万円以下の罰金）の対象にもなり得ます（119条3項2号）。

　ただし、権利者による告訴がなければ、処罰の対象にはなりません（123条1項「親告罪」）。

⑤「有償」で公衆に提供・提示されているものの複製であること
⑥「継続的に又は反復して行った」こと

```
【ひとくちメモ】
★刑事罰の追加2要件について
　これらの要件のうち、⑤「有償」で公衆に提供・提示されているものの
複製は、30条1項3号（及び119条3項1号）の「録音・録画」の場合と
同じです。正規版が有償で提供されている場合に限られます。
　他方、⑥「継続的に又は反復して行った」は、30条1項3号の「録音・
録画」の場合には求められていない要件です。ダウンロードを反復・継続
して行う場合が対象であり、常習性がある場合ということです。
```

> **【ツボ#7】映画館等における映画の盗撮は禁止されています。
> パトランプ男も、絶賛活躍中です。**

◇適用除外④：映画館等で上映中の映画の盗撮

　映画館等において有料上映中（無料試写会も含む）の映画を盗撮（無断録音・録画）することは、私的使用の目的であっても、一定期間（最初の上映から8カ月間）、禁じられています。これは、平成19（2007）年の議員立法「映画の盗撮の防止に関する法律」（映画盗撮防止法）により、措置されているものです（同法4条）。

　映画館のCM上映でおなじみですね。カメラ男とパトランプ男の印象的なパントマイム。「NO MORE 映画泥棒」として、映画盗撮防止キャンペーンが展開されています。違反した場合は、著作権侵害として、民事責任（差止請求や損害賠償責任）のほか、刑事罰（懲役10年又は罰金1000万円以下）（119条1項）の対象となります。

（2）私的録音録画補償金制度（30条3項）

> **【ツボ#8】私的録音・録画を行う場合、補償金を支払う必要が
> あります。ただし、補償金を支払うべき機器等の種類・範囲
> について、議論が続いてきました。**

◇私的録音録画補償金制度の趣旨

　デジタル方式の録音又は録画を行う者は、補償金を支払う義務を負っています（30条3項）。

　私的使用目的の複製は、それぞれの**個々の複製は零細**だとしても、**社会全体でみれば複製（録音・録画）は大量に行われます**。そこで、権利者の利益を保護するため、特に、高品質の複製を大量に行うことができるデジタルの特性を踏まえ、諸外国における制度導入の動向も踏まえつつ、平成4（1992）年の改正により制度化されたものです。

◇補償金は、ワンストップによる簡便な支払い方式を採用

　補償金の支払いが必要なのは、政令（著作権法施行令）で指定するレコーダー機器（特定機器）を使って、政令で指定する記録媒体（特定記録媒体）に、私的使用を目的として録音・録画する場合に限られます（30条3項参照）。

　ただし、個人で楽しむ録音・録画について、その都度、どんな曲や映像を録音・録画するかを自己申告することは現実的ではなく、また、プライバシーへの配慮も必要と考えられます。

　このため、特例措置が置かれており、録音・録画の特定機器や特定記録媒体を購入する時に、補償金を（お店で）1回支払えば、その後の私的録音・録画には自由に行うことができる（**一括払い**）という仕組みが採用されています。

　そこで支払われた補償金は、特定機器等のメーカー（製造業者）や輸入業者の協力の下、国が指定する権利者の団体〈一般社団法人私的録音補償金管理協会（sarah）〉に支払われ、その団体から、著作権者に分配されます（104条の2〜104条の10）。

◇私的録音録画補償金の支払い対象は限定的

　補償金の支払い対象となる特定機器や記録媒体については、デジタル技術を踏まえ、新たな機器・記録媒体の登場の都度、追加指定する方式がとられてきました。

　しかし、現在、特定機器・記録媒体として指定されているのは、録音についてはＣＤやＭＤまでであり、その後、主流になった携帯音楽プレーヤーのほか、パソコンやスマホといった多機能機器は、追加指定されていません。

　また、録画については、ＤＶＤやブルーレイ・ディスク録画機器が対象として指定されていますが、（判決当時の）政令指定機器は、指定時の状況を踏まえれば、アナログ放送対応のものに限られるとの解釈を示す裁判例があります（知財高判Ｈ23.12.22判時2145号75頁〔東芝事件〕百選Ⅵ 67事件）。

　そのような状況の中、私的録画については、補償金収入がなくなり、私的録画の補償金に係る指定管理団体〈一般社団法人私的録画補償金管理協会（SARVH）〉は、平成27（2015）年に解散しました。

【ひとくちメモ】
★私的録音録画補償金に関する諸外国の状況

　欧州諸国（ドイツやフランス等）は、私的複製を広く認め、かつ、私的複製（文献複写も含む）に対する補償を広く認める一方、米国や英国は、私的複製を広く認める規定は置かず、補償金の定めが限定的であるという特徴があります。日本は、私的複製を広く認めており（30条１項）、私的録音録画補償金制度は、欧州諸国の制度を参考に導入されました。

　その一方で、日本の場合、補償金の支払い対象は「録音・録画」に限定され、また、実際に録音・録画を行う者を支払義務者〈欧州諸国等では、メーカー（製造業者）が支払義務者〉としており、欧州諸国とは異なった特徴も見られます。

3．「付随・軽微利用」関係（カテゴリー②）

（1）付随対象著作物の利用（30条の２）

> 【ツボ＃9】「写り込み」も、許諾は要りません。令和２年改正によって、適用場面がさらに広がりました。

◇30条の2の概要

いわゆる「写り込み」を認める規定です。スマホ等を使って人物を写真撮影や動画撮影したところ、有名なキャラクターや屋内に展示中の美術作品が写り込んだり、街中に流れる音楽が入り込んだりした場合などが想定されます。平成24（2012）年の改正により導入された規定です。権利制限が認められるための要件は、主に次の3つです。

❶客体：「付随対象著作物」
❷利用行為：「事物や音の複製・伝達」に伴う利用
❸利用条件：「ただし書」（著作権者の利益を不当に害しないこと）

◇客体限定：「付随対象著作物」であること（要件❶）

写真撮影等の対象に「付随」して対象となる著作物であることが必要です。要するに、被写体について「主従関係」の存在が求められます。かつては、写真撮影等の対象（複製伝達の対象）から「分離することが困難」である必要がありましたが、令和2（2020）年改正により、分離が困難であるということまでは、必ずしも求められていません。

> **【ひとくちメモ】**
> **★写し込み（あえて行う「写り込み」）はNG**
> 　あえて写り込むように撮影等をする場合は、「付随」とはいえません。
> 　この規定によって認められる「写り込み」は、分量や音質・画質等からみて、「軽微」な写り込みといえることが必要であるとともに、写り込んだ著作物について、その利用によって利益を得る目的があるかどうかや、分離困難性の程度、全体の中で果たす役割などに照らして、「正当な範囲内」であることが求められています。

◇「事物や音の複製・伝達」に伴う利用であること（要件❷）

令和2（2020）年改正により対象が拡大され、著作物を創作する場合に限られず、かつ、写真撮影や録音・録画の方法に限られず、「事物や音の複製・伝達」における写り込みが広く認められています。

　したがって、スクリーンショットや、生放送や生配信（固定カメラによる撮影も含む）などにおける写り込みも、認められます。

　写り込みの態様（利用行為）としては、「複製」だけでなく、「翻案」等も認められます（1項）。また、写り込んだ著作物は、複製伝達物の利用に伴って、「いずれの方法によるかを問わず」利用することが認められています（2項）。

　したがって、例えば、愛犬（ワンちゃん）をメインの被写体として撮影する場合、愛犬に人気キャラクターのイラストがプリントされた服を着せていたとしても、その服は、分離が困難ではないけれども、一緒に撮影（複製）できるとともに（1項）、撮影した写真をブログに掲載（公衆送信）する際に、イラストの著作権者に許諾を取る必要はありません（2項）。また、撮影した写真（さらにその複製物も）を公衆に譲渡する際にも、イラストの著作権者の許諾は要りません（47条の7本文）。

【ひとくちメモ】
★「いずれの方法によるかを問わず」
　権利制限規定は、「複製」や「上演」など、個別の利用行為を明示するものが多いのですが（47条の6も参照）、特に限定する必要がないものについては、「いずれの方法によるかを問わず」とする定めが置かれています。
　なお、権利制限規定によって作成した複製物を公衆に譲渡することが想定されるものについては、別に、47条の7本文に定めが置かれています。

（2）検討過程における利用（30条の3）

　【ツボ#10】正式なライセンス等を得て利用すべきか否かの事前検討のため、必要な複製等を行うことができます。

◇30条の3（検討過程における利用）の概要

　著作権者の許諾を得て利用することを検討する過程で、他人の著作物をコピーしたり、関係者で共有したりすることができます。

　例えば、テレビＣＭで正式に採用する曲を検討するため、検討会議の場で、市販の音楽ＣＤから候補曲をコピー（複製）したものを聴いてみる（演奏）場面などが考えられます。

　権利制限が認められるための要件は、以下のとおりです。

❶主体：「著作権者の許諾を得て著作物を利用しようとする者」
❷目的：「許諾や裁定利用の検討の過程（許諾等の申請プロセスを含む）における利用」に供する目的
❸利用行為：「必要と認められる限度」の利用
❹利用条件１：目的外利用の禁止
❺利用条件２：「ただし書」（著作権者の利益を不当に害しないこと）

　これらのうち、❶「著作権者の許諾を得て著作物を利用しようとする者」であることというのは、裁定制度〔⇒後述：12章3(3)〕を利用しようとする場合も含みます。
　また、❸「必要と認められる限度」の利用であることが必要です。目的達成のための必要限度内の利用であれば、利用方法は問われません。作成した複製物は、上記の例であれば家に持ち帰って検討するために検討会議のメンバーに渡すこと（譲渡）も可能です（47条の７本文）。しかし、❹目的外の利用はできません（47条の７及び49条）。

(3) 柔軟な権利制限規定①（享受を目的としない利用：30条の４）

> 【ツボ#11】ＡＩによるディープ・ラーニングなど、著作物に表現された思想・感情の「享受を目的としない利用」は、著作権者の許諾は不要です。

◇30条の４（享受を目的としない利用）の概要

171

　著作物は、著作者の思想や感情を表現したものですので、通常、著作物の利用を通じて、そこに表現された思想や感情に他人が接し、享受することにより、それらの者に新たな感情等（「いいね」等の共感のほか、「なんじゃこれ!?」等の反発の場合も含みます）が芽生え、新たな表現が生まれていく素地となるという側面があります。

　他方、他人による利用が、およそ、著作物に表現された思想や感情を「享受」する目的とはいえない利用なのであれば、著作権者の利益を害するものではなく、著作物として保護すべき利用とはいえません。

　30条の4は、まさにそのような利用（非享受利用）をひとくくりにして、著作権者の許諾を不要とした規定で、平成30（2018）年改正により、導入されました。例えば、**スピーカーの開発**の過程で、スピーカーの音質を確かめるために音楽ＣＤを流したり、**人工知能（ＡＩ）**による**ディープ・ラーニング（深層学習）**のため、学習用データとして著作物をデータベースに記録（複製）する行為が当てはまります。

　権利制限が認められるための具体的な要件は、以下のとおりです。

❶目的：「著作物に表現された思想又は感情を自ら享受し又は他人に
　享受させる目的」を含まないこと
❷利用行為：「必要と認められる限度」の利用
❸利用条件１：目的外利用の禁止
❹利用条件２：「ただし書」（著作権者の利益を不当に害しないこと）

◇目的限定：「著作物に表現された思想又は感情を自ら享受し又は他人に享受させる」目的を含まないこと（要件❶）

　「享受を目的としない利用」の具体例として、以下の3つ（1〜3号）が「例示」されています。これらはあくまで例示列挙です。

　このほかにも、例えば、コンピュータ・プログラム等の解析を行う「リバース・エンジニアリング」は、プログラムの実行等によってプログラムの機能を享受することを目的とするものではないため、この権利制限規定の対象と考えられます（島並ほか189頁〔島並〕参照）。

○「享受を目的としない利用」の例

1号：「技術の開発や実用化のための試験」における利用

2号：「情報解析」における利用（「統計的な解析」に限らず、ＡＩによるディープ・ラーニングも含まれます）

3号：「人の知覚による認識を伴わず、コンピュータによる情報処理の過程における利用」（コンピュータの情報処理の過程で、人知れずシステムのバックエンドで著作物が利用されるようなケースです。なお、プログラムの著作物については、それをコンピュータで実行する場合は含まれません）

主たる目的が「享受を目的としない利用」であるとしても、同時に「享受目的」もある場合には、この規定の適用はありません。

つまり、「享受目的」が全く含まれていないということが必要です。他方、情報解析等の「営利目的」であったとしても、この規定は適用されます。

◇「必要と認められる限度」の利用であること（要件❷、❸）

必要限度内の利用であれば、利用方法は問われません。「記録媒体への記録又は翻案」に限らず、譲渡や公衆送信なども可能です。

例えば、ＡＩ開発のために大量に蓄積したデータを、ＡＩ開発の目的で他の事業者に提供することも可能です。

しかし、本条の権利制限規定により作成した複製物を、享受目的（著作物に表現された思想又は感情を自ら享受し又は他人に享受させる目的）のために利用することは、目的外利用として、認められません（著作権者の許諾が必要です）（47条の7及び49条）。

◇「ただし書」（著作権者の利益を不当に害しないこと）（要件❹）

個別判断によりますが、情報解析を行う者向けにデータベースが市販等されている場合には、その利用は、著作権者の利益を不当に害すると考えられます（旧47条の7参照）。

> **【ひとくちメモ】**
> **★柔軟な権利制限規定のガイドライン**
>
> 　30条の4をはじめとする「柔軟な権利制限規定」については、文化庁著作権課により、ガイドライン〈「デジタル化・ネットワーク化の進展に対応した柔軟な権利制限規定に関する基本的な考え方」（令和元年10月24日）〉が示されています。

（4）柔軟な権利制限規定②（コンピュータ利用に付随する利用：47条の4）

> **【ツボ#12】コンピュータにおけるキャッシュの作成や、電子機器の保守・修理のための必要なバックアップ等について、著作権者の許諾は要りません。**

◇47条の4（コンピュータ利用に付随する利用）の概要

　コンピュータ（電子計算機）を使ったインターネット利用の円滑化・効率化の処理に付随する利用や、機器の保守・修理のために必要な一時的な複製（バックアップ）などが対象です。ここでバックアップ等される著作物は、いずれは、インターネットを通じて楽しんだり、修理後のパソコン等で利用したりすることが予定されている（「享受」目的が含まれる）にしても、情報処理の円滑化等に付随する利用にとどまるものであり、独立した経済的重要性がない利用といえます。

　本条は、権利者の利益を通常害しない行為類型に属する柔軟な権利制限規定として、それまであった個別規定が整理統合されたものです。

　権利制限が認められるための要件は、以下のとおりです。

❶利用行為1：コンピュータ利用に付随する利用
❷利用行為2：「必要と認められる限度」の利用
❸利用条件1：目的外利用の禁止
❹利用条件2：「ただし書」（著作権者の利益を不当に害しないこと）

◇コンピュータ利用に付随する利用であること（要件❶）

具体的には、次のいずれかの利用であることが必要です。

1項：「コンピュータ利用の円滑化・効率化に付随する利用」

（具体例）1号：コンピュータにおけるキャッシュの作成（複製）、2号：サーバ管理者による送信障害防止等のためのミラーリング（ミラーサーバへの複製）、3号：送信効率化の準備のためのファイル圧縮や書式統一（複製・翻案）

2項：「コンピュータ利用を可能にする状態の維持・回復を目的とする利用」

（具体例）1号：メモリ等の記録媒体を内蔵するパソコン・スマホ等の保守・修理のための一時的なバックアップ（複製）、2号：メモリ等の記録媒体を内蔵するパソコン・スマホ等の交換のための一時的なバックアップ（複製）、3号：サーバの滅失等の場合の復旧に備えたバックアップ（複製）

◇「必要と認められる限度」の利用であること（要件❷、❸）

必要限度内の利用であれば、利用方法は問われません。しかし、目的外の利用はできません（47条の7及び49条）。

◇「ただし書」（著作権者の利益を不当に害しないこと）（要件❹）

「コンピュータ利用の円滑化・効率化に付随する利用」（1項）において、低い画質の動画ファイルを、高精細画質の動画に変換することは、著作権者の利益を不当に害すると考えられます。

同様に、「コンピュータ利用を可能にする状態の維持・回復を目的とする利用」（2項）において、機器の交換の際に、新しい機器に著作物を複製しつつ、古い機器の著作物を削除せず、両方の機器で著作物を利用できるようにしておくことは、認められません。

（5）柔軟な権利制限規定③（コンピュータ情報処理結果の提供に付随する軽微利用：47条の5）

> **【ツボ#13】** コンピュータによる検索や情報解析の結果を提供する際に、画像や文章のごく一部を同時に表示する「軽微利用」には、著作権者の許諾は要りません。

◇47条の5（公衆への提供に付随する軽微利用）の概要

　所在検索サービスや情報解析サービスなど、コンピュータ（電子計算機）による情報処理によって新たな知見又は情報を公衆に提供する行為に付随する利用であって、軽微であるものが対象です。これらのサービスは、社会的意義が認められる一方、サービスの質を高めるためには大量の著作物を利用する必要があり、個別の権利処理は事実上困難です。そこで、権利者に及び得る不利益が小さい範囲に限定し、柔軟な権利制限規定の一つとして、整備されたのが、本条です。

　なお、メインとなる「結果提供」部分に著作物が利用されている場合、その部分は権利制限の対象ではありませんので、注意しましょう。

　権利制限（1項）が認められるための要件は、以下のとおりです。

❶主体：コンピュータにおける情報処理によって新たな知見・情報を創出することにより、著作物の利用促進に資する行為を行う者

❷客体：「公衆への提供・提示が行われた著作物」

❸利用行為1：公衆提供に「付随」する「軽微利用」

❹利用行為2：「必要と認められる限度」の利用

❺利用条件1：目的外利用の禁止

❻利用条件2：「ただし書」（著作権者の利益を不当に害しないこと）

❼利用条件3：出所の明示（慣行がある場合）

◇主体限定：コンピュータにおける情報処理によって新たな知見・情報を創出することにより、著作物の利用促進に資する行為を行う者（要件❶）

　具体的には、3つの行為が列挙されていますが、これらの例示は、こ

れまで見てきたほかの柔軟な権利制限規定（30条の4及び47条の4）と異なり、限定列挙であることに注意しましょう。

○ **3つの類型（コンピュータによる結果提供行為）**

　1号：<u>コンピュータによる所在等「検索結果」の提供</u>
　　　　インターネットによる検索情報の特定や所在（ＵＲＬ）提供サービスが該当します。

　2号：<u>コンピュータによる「情報解析結果」の提供</u>
　　　　論文の剽窃（パクリ）検出や口コミ分析などが該当します。

　3号：<u>コンピュータによる情報処理により、新たな知見・情報を創出し、結果を提供する行為（政令で個別指定）</u>
　　　　具体的なニーズと必要性を踏まえて、個別に指定していくことが予定されています。

◇ **客体限定：公衆への提供又は提示（送信可能化を含む）が行われた著作物の利用であること（要件❷）**

公衆に提供されたり提示されていたりしたとしても、「公表」されていない著作物は対象外です。これは、権利者により適法に公衆に提供・提示されていない著作物は含まれないということです（4条参照）。

◇ **公衆への提供に「付随」する「軽微利用」であること（要件❸）**

著作物の提供が主たる目的の場合は「付随」とはいえないので対象外です。「検索結果」の提供であれば、それに付随してサムネイル画像や関連文章の一部（スニペット）を表示したりすることが考えられます。「軽微」かどうかは、**外形的な要素**（利用される部分の占める割合・量、利用される際の表示の精度等）に照らして**判断**されます。

◇ **「必要と認められる限度」の利用であること（要件❹、❺）**

必要限度内の利用であれば、利用方法は問われません。しかし、目的外利用はできません（47条の7及び49条）。

◇「ただし書」（著作権者の利益を不当に害しないこと）（要件❻）

　たとえ著作物の一部分であっても、その提供によって、一般的に利用者の欲求を満たすといえる場合（例えば、映画の核心部分の提供等）には、著作権者の利用市場と衝突するものとして、著作権者の利益を不当に害すると考えられます。

◇軽微利用（1項）だけでなく、その「準備」のための利用も認められている（2項）

　検索結果等の提供の際の準備行為として、複製（例：収集したウェブサイトのデータを記録）、公衆送信や、複製物の頒布（例：記録した媒体の提供）が認められています（2項）。その際、翻訳・変形・編曲・翻案を行うことも認められています（47条の6第1項1号）。

【ひとくちメモ】

★「準備」利用できる範囲は広い（2項）

　あくまでデータベース作成等の準備段階の利用行為であり、公衆への提供を行うものではないことから、利用できる著作物や利用の程度については、1項の「軽微利用」の場合よりも広く認められています。

　すなわち、「公衆への提供・提示」が行われた著作物であれば、適法に公衆に提供・提示されていないものも含まれるほか、「軽微」要件は課されていません。ただし、目的外利用は、1項の場合と同様、認められません（47条の7及び49条）。なお、「軽微利用」（1項）も、その「準備」行為（2項）も、結果提供サービスの種類等に応じて、利用できる主体についての基準が定められています（施行令7条の4等）。

4．「図書館」関係（カテゴリー③）

(1) 図書館等における複製等（31条1項）

【ツボ#14】図書館等は、営利を目的としない事業として、所蔵資料の複製等を行うことができます。

◇31条（図書館等における複製）の概要

図書館等の公共的な役割・機能を踏まえ、図書館等が利用者の求めに応じて行う複写サービスや、所蔵資料の保存等が認められています（1項）。国会図書館は、さらに特例が置かれています（2・3項）。

図書館等における複製（1項）の権利制限が認められる要件は、以下のとおりです。

❶主体：国会図書館や政令で定める「図書館等」
❷客体：「図書館資料」
❸目的：「営利を目的としない事業」として行うこと
❹利用行為：法律で定める3つの場面のいずれかに当てはまる場合に複製すること
❺利用条件1：目的外利用の禁止
❻利用条件2：補償金（公衆送信利用の場合）

◇主体限定：「図書館等」が行うこと（条件❶）

「図書館等」というのは、複製の「場所」についての要件ではなく、複製の「主体」としての要件であることに注意しましょう。図書館等の「利用者」が行う複製は、この規定の対象外です。対象施設としては、国会図書館がまず挙げられますが、このほかにも、政令（著作権法施行令）で指定されています。

【ひとくちメモ】
★政令指定の「図書館等」
　「図書・記録等の資料を公衆の利用に供することを目的とする図書館その他の施設」として、以下の施設が、政令（施行令1条の3第1項）で指定されています。
　1号：公共図書館（図書館法上の「図書館」）
　2・3号：高等教育機関（大学や高等専門学校等）の図書館（小・中・高等学校等の「学校図書館」は含まれていません）
　4・5号：保存資料等を一般公衆の利用に供する業務を行う法令設置の施設（国立美術館・国立博物館等）

> 6号：保存資料等を一般公衆の利用に供する業務を行う施設で法令設置
> 　　ではないもの（文化庁長官が個別指定）
> 　なお、これらの施設（図書館等）においては、司書や司書相当職（文化
> 庁が毎年主催している「図書館等職員著作権実務講習会」の修了者を含み
> ます）が配置されていることが必要です。

◇客体限定：「図書館資料」であること（要件❷）

　図書館等が責任をもって保管している資料のことです。所蔵資料だけ
でなく、他の図書館から借りている資料等も含むとともに、本や雑誌等
だけでなく、音楽ＣＤや映像ＤＶＤ等の視聴覚資料も含みます。

◇目的限定：「営利を目的としない事業」として行うこと（要件❸）

　図書館等の利用者からの実費徴収は、「営利」には当たりません。

◇３つのいずれかの場面に当てはまる場合に複製すること（要件❹）

　以下の３つの場面が列挙されています。これらは限定列挙です。
　1号：利用者の求めに応じて行う一部複写提供
　2号：図書館資料の保存の必要がある場合の複製
　3号：他の図書館等の求めに応じて行う複製物提供

◇Ⅰ号：利用者の求めに応じて行う一部分複写提供

　具体的には、以下の全ての要件を満たす利用場面が想定されています。
なお、１号の場面では、図書館等は「複製」だけでなく、「翻訳」する
ことも認められます（47条の6第1項2号）。

　(1)「図書館等の利用者の求めに応じ」
　(2)「その調査研究の用に供するため」（趣味・娯楽目的は含まない）
　(3)「公表された著作物の」
　(4)「一部分の複製物を」
　(5)「一人につき１部提供する場合」

　ここで、「一部分」とあるのは、一般に、複製対象の各著作物の「半分」以下が想定されています。また、利用者から複写請求があった編集著作物（土木工学事典）の特定の項目は、それぞれまとまった内容を有する著作物として、各著作物の全部に当たり、「一部分」には当たらないとした裁判例があります（東京地判H7.4.28知的裁集27巻2号269頁〔多摩市立図書館事件〕）。

　他方、発行されてから相当の期間を経過している「定期刊行物」（雑誌等）に掲載されている著作物の場合、そこに掲載されている個々の著作物は、全部を複製してよいと定められています。そのような著作物であれば、著作権者の利益を不当に害しないと考えられるためです。

　また、「一人につき1部提供する場合」とされています。「提供」とは、「複製物」の「提供」を指し、権利制限規定としては、「複製」とともに、複製物を「譲渡」することが認められます（47条の7本文）。これらは、補償金も不要です〔⇒令和3年改正(図書館等公衆送信補償金)との違いに注意〕。

【ひとくちメモ】
★図書館利用者の権利を定めるものではない（1号関係）
　多摩市立図書館事件東京地裁判決（再掲）は、31条1項1号について、「図書館に対し、複製物提供業務を行うことを義務付けたり、蔵書の複製権を与えたものではない。ましてや、この規定をもって、図書館利用者に図書館の蔵書の複製権あるいは一部の複製をする権利を定めた規定と解することはできない」と示しています。

★令和3年改正（図書館等公衆送信補償金）
　利用者の求めに応じて行う図書館資料の一部分複写提供（1号）は、電子メール送信等による提示は対象外ですが、令和3（2021）年の改正によって、公衆送信（放送・有線放送を除く）も対象に追加され、電子メール等による送信も、許諾なくできることとなりました。ただし、その場合は補償金（図書館等公衆送信補償金）の支払いが必要です〈法律上は図書館等の設置者が支払義務者ですが、実質上は利用者負担が想定されています（改正附則8条2項参照）〉。また、インターネット送信の特性を踏まえ、利用条件としては、「ただし書」（正規の電子出版等の市場との競合防止が想定されます）のほか、データの不正拡散等の防止措置や適正な業務実施体制の確保等が求められています（新・新31条2～5項等）。

　なお、この場合の補償金の徴収・分配は、私的録音録画補償金のように、文化庁が指定する「指定管理団体」がワンストップで行う仕組みが採用されています。この補償金の場合は、電子出版権者も、指定管理団体の構成メンバーです（新104条の10の２〜10の８）。これらの改正規定は、【公布日〈令和３（2021）年６月２日〉から２年を超えない範囲内において政令で定める日】から施行されます。

◇２号：図書館資料の保存の必要がある場合の複製

　欠損・汚損部分の補完、損傷しやすい古書・稀覯（きこう）本の保存などの必要がある場合には、この規定により、著作権者の許諾なく、複製（電子化等）を行うことができます。

【ひとくちメモ】
★媒体旧式化に伴う移管保存の必要等もＯＫ（２号関係）

　①美術の著作物の原本のような代替性のない貴重な所蔵資料や絶版等の理由により一般に入手することが困難な貴重な所蔵資料について、損傷等が始まる前の良好な状態で後世に当該資料の記録を継承するために複製することや、②記録技術・媒体の旧式化により作品の閲覧が事実上不可能となる場合に、新しい媒体への移し替えのために複製を行うことも、31条１項２号に基づき可能であると考えられています（平成29年４月「文化審議会著作権分科会報告書」121-122頁）。

◇３号：他の図書館等の求めに応じて行う複製物提供

　具体的には、以下の全ての要件を満たす場合を指します。

(1)「他の図書館等の求めに応じ」（→上記でみた「図書館等」を指しますので、民間企業の図書館などは含まれません）

(2)「絶版等資料の」（→「絶版等資料」とは、絶版その他これに準ずる理由により一般に入手することが困難な図書館資料です。「絶版」に限らず、市場に出回っていないものを意味しますが、入手に時間やカネがかかることは、ここには含まれません）

(3)「複製物を提供する場合」（→図書館資料を所蔵している図書館等が複製して提供します）

(2) 国会図書館の特例（31条2項・3項、43条）

> **【ツボ#15】国会図書館は、図書館資料の保存やデジタル化資料送信等に関し、特別の規定があります。**

◇31条2項及び3項（国会図書館による保存・デジタル化送信）の適用場面

国会図書館は、国立国会図書館法に基づく納本制度の下、出版物を広く収集し、国民共有の文化的資産として、広く利用に供し、永く後世に伝える等の役割を負っています。そこで、**国会図書館は、31条1項の権利制限に加えて、特例が用意されています。**

まず、図書館資料の原本の滅失、損傷、汚損を避けるためにそれらを電子化すること（31条2項）が認められています。

また、**国会図書館**は、「絶版等資料」について、他の「図書館等」に、その複製物をインターネット送信（**自動公衆送信**）し、送信先の「図書館等」では、利用者の求めに応じて一部分を複写提供することができます（31条2・3項及び47条の7本文）。複写提供の際は、「複製」だけでなく、「翻訳」についても許諾は要りません（47条の6第1項2号）。

> **【ひとくちメモ】**
>
> **★令和3年改正（国会図書館による絶版等資料の送信）**
>
> 上記のとおり、利用者は、国会図書館が所蔵する絶版等資料について、他の図書館等を通じ、その複製物の一部提供を受けることができますが、さらに、**令和3（2021）年の改正により、国会図書館は、利用者に対して直接送信（自動公衆送信）することもできる**ようになりました。
>
> 具体的には、国会図書館のウェブサイト上で、ID・パスワードを入力し、閲覧することができます。ただし、復刊などにより、3ヵ月以内に「絶版等資料」とはいえなくなる資料は対象外です（権利者からの申し出が必要です）。また、利用者側は、自らが利用するために必要な限度でプリントアウト（複製）したり、限定的な範囲で、非営利・無料を条件に、その閲覧画面を他人に見せたり（公に伝達）することができます〈新31条3～7項（新・新31条7～11項）〉。

> 　これらの改正規定に関する施行日は、【公布日〈令和3（2021）年6月
> 2日〉から1年を超えない範囲内において政令で定める日】です。

◇43条（国会図書館によるインターネット資料等の収集）の概要

　国会図書館は、国立国会図書館法に基づき、インターネット資料等の
収集の役割も担っています。

　そこで、「インターネット資料」（国、地方公共団体、独立行政法人等
がインターネットで公開している資料）や「オンライン資料」（民間が
インターネットで公開している図書や逐次刊行物等）について、国会図
書館による記録や、国会図書館への提供のために必要と認められる限度
内の利用は、著作権者の許諾を得る必要はないところです。

（3）公文書管理法等に基づく利用（42条の3）

> 【ツボ＃16】公文書館等は、歴史公文書の保存のための複製等を、
> 著作権者の許諾なく行うことができます。

◇42条の3：公文書管理法等に基づく利用の概要

　公文書館等は、公文書管理法や公文書管理条例に基づき、歴史資料と
して重要な公文書の保存や、閲覧・展示などを通じ、これらを広く国民
の利用に供すること等を役割としています。

　そこで、国立公文書館等の長又は地方公文書館等の長が、これらの法
令に基づき、歴史公文書等を保存する目的や、利用者（公衆）に写しを
交付したり、閲覧させたりする目的のために、必要な限度内で、他人の
著作物を利用（複製・譲渡等）することが認められています（47条の7
本文も参照）。

5.「引用・転載」「報道」関係（カテゴリー④）

(1)「引用」（32条1項）

> 【ツボ#17】「引用」は広く認められています。ただし、一般に、「明瞭区別性」「主従関係」が求められます。

◇32条1項（引用）の概要

引用は、旧著作権法においても、「自己ノ著作物中ニ正当ノ範囲内ニ於テ節録引用スルコト」（旧著作権法31条1項2号）等の規定があり、従来から、広く行われてきた実態があります。

現在の著作権法では、32条1項に定めが置かれており、報道、批評、研究の引用の目的上正当な範囲で行われるもので、公正な慣行に合致する「引用」利用について、著作権者の許諾を不要としています。

「引用」の権利制限が認められる要件は、以下のとおりです。

❶客体：「公表された著作物」
❷利用行為1：「公正な慣行に合致」する引用利用
❸利用行為2：「引用の目的上正当な範囲内」の引用利用
❹利用条件：出所の明示（複製利用の際は必須だが、複製以外の利用については慣行がある場合のみ）

【ひとくちメモ】

★「引用」と「転載」

32条1項は「引用」についての権利制限規定ですが、同条2項では、国等の周知目的資料の「転載」について規定しています。「転載」は、「引用」にとどまらず、丸ごと使う場合を含みます。

◇「引用」の具体的な判断基準（2要件説）

❶「公表された著作物」というのは、既に見た他の条文（31条1項1号等）と同じですが、❷「公正な慣行に合致」と❸「引用の目的上正当な範囲内」という要件は、少し抽象的ですね。条文上、「報道、批評、研究」が、「引用の目的」の例示として書かれていますが、それにしても、「正当な範囲内」の内容までは書かれていません。

それで結局、どのように判断したらよいのかということですが、引用に関する代表的な裁判例として、パロディ・モンタージュ写真事件最高裁判決〔下記参照〕があります。「引用」といえるためには、引用先と引用元について、①明瞭区別性と②主従関係という2要件が必要であるとしました。

なお、この最高裁判決は、旧著作権法における「引用」の要件について判示したものであり、また、著作者人格権（旧著作権法18条）の侵害が争点となった事案でしたので、いわゆる傍論にすぎない部分ですが、ここで示された「引用」の具体的な判断基準は、長年にわたり受け入れられ、定着してきました。

○最判S55.3.28民集34巻3号244頁〔パロディ・モンタージュ写真事件：第1次上告審〕 百選Ⅵ 68事件

「引用とは、紹介、参照、論評その他の目的で自己の著作物中に他人の著作物の原則として一部を採録することをいうと解するのが相当であるから、右引用にあたるというためには、引用を含む著作物の表現形式上、引用して利用する側の著作物と、引用されて利用される側の著作物とを明瞭に区別して認識することができ、かつ、右両著作物の間に前者が主、後者が従の関係があると認められる場合でなければならないというべきであり、更に、法18条3項の規定によれば、引用される側の著作物の著作者人格権を侵害するような態様でする引用は許されないことが明らかである」

【ひとくちメモ】
★引用2要件＋「出所の明示」の記載例
私が横浜国立大学の学生に「引用」の2要件を説明する際、よく使ってきた例は、次のようなものです（なお、横国大の常盤台キャンパスは、自然が豊かで、タイワンリスも時々鳴いています！）

引用の2要件（イメージ）

主（自分の文章）

大学名は、港町の雰囲気を感じさせる名前であるが、実は森の中にあるという事実は、どれほど知られているだろうか。実際、大学を訪れてみると、緑が大変豊かであり、なんと、リスも生息しているのだ。リスは、米国の大学構内ではよく見かけられ、あちらでは

引用部分

「従（他人の文章）」

「リスは珍しい存在では決してなく、…（中略）…ごみ箱をあさるネズミと大差ない」

出所の明示

とさえ言われている〈横国森好『**ネズミとリスと私**』（白鳥出版、2001年）23頁〉。

しかし、たとえゴミ箱をあさっていようとも、カワイイものはカワイイのであり…（中略）…。

主（自分の文章）

もちろん、ネズミがかわいくないなどというつもりは毛頭ない。実際、当の米国では、ミッキーマウスがあれほど人気ではないか。もとより、チップとデ…

なお、『キャディ・キャンディ』のオープニング曲についての本書p.145の記述も、引用の一例です！

【特別おまけメモ！】

「パロディ」について

「パロディ」という言葉は、いくら「e-GOV」サイトで法令用語検索をしても、ヒットしません。つまり、日本の法令には一切登場しない用語です。また、「パロディ」と聞いて、頭に浮かぶイメージは人それぞれです。笑いが取れる作品を広く「パロディ」と捉えたり、二次的な創作を広く「パロディ」と捉えたりする人もいるでしょう。パロディ・モンタージュ写真事件は、「パロディ」を扱ったものと言われますが、他人の著作物（写真）を素材としつつ、自動車公害という社会問題を風刺するものであり、そもそも「パロディ」ではないとする考え方もあり得ます。

日本の著作権法では、パロディのための著作物利用を明示的に認める権利制限規定はありませんが、これは、上記のような「パロディ」の多義性も踏まえつつ、「立法による課題の解決よりも、既存の権利制限規定の拡張解釈ないし類推適用や、著作権者による明示の許諾がなくても著作物の利用の実態からみて一定の合理的な範囲で黙示の許諾を広く認めるなど、現行著作権法による解釈ないし運用により、より弾力的で柔軟な対応を図る方策を促進することが求められているものと評価することができる」とする考え方が背景にあります（平成25年3月「文化審議会著作権分科会法制問題小委員会パロディワーキングチーム報告書」）。

なお、そもそも、何の作品をちゃかしているのかがすぐに分からないような作品は、「パロディ」とは言い難いように思います。

　逆に、「パロディ」であれば、対象著作物の表現上の本質的な特徴が直接感得できる場合が多いはずであることから、一般に、「翻案」等による二次的著作物であると位置づけられるでしょう。ということは、著作権法の考え方からすれば、それら二次的著作物については、原著作物の著作権者の許諾が原則として必要です。もっとも、同人誌などは、黙認されている場合も多いのではないかと考えられますが、表現上の本質的な特徴が維持されていない場合（原著作物のアイデア部分のみ利用している等）は、原著作物の著作権が及ぶ「利用」とはいえず、「翻案」等にも当たりません。

　他方、パロディ創作についての正当化根拠を、既存の権利制限規定に求めようとする場合、具体的な規定としては、「引用」（32条１項）が考えられます。この規定は、以下に紹介しますように、条文の規定を踏まえて総合考慮するという考え方も有力に主張されるようになってきていますので、事案に応じた柔軟な解決を可能にするものとして、有効な手段ともいえそうです。もっとも、「引用」規定については、実は、「翻訳」以外（「翻案」等）による二次的利用は認められていませんので（47条の６第１項２号参照）、少なくとも、その直接適用にはおのずと限界があります。また、権利制限規定は、著作権（財産権）についての規定です。特に「パロディ」であれば、ちゃかされた「著作者」の「意に反」する改変が行われる場合が多いでしょうから、著作者人格権（特に、同一性保持権）の扱いも検討する必要があります〈もっとも、20条２項４号の適用の余地は考えられます（高林188頁、中山509-511頁参照）〉。

> **【ツボ＃18】**「明瞭区別性」や「主従関係」にとらわれず、総合的に「引用」の判断を行う考え方も有力です。

◇法律の文言に沿った「引用」の判断基準（総合考慮説）

　現行法においては、前述のとおり❶～❸の要件が明示されています〈❹の要件（出所の明示）は、これがなくても「引用」は成立しますが、出所明示義務違反にはなります（122条）〉。このため、引用の成否については、パロディ・モンタージュ写真事件で示された２要件にとらわれず、法律の規定の文言（特に「公正な慣行に合致」や「引用の目的上正当な範囲内」）を踏まえ、**総合考慮すべきとする考え方も有力**です。

　この考え方を採用した裁判例として、**絵画鑑定証書事件知財高裁判決**を紹介します。引用の**目的**と、その実現のための手段に着目し、**社会通念に照らして合理的な範囲内**といえるかを総合的に判断しました。

○知財高判 H22.10.13判時2092号136頁〔絵画鑑定証書事件〕 百選Ⅵ 70事件

「他人の著作物を引用して利用することが許されるためには、引用して利用する方法や態様が公正な慣行に合致したものであり、かつ、引用の目的との関係で正当な範囲内、…社会通念に照らして合理的な範囲内のものであることが必要であり、著作権法の上記目的をも念頭に置くと、引用としての利用に当たるか否かの判断においては、他人の著作物を利用する側の利用の目的のほか、その方法や態様、利用される著作物の種類や性質、当該著作物の著作権者に及ぼす影響の有無・程度などが総合考慮されなければならない」

◇要約引用は、明示的には認められていない

「引用」利用に当たっては、他人の著作物を「翻訳」することが認められています（47条の6第1項2号）。しかし、「翻訳」以外の二次的利用、すなわち、「翻案」「編曲」「変形」は明示されていません。つまり、「要約」（翻案）して引用利用することは、明示的には認められていないということです。

ただし、他人の言語の著作物を「その趣旨に忠実に要約」して言語の著作物に引用することは許されるとした判決があります（東京地判H10.10.30判時1674号132頁〔血液型と性格事件〕 百選Ⅵ 71事件）。

【ツボ#19】引用先が「著作物」でなくても、「引用」は成立します。

◇引用する側は、「著作物」でなくてもよい

「引用」は他人の著作物を利用するわけですが、引用する側（引用先）は、「著作物」である必要はありません。

○絵画鑑定証書事件知財高裁判決（再掲）

> 　美術品鑑定証書に絵画の縮小カラーコピーを付けてパウチラミネート加工した事案です。知財高裁は、現行法は旧法と異なり、「自己ノ著作物中」に引用するといった要件はないことや、引用の目的上正当な範囲内で利用されるものである限り、社会的に意義のあるものとして保護するのが現著作権法の趣旨でもあると解されることに照らし、「利用者が自己の著作物中で他人の著作物を利用した場合であることは要件でない」としました。

◇条件❹：出所の明示

　「引用」利用として、「複製」を行う場合は著作物の出所を明示する義務があります。他方、「複製以外」の方法による利用については、出所明示の慣行がある場合に限り、出所の明示が義務づけられています（48条1項1号・3号）。

> ### 【特別おまけメモ！】
> ## 2要件説と総合考慮説の融和のすゝめ
> 　「引用」利用は、32条1項で認められている以上、その規定の文言を踏まえて解釈するのが素直な考え方といえます。他方、「引用」の判断基準が、「社会通念に照らして合理的な範囲内」等の抽象的な基準だけだとすると、いつ著作権侵害の責任を問われるかが必ずしも分からず、怖くて引用はできなくなってしまうかもしれません。とはいえ、引用のニーズがなくなるわけではないでしょう。
>
> 　したがって、普段の社会生活においても利用ニーズの高い「引用」規定については、規定の文言を踏まえて解釈するにしても、具体的な指針（目安）は不可欠といえます。そして、それはパロディ・モンタージュ写真事件最高裁判決で示され、長年定着してきた2要件が、まずはその役割を果たすと考えられます。すなわち、2要件説と総合考慮説とを対立関係として捉えるのではなく、むしろ両者を融和し、「総合考慮」する際に「主従関係」と「明瞭区別」の2要件を「目安」として考えるべきでしょう。
>
> 　この規定に限らず、権利制限規定の適用の有無は、規定の文言に照らして、最終的には司法による解釈・判断に委ねざるを得ませんが、「引用」規定は、文言の抽象度が高い点に特徴があります。「引用」が広く行われてきた社会実態を踏まえて、このような抽象度の高い規定ぶりが許容されているとするならば、この規定の解釈については、そのような社会実態に注目する必要があります。そして、パロディ・モンタージュ写真事件最高裁判決以降、2要件の考え方が定着し、また、その2要件の下で引用が許

容されてきたという社会実態があるとするならば、この2要件は、現行法の下においても、引き続き妥当する場面が多いといえます。

　ただし、論評型ではなく、取り込み型の引用を行おうとする場合には、特に、「明瞭区別」性の考え方がうまく当てはまらないことが考えられます。このように、「明瞭区別」がその性格上難しい利用形態の場合には、32条1項の規定の文言をよりどころとして、総合的に判断することが適切であると考えられます（同様に、2要件説と総合考慮説の統一的解釈を志向するものとして、福井健策・百選Ⅵ143頁参照）。

(2) 国等の周知目的資料の「転載」（32条2項）

> 【ツボ#20】国や地方公共団体等の周知目的資料は、「転載禁止」の表示がない限り、説明の材料として、広く「転載」できます。

◇32条2項（国等の周知目的資料の「転載」）の概要

　国や地方公共団体、（地方）独立行政法人が、一般に周知させることを目的として作成した広報資料等（国等の周知目的資料）は、新聞・雑誌等に転載することが広く認められています。

　権利制限が認められる要件は、以下のとおりです。

❶客体：国や地方公共団体等がその名義の下で公表する周知目的の資料（広報資料・統計資料・報告書等）
❷利用行為：「説明の材料」として新聞紙等の刊行物に「転載」
❸利用条件1：「転載禁止」等の表示がない
❹利用条件2：出所の明示

　「転載」は、このように、❷「説明の材料」として用いる場合に限られていますので、紹介等の「説明」が必要です。この場合、「引用」と異なり、「主従関係」は問いませんが、「説明の材料」とするわけですから、「転載」対象の範囲は、カギ括弧や枠囲み等で明確にしておくこと（明瞭区別性）は求められます。

「翻訳」が可能であること（47条の6第1項2号）や、❹出所明示義務（48条）については、「引用」（32条1項）における場合と同様です。また、作成した複製物は、公衆への譲渡が可能です（47条の7本文〈「引用」（32条1項）の場合も同様です〉）。

【ひとくちメモ】
★「転載禁止」の表示がある場合
　「転載禁止」等の表示がある資料は、この権利制限規定（32条2項）による「転載」利用はできません（要件❸）。とはいえ、「転載」と「引用」は異なりますので、「引用」（32条1項）は行うことができます。

（3）時事問題に関する論説の「転載」等（39条）

> 【ツボ#21】新聞等に掲載された社説等は、他の新聞・雑誌に転載したり、放送・有線放送したりすることができます。

◇39条（時事問題に関する論説の「転載」）の概要

　新聞の社説等、時事問題に関する論説は、他の新聞・雑誌に転載したり、放送・有線放送（放送区域内への放送の同時再送信等や、モニター等の受信装置を使って放送・有線放送を公に伝達する場合も含む）をしたりすることが認められています。

　ただし、「時事問題に関する論説」は「学術的な性質を有するものを除く」とされていますので、評論家や研究者等による学問的見地からの論説は対象外です。また、転載や放送・有線放送を「禁止」する旨の表示がある場合は、この規定の利用はできません。
　なお、32条2項（国等の周知目的資料の転載）の場合と同様、「翻訳」が可能です（47条の6第1項2号）。また、作成した複製物は公衆への譲渡が可能です（47条の7本文）。他方、転載や放送・有線放送について、「出所の明示」（48条）が必要です。

【ひとくちメモ】
★放送区域内への放送の同時再送信

　39条1項では、放送や有線放送そのものばかりではなく、「地域限定特定入力型自動公衆送信」を行うことも認められています。

　これは、高層ビルがあること等によって放送電波が届かない難視聴地域向けに、放送を受信しつつリアルタイムで再送信（入力型自動公衆送信）することを認めるものです（この場合の同時再送信は、いわゆる「ＩＰマルチキャスト放送」により行われることが念頭に置かれています）。

　言い換えるならば、いわば、「放送区域内への放送の同時再送信」ということですが、これは、他の規定（34条、38条、40条等）においても登場してきますので、ここで理解しておきましょう。定義は、2条1項9号の6（特定入力型自動公衆送信）と、34条に書かれています。

★令和3年改正〈放送同時配信等（著作権の制限）〉

　令和3（2021）年改正では、上記に加え、放送事業者や有線放送事業者（それと密接な関係にある配信事業者を含む）が放送番組をインターネットにより同時送信等（放送同時配信等）をすることも、権利制限の対象に加わりました。

　これには、「同時配信」（サイマルキャスティング）だけでなく、「追っかけ配信」や「見逃し配信」（1週間以内が基本）も対象であり、その際には放送番組の内容を変更しないことや、ストリーミング配信とすること（デジタル複製できない措置が講じられていること）が条件とされています（2条1項9号の7及び同9号の8参照）。

　なお、同様の改正は、39条1項のほかに、34条1項（学校教育番組の放送等）、38条3項（非営利・無料による放送番組等の伝達）、40条2項（公開演説等の利用）、44条（放送・有線放送のための一時的固定）及び93条（放送のための実演の固定）でも行われています。ただし、38条3項に限っては、「同時配信」と「追っかけ配信」のみが対象で、「見逃し配信」は対象外です。

（4）政治上の公開演説や裁判での公開陳述等の利用（40条）

【ツボ#22】政治上の公開演説や裁判での公開陳述は、広く利用できます。国会中継放送も、本条が根拠です。

◇40条（政治上の公開演説や裁判での公開陳述等の利用）の概要

　政治上の公開演説・陳述や、公開の裁判手続（行政審判など、準司法手続も含みます）における陳述は、「いずれの方法によるかを問わず、利用することができ」ます（1項）。ただし、特定の一人の演説・陳述を編集して利用することはできません。

　また、国や地方公共団体、（地方）独立行政法人において行われた公開の演説・陳述（国会質疑等）は、報道の目的上正当と認められる場合には、39条の場合と同様に、新聞・雑誌に掲載したり、放送・有線放送をしたりすることが認められており（2項・3項）、「翻訳」も可能です（47条の6第1項2号）。また、作成した複製物は、公衆への譲渡が可能です（47条の7本文）。「公への伝達」（3項）以外の利用については、「出所の明示」（48条）が必要です。

（5）時事の事件の報道のための利用（41条）

> 【ツボ＃23】ニュース報道の目的上、正当な範囲内において、他人の著作物を利用できます。

◇41条（時事の事件の報道のための利用）の概要

　時事の事件の報道のため、報道の目的上正当な範囲内において、報道対象の著作物等を利用することが認められています。

　具体的な要件は、以下のとおりです。

❶目的：写真、映画、放送等の方法で時事の事件を報道する目的
❷客体：報道対象である事件を構成し、又は当該事件の過程において見聞きされる著作物
❸利用行為：報道の目的上正当な範囲内で行う複製、及び、当該事件の報道に伴う利用
❹利用条件1：目的外利用の禁止
❺利用条件2：出所の明示（慣行ある場合）

　報道対象として認められる著作物は、❷報道対象の「**事件を構成**」する著作物等が対象です。ただし、「**事件**」といっても、刑事ドラマなどでよく見かけるような警察沙汰になる「**事件**」に限らず、「**ニュース**」**として取り上げられる価値のあるもの**を指しています。他方、スポーツの実況中継のように、長時間にわたる趣味・鑑賞的なものは含まれません（加戸360頁）。

　また、著作物（絵画、彫刻、写真、映画等）そのものの報道が目的である場合だけでなく、あるニュース報道に際して、著作物が写り込んでしまう場合も、報道利用することができます。

　なお、「翻訳」も可能です（❸）（47条の6第1項2号）。

【ひとくちメモ】

★「写り込み」（30条の2）との関係

　報道のために著作物が写り込む場合もあることから、「写り込み」に関する権利制限規定（30条の2）との関係が気になりますね。既にみたように、「写り込み」は、「軽微」利用であること等が要件として求められていますが、時事の事件の報道に関する41条の権利制限規定は、「軽微」利用等ではない場合にも認められます。

　したがって、例えば音楽に関する授賞式の様子をニュース報道する際に、結果発表やトロフィー授与の様子に加えて、授賞式における受賞者による演奏・歌唱の様子の一部を放送することは「写り込み」規定が適用されないとしても、報道の目的上正当な範囲内であれば、41条の規定により可能といえます。他方、有名人の追悼番組で、その有名人の過去の出演番組を放送することなどは、「当該事件を構成し、又は当該事件の過程において見られ、若しくは聞かれる著作物」には当たらないと考えられます。

・・・

★41条が適用された裁判例

◇山口組襲名披露式ビデオの報道利用（大阪地判H5.3.23判時1464号139頁〔ＴＢＳ事件〕）

➡ニュース番組における標記ビデオの利用について、①「山口組の動向が広く世間の耳目をひいていたこと」に照らすと「報道価値の高い時事の事件」といえること、②内容理解に役立つ部分を選択し、「番組出演者のコメントを準備した上で本件放送をしたことが認められ」「見せ物として…鑑賞させる意図を有していたものではない」こと、③本件放送の放送時間（4分10数秒間）は、本件ビデオ全体を放送する場合

の時間の５％程度にとどまること、等を踏まえ、「報道の目的上正当な範囲内」であるとしました。

★41条が適用されなかった裁判例

◇**オークションの宣伝広告目的**〈東京地判H21.11.26平成20年（ワ）31480号〔オークションパンフレット事件〕〉

◇**記者発表（報道発表）する目的**（東京地判H24.9.28判タ1407号368頁〔霊言ＤＶＤ事件〕 百選Ⅵ 74事件 ）

➡「同条の適用対象は報道を行う者であって、報道の対象者は含まれない」

◇**他人の講演会を報道する目的**〈東京地判H28.12.15平成28年（ワ）11697号［講演会ネット配信事件]〉

➡「講演それ自体が同条にいう『時事の事件』に当たるとみることは困難」

ナビゲーション	＞＞　現在の進捗状況と次の目的地　＞＞

スタート　　＞＞＞＞＞＞＞　　　　もうひと踏ん張り！　折り返し地点は通過してマス！　　ゴール

① ② ③ 著作者

1章	2-3章	4章	5-7章	8-10章	11章	12章	13章	14章	15章
著作権法とは	著作物	著作者	権利内容	権利制限	保護期間	利活用	侵害	著作隣接権	国際条約

第10章 著作権の制限③
（権利制限規定の内容）
主な関係条文：33～38条、42条、42条の２、44～47条の３

１．総合案内ⓘ（イントロダクション）

　本章では、権利制限規定の残りの全て（⑤
～⑩）を取り上げます。【著作権の花】の３
つ目の花びら（著作権の制限）の最終回です。

⑤「教育」関係

⑥「福祉」関係

⑦「非営利・無料」関係　　⑨「所有権との調整」関係

⑧「立法・行政・司法」関係　⑩「放送局」関係

　前章に引き続き、読者の皆さんが、それぞれの立場・状況に関わりの
深そうなものを中心に内容を確認し、ほかは適宜読み飛ばしていただい
ても結構です。ただし、その場合であっても、権利制限規定にはどのよ
うなものがあるか、ザッと全体に目は通しておきましょう！

２．「教育」関係（カテゴリー⑤）

（１）学校等における授業目的利用（35条）

【ツボ＃１】学校の授業で使用するために必要な複製やインター
ネット利用が認められています。ただし、インターネット利
用の場合は「補償金」の支払いが必要です。

◇35条（学校等における授業目的利用の概要）

　学校（非営利教育機関）の授業のため、必要な資料（他人の著作物）をコピー（複製）したり、授業参加者にインターネット送信等（公衆送信）をしたりすること等が認められています。

　平成15（2003）年改正により、「授業を受ける者」（学生・生徒等）も対象に追加されるとともに、複製だけでなく、対面授業を遠隔地にいる受講生に同時中継（遠隔合同授業）するための公衆送信も、許諾なく無償で利用できることとなりました。さらに、令和2（2020）年の改正では、権利制限の対象が「遠隔合同授業以外」の公衆送信等にも拡大されました。令和2年改正で新たに認められた「公衆送信」の利用は、教育機関の設置者による「補償金」（授業目的公衆送信補償金）の支払いが必要ですが、ワンストップによる簡便な支払い方式が採用されています。

【ひとくちメモ】

★35条のガイドライン

　35条に関しては、権利者団体と教育関係者が共同でフォーラム（著作物の教育利用に関する関係者フォーラム）を設置し、**第35条運用指針（ガイドライン）**を定める等の取り組みを行っています。同補償金の指定管理団体〈一般社団法人授業目的公衆送信補償金等管理協会（SARTRAS）（後述）〉のウェブサイトで内容を確認することができます（https://forum.sartras.or.jp/）。具体的な記述もありますので、教育関係者の皆さんは、一読されることをお勧めいたします。

◇35条の適用要件

　具体的な要件は、以下のとおりです。「学校」なら何でもOKというわけではありませんので、誤解しないように注意しましょう。

❶主体：「学校その他の非営利教育機関」において「教育を担任する者」及び「授業を受ける者」
❷客体：「公表された著作物」
❸目的：「その授業の過程における利用に供すること」

❹利用行為：目的の達成のために「**必要と認められる限度**」におい
　　て、①「**複製**」、②「**公衆送信**」、又は、③（公衆送信されている著
　　作物について）「**公への伝達**」をすること
❺利用条件１：「**ただし書**」（著作権者の利益を不当に害しないこと）
❻利用条件２：補償金〈公衆送信（遠隔合同授業を除く）利用の場合〉
❼利用条件３：目的外利用の禁止
❽利用条件４：出所の明示（慣行ある場合）

◇主体限定：学校その他の非営利教育機関（要件❶）

　「組織的かつ継続的」に教育機能を営む「非営利教育機関」が対象で
す。学校教育法に定める幼稚園、小学校、中学校、高等学校や、特別支
援学校、高等専門学校、大学、専修学校・各種学校のほか、公民館や博
物館、少年自然の家といった社会教育施設や、地方自治体に設置されて
いる教育センターも含まれます。他方、「営利」目的の教育機関は除か
れていますので、企業の研修・教育施設等は含まれません。

◇主体限定：教育を担任する者・授業を受ける者（要件❶）

　授業目的の複製等を許諾なくできる主体は、「教育を担任する者」と
「授業を受ける者」に限られています。これらの者が、自分の「手足」
として、他人に複製等の手伝い（補助）をさせることは一定範囲で認め
られると考えられます。

◇目的限定：その授業の過程における利用に供すること（要件❸）

　非営利教育機関の施設で行われる活動であっても、その**教育機関が実
施する正規の「授業」**として位置づけられないものは対象外です。職員
会議や教授会のほか、その教育機関の施設を利用して第三者（例えば、
自治会やＰＴＡ）が主催する講座などは、対象外と考えられます。
　また、「**その授業（の過程）**」における利用であることが必要ですので、
自分が担任しない授業や、自分が受講生として参加していない授業は対
象外です。つまり、「**自分の授業**」用の利用ということです。

【ひとくちメモ】

★予習・復習のための利用

「授業の過程（における利用）」とは、授業時間中はもちろんのこと、授業の準備や予復習の段階における利用も含みます。例えば、授業の予復習用に教員から送信された教材を受講生がダウンロードする場面などです。

◇「必要と認められる限度」における「複製」等（要件❹）

授業の参加者が使用するために必要な部数・部分であれば、「必要と認められる限度」の要件を満たすと考えられます。利用できる行為の種類には「複製」「公衆送信」と「公への伝達」があります。これらは「翻訳、編曲、変形又は翻案」も可能です（47条の6第1項1号）。

【ひとくちメモ】

★上演・演奏等は35条ではカバーされていない

学校における演劇の「上演」、音楽の「演奏」、映像の「上映」、お話の朗読（口述）は、35条ではなく、38条1項等でカバーされます。なお、38条1項の利用主体は「教育機関」に限られません〔⇒後述：本章4〕。根拠条文が違うことを、念頭に置いておきましょう。

◇授業目的での「公への伝達」（要件❹）

「公への伝達」とは、公衆送信されている著作物（例えば、テレビ放送中の番組）を、そのまま（いったん保存等をしないで）公衆に見せたり聞かせたりする行為（生伝達）を指しています〔⇒7章3(4)〕。

例えば、インターネット上のYouTube動画を、受信モニター等を使って、学生・生徒ら（＝公衆）にそのまま見せ、聞かせたりりることも、著作権者の許諾を取らずに行うことができます。

【ひとくちメモ】

★生伝達ではない場合の権利処理

インターネット上の動画等をそのまま公に伝達（生伝達）するのではな

く、いったん保存（ダウンロード、録音・録画等）した場合は、どのような権利関係になるのでしょうか。この場合、保存行為については、「複製」として、やはり35条の適用があり得ますが、保存したものを受講生に見せたり聞かせたりする行為は、「公衆への提示」に関する各権利（上演権・演奏権・上映権・口述権）が関係します。後者については、「非営利・無料」等の要件を満たすものは、38条1項の権利制限規定が適用されます。

◇「ただし書」（著作権者の利益を不当に害しないこと）（要件❺）

　一般に、利用される著作物について、著作権者の販売市場を害するような利用は「著作権者の利益を不当に害する」と考えられます。

　例えば、「トリセツ」で紹介した市販ドリルの例〔⇒8章3(3)〕のほか、1回分としては小部分のコピーであっても、各回分を合わせると1冊分全部のコピーになるような場合も、認められません。

【ひとくちメモ】
★インターネット上の大規模公開授業の扱い

　MOOC（ムーク／Massive Open Online Course）といった、インターネット上の大規模公開授業については、35条は適用されるのでしょうか。この点、令和2（2020）年改正の立法検討過程においては、「MOOCのように、無制限に履修者が受入れられ、実際の履修者が数万人規模に上るような講座については、法第35条のただし書に該当し、権利制限の対象とはならないこととなるものと考えられるが、一定の小規模な一般人向け講座であれば、同条の適用の余地はあり得ると解することも可能であると考えられる」と整理されています（平成29年4月「文化審議会著作権分科会報告書」100頁）。

◇目的外利用はできない（要件❼）

　他人の著作物について、「自分の授業以外」で利用することは認められていません（47条の7及び49条）。

　例えば、自分の授業用に準備した資料（他人の著作物のコピー）を他の教員に共有（シェア）したり、学生・生徒等が、授業の配布資料（他人の著作物）を授業参加者以外に公開（ＳＮＳでシェア等）したりすることは、無許諾では行えません。

201

（2）授業目的公衆送信補償金制度（35条2項）

> 【ツボ#2】授業目的の「公衆送信」は、補償金の支払いが必要です。ワンストップ支払いが可能です。

◇授業目的公衆送信補償金制度の趣旨

　授業目的で他人の著作物を「公衆送信」（遠隔合同授業のための公衆送信を除きます）する場合、教育機関の設置者は、補償金（授業目的公衆送信補償金）を支払う義務を負っています（実際に複製等を行う教員や学生・生徒等ではありません）。

　これは、学校等におけるICT活用教育の推進の観点から、令和2（2020）年の改正により、導入された制度です（35条2項）。例えば、スタジオ型授業（スタジオでの授業をライブ配信するタイプの授業）や、不登校生徒向けのオンデマンド授業、予復習資料の電子メール送信等において、他人の著作物を利用する場合、補償金を支払うことにより、法律の規定の範囲内において、自由に利用することができます。

	「自分の授業」用		「教育」一般
	許諾は不要（35条）		
	無償	有償（補償金）	
複製	○	－	許諾が必要 （35条対象外）
公衆送信	△ 遠隔合同授業の場合に限る	○	
公への伝達	○	－	

【ひとくちメモ】
★「複製」と「公衆送信」と「補償金」

202

　令和2（2020）年改正の立法検討過程においては、従来から無償利用が可能とされてきた「複製」等についても、複製機器等の発展の状況を踏まえ、有償とすることも検討されました。

　しかし、教育現場の混乱回避等のため、**従来から無償とされてきた利用（「複製」及び遠隔地合同授業のための「公衆送信」）は、無償が維持されています**（35条3項）。また、「公への伝達」も無償での利用が可能となっています。

◇補償金は、ワンストップによる簡便な支払い方法を採用

　ＩＣＴ活用教育を推進するためには、学校における多種多様な著作物の利用について、個別の「許諾」を不要にするとともに、教育機関における著作権処理の手続き負担を軽減する必要性も指摘されました。

　このため、私的録音録画補償金制度の仕組みと同様、補償金はワンストップによる簡便な支払い方法が採用されています。

　具体的には、補償金の権利を行使できる団体は、文化庁長官により、全国で1つだけ指定される仕組みとなっており（104条の11）、現在、「**一般社団法人授業目的公衆送信補償金等管理協会**」（SARTRAS：サートラス）が指定されています。この団体は、授業目的で利用される多様な分野の著作物等の権利者団体から構成されています。

【ひとくちメモ】
★共通目的事業

　徴収した補償金は、同指定団体が、権利者に分配していくことになりますが、教育機関は、必ずしも個々の利用状況を詳細に報告する必要はないという点にこの制度の特徴があります。ということは、指定団体としては、教育機関における利用状況を100％正確に把握し、それに基づき分配することには、おのずから限界があるということでもあります。

　そこで、補償金収入の一定割合については、**権利保護や普及啓発といった全体の利益になるような事業**（「共通目的事業」といいます）に支出することとされています〈104条の15（具体的な割合等は政省令に委任）〉。

　なお、共通目的事業の枠組みは、制度設計のモデルとなった私的録音録画補償金制度でも採用されています〈104条の8（2割以内を支出）〉。

（3）検定教科書等への掲載（33条）

> **【ツボ#3】教科書発行会社は、補償金を支払うことにより、検定教科書等に他人の著作物を掲載できます。**

◇33条（検定教科書等への掲載）の概要

　公表された他人の著作物は、学校教育の目的上必要と認められる限度において、小中高等の学校で使用義務（学校教育法34条1項）がある**教科書（教科用図書）に掲載（複製）**することが認められています。その際は、**著作者への通知と補償金の支払い**とともに、出所の明示も必要です（48条）。なお、掲載に当たっては、「翻訳、編曲、変形又は翻案」が可能です（47条の6第1項1号）。教科書販売（教科書に掲載された著作物の複製物の譲渡）も妨げられません（47条の7本文）。

　補償金の額は、「文化庁長官が定める算出方法により算出した額」とされ、基準額に教科書の定価上昇率を乗じて算出されます。

（4）デジタル教科書への掲載等（33条の2）

> **【ツボ#4】検定教科書と同内容のデジタル教科書について、発行会社は、補償金を支払えば他人の著作物を掲載できます。**

◇33条の2（デジタル教科書への掲載）の概要

　33条は紙媒体の教科書が対象ですが、本条は、その「デジタル」版についての定めです。デジタル教科書は、紙媒体の教科書（教科用図書）をそのまま電子化したものという位置づけであり、内容に同一性がある範囲内でだけ、この権利制限規定が適用されます。

　したがって、新しい要素が付加されている部分（声優等による朗読やドリル機能等）は、本条の権利制限の対象となる教科書ではない教材という位置づけですので、その著作物の利用には、許諾が必要です。

なお、「翻訳、編曲」は認められませんが、「変形又は翻案」は可能です（47条の6第1項3号）。また、出所の明示が必要であり（48条）、目的外利用はできません（47条の7、49条）。

（5）拡大教科書等の作成のための複製等（33条の3）

> 【ツボ#5】拡大教科書等の作成のための複製は、補償金を支払うことで、許諾なく行えます。非営利目的なら、補償金の支払いも不要です。

◇33条の3（拡大教科書等の作成のための複製等）の概要

弱視の障害があることなどにより、教科書の使用が困難な児童・生徒のために、教科書の文字・図形等のサイズを拡大したもの（拡大教科書）等を作成する場合、許諾なく著作物を複製できます。また、「変形又は翻案」も可能です（47条の6第1項3号）。

拡大教科書等の作成者は、教科書発行者への事前通知義務があることのほか、「営利を目的」（収益を分配する目的）として拡大教科書等を「頒布」する場合には、補償金の支払いも必要です。補償金の額は、福祉の観点から、教科書及びデジタル教科書の場合よりも、割安な額が設定されています。また、出所の明示が必要であるとともに（48条）、目的外利用はできません（47条の7、49条）。

（6）学校教育番組の放送等（34条）

> 【ツボ#6】学校向け教育番組の放送・有線放送のため、学校教育の目的上必要と認められる限度で、他人の著作物を利用できます。

◇34条（学校教育番組の放送等）の概要

本条により、公表された著作物は、学習指導要領等（学校教育に関す

る法令の定める教育課程の基準）に準拠している放送番組において、放送・有線放送（放送同時配信等を含む）したり、その番組用の教材に「掲載」したりすることが認められています。「翻訳、編曲、変形又は翻案」して掲載することも可能です（47条の6第1項1号）。作成した複製物の公衆への譲渡も可能です（47条の7本文）。

　ただし、学校教育の目的上必要と認められる限度で行われる必要があるとともに、著作者への通知と、相当な額の補償金の支払いが必要です。ここで、「相当な額の補償金」というのは、検定教科書等への掲載補償金（33条2項）よりは高く、「通常の使用料の額に相当する額の補償金」（36条2項）よりは安いという趣旨ですが（加戸319頁）、補償金の額の決定について、文化庁長官は関与しません。

　なお、出所の明示が必要です（48条）。

(7) 試験問題としての複製等（36条）

> **【ツボ#7】** 試験問題に他人の著作物を使用する場合、許諾不要です。ただし、営利目的の場合は補償金が必要です。

◇36条（試験問題としての複製等）の概要

　公表された著作物は、試験問題に利用（複製や自動公衆送信）することができます。これは、入学試験や検定試験等は、その性質上、事前に外部に知られてしまうと、試験を公正に実施できないためですが、具体的には、以下の要件を満たす必要があります。

❶客体：「公表された著作物」

❷目的：入学試験その他人の学識技能に関する「試験又は検定の目的」

❸利用行為：試験又は検定の目的上「必要と認められる限度」において、当該「試験又は検定の問題として」、①「複製」又は②「公衆送信」（放送又は有線放送以外）を行うこと

❹利用条件1：「ただし書」（著作権者の利益を不当に害しないこと）

❺利用条件２：補償金（営利目的の場合）

❻利用条件３：出所の明示（慣行ある場合）

◇必要と認められる限度（要件❸）

試験実施後に問題集としてまとめたり、問題を公表したりする場合は、本条の適用の対象外です（個別に許諾を取る必要があります）。

【ひとくちメモ】

★大学入試問題の公表

　大学入試は、文部科学省が示す「大学入学者選抜実施要項」により、個別学力検査における試験問題は原則として公表することが求められていますが、「試験問題中の著作物の権利処理が困難である場合には、著作物名を記述すること等により問題の内容が明らかになるよう努める」こととされています（「令和４年度大学入学者選抜実施要項」等）。

　なお、著作権者が所在不明等により連絡が取れない場合は、文化庁長官による「裁定」を得て、利用する方法があります〔⇒後述：12章3(3)(裁定制度)〕。

◇「試験又は検定の問題として」の「複製」「公衆送信」（要件❸）

　試験・検定は、対面形式で実施する場合だけでなく、インターネットを利用して行われることもあります。このため、「複製」だけでなく、「公衆送信」（放送・有線放送を除く）による利用も可能です。

　また、同条による利用は、「翻訳」利用もできますが（47条の６第１項２号）、いずれにしても「試験又は検定の問題として」複製や公衆送信を行うものであることが必要です。また、作成した複製物は、公衆に譲渡することができます（47条の７本文）。

　教科書に準拠して作成された小学校用国語テストにおける複製は、36条１項所定の「試験又は検定の問題」としての複製には当たらないとした裁判例があります〔下記参照〕。

○知財高判H18.12.6平成18年（ネ）10045号〔国語テスト事件：控訴審〕
百選Ⅵ 72事件

> 「各教科書に掲載されている本件各著作物が本件国語テストに利用されることは、当然のこととして予測されるのものであるから、本件国語テストについて、いかなる著作物を利用するかということについての秘匿性は存在せず、…あらかじめ著作権者の許諾を受けることが困難であるような事情が存在するということはできない」

◇「ただし書」（著作権者の利益を不当に害しないこと）（要件❹）

本条の「ただし書」は、考慮要素として、「公衆送信の態様」が明示されています。例えば、試験・検定の実施対象が限定されず、広く一般に閲覧できるような態様で公衆送信（送信可能化）されている場合は、著作権者の利益を不当に害するものとして、認められません。

◇営利目的の場合には、「補償金」を支払うこと（要件❺）

試験又は検定の問題として「複製又は公衆送信」を「営利目的」で行う場合は、「通常の使用料の額に相当する額の補償金」を著作権者に支払わなければなりません。

【ひとくちメモ】
★「営利目的」か否かの判断

「営利目的」か否かは、「複製又は公衆送信」によって収益を上げる目的かどうかで判断され、典型的には、民間の予備校が受験料を徴収して実施する各種模擬試験は、「営利目的」に当たります。他方、営利企業であっても、入社試験問題については、問題作成における複製自体は営利につながるとは言い難いとして、営利目的とは考えられていません（加戸330頁）。

3．「福祉」関係（カテゴリー⑥）

（1）点訳のための複製等（37条1項・2項）

【ツボ#8】公表された著作物の「点訳」は、広く認められています。

◇37条1項・2項（点訳のための複製等）の概要

　視覚障害者等のため、公表された著作物は「点字」により複製することが、広く認められています（1項）。また、それだけでなく、コンピュータを使って**点訳データ化**して記録媒体に「記録」（保存）したり、インターネット等を通じて送信〈「**公衆送信**」（放送・有線放送を除く）〉したりすることも認められています（2項）。

　なお、これらの場合、「翻訳」利用ができることが明示されています（47条の6第1項2号）。また、作成した複製物は、公衆に譲渡することができます（47条の7本文）。点字による複製（1項）には、出所の明示が必要です（48条）。

（2）視覚障害者等向けの録音図書の作成等（37条3項）

> 【ツボ#9】視覚障害者等向けに、文字等で表現されたものを音声化すること等が、一定の場合に認められています。

◇37条3項（視覚障害者等向けの録音図書の作成等）の概要

　視覚障害者等のため、公表された著作物について、文字を音声にするなどの方式により複製し、録音図書等を作成したり、自動公衆送信（送信可能化）を行ったりすることが認められています。

　具体的な要件は、以下のとおりです。

❶主体：「視覚障害者等の福祉に関する事業を行う者」（政令で指定）
❷客体：「公表された著作物」であり、かつ「視覚によりその表現が認識される方式により公衆に提供・提示されているもの」（視覚著作物）であること
❸目的：「専ら視覚障害者等の用に供する」目的
❹利用行為：目的上「必要と認められる限度」において、文字を音声にすること等の「必要な方式」により「複製」又は「公衆送信」を行うこと

❺利用条件１：同じ利用方式による公衆への提供・提示が行われていないこと

❻利用条件２：目的外利用の禁止

❼利用条件３：出所の明示

◇主体限定：視覚障害者等の福祉に関する事業を行う者（政令指定）（要件❶）

　点訳の場合（１項・２項）と違って、音声等による複製物は、健常者の利用に転用される可能性が高いため、主体が限定されています。

　具体的には、政令で指定されており、**障害者施設や図書館等の公共施設**（を設置して視覚障害者等のために情報を提供する事業を行う者）が広く指定されています〈なお、図書館については、小・中・高等学校の学校図書館も指定されています（施行令２条１項１号）〉。

```
【ひとくちメモ】
★ボランティア団体等の包括指定
　政令（著作権法施行令）で個別に名前が挙がっていない施設の設置者で
あっても、文化庁長官が個別に指定を行えば認められてきましたが、平成
30年改正により、技術的能力及び経理的基礎を有しており、著作権法に関
する知識を有する職員が置かれていること等の一定の要件を満たす者は、
個別に指定を受ける必要がなくなりました（施行令２条１項２号）。
```

◇客体限定：視覚によりその表現が認識される方式により公衆に提供・提示されているもの（視覚著作物）（要件❷）

　「目で見て分かる」方式で公衆に提供・提示されているものです。要するに、「見ることで理解できるもの」ですが、音声付きのもの等も含まれます。

◇目的限定：専ら視覚障害者等の用に供する目的（要件❸）

　まず、「専ら」という条件が付いていることに注意しましょう。また、「視覚障害者等」とは、発達障害者や色覚障害者も対象です。

さらに、肢体不自由者で本をめくれないなど、「視覚による表現の認識が困難な者」（視覚著作物にアクセス困難な者）も含みます（マラケシュ条約への批准のため、平成30年改正で対象が拡大されました）。

◇「必要と認められる限度」において、「必要な方式」により、「複製」又は「公衆送信」を行うこと（要件❹）

「必要な方式」としては、「視覚による表現の認識が困難」な状態や程度等に応じて異なりますが、例えば、デイジー（DAISY）録音図書、布の絵本、色彩変更等が考えられます。

また、映画について、「映像」部分を見るのが困難な方のために、音声で解説を加え、映像と一体的となっている音声（音楽も含む）とともに録音することは、「必要と認められる限度」といえますが、その際に「映像」部分も一緒に複製することは、「必要と認められる限度」を超えるものと考えられています（加戸336-337頁）。なお、「翻訳、変形又は翻案」の利用も認められています（47条の6第1項4号）。

◇同じ利用方式による公衆への提供・提示が行われていないこと（要件❺）

市場に出回っていない場合には当てはまると言える一方、経済的な理由（値段が高すぎて買えない）により入手困難であることは、「公衆への提示・提供」がないとはいえないと考えられます。

(3) 聴覚障害者等向けの字幕の作成等（37条の2）

> 【ツボ#10】聴覚障害者等向けに映像に字幕や手話を付けることなどが、一定の場合に認められています。

◇37条の2（聴覚障害者等向けの字幕の作成等）の概要

聴覚障害者等のため、公表された著作物について、音声を文字等により複製・自動公衆送信することや、貸し出し用に映像に字幕・手話等を

211

挿入して複製することが認められています。平成21（2009）年改正により、放送番組のリアルタイム字幕だけでなく、映画・放送番組への字幕や手話の付与等についても、許諾が不要になりました。

　具体的な要件は、以下のとおりです。

❶主体：「聴覚障害者等の福祉に関する事業を行う者」（2つの利用区分ごとに政令で指定）

❷客体：「公表された著作物」であり、かつ「聴覚によりその表現が認識される方式により公衆に提供・提示されているもの」（聴覚著作物）であること

❸目的：「専ら聴覚障害者等の用に供する」目的

❹利用行為：目的上「必要と認められる限度」において、音声を文字にすること等の「必要な方式」により、「複製」又は「自動公衆送信」を行ったり、貸し出しのために「複製」したりすること

❺利用条件1：同じ利用方式による公衆への提供・提示が行われていないこと

❻利用条件2：目的外利用の禁止

❼利用条件3：出所の明示

◇主体限定：聴覚障害者等の福祉に関する事業を行う者（2つの利用区分ごとに政令で指定）（要件❶）

　主体限定がなされている点は、37条3項（視覚障害者等向けの録音図書の作成等）と同じですが、37条の2が定める以下の2つの利用区分に応じて、政令で指定されています。聴覚障害者等向けの情報提供施設について、施設の類型ごとに包括的に指定されているほか、文化庁長官による個別指定も可能となっています（施行令2条の2第1項）。

　1号：聴覚障害者等のための字幕等の作成・自動公衆送信

　2号：聴覚障害者等のための字幕や手話付き映像の作成・貸出

　1号利用は、国、地方公共団体又は一般社団法人等が設置する**聴覚障害者情報提供施設等**が指定され、2号利用は、それらに加え、司書等が置かれる**公共図書館**のほか、**大学図書館**や**学校図書館**が指定されています。また、2号利用については、文部科学省令で定める**貸出し基準**（施行規則2条の5）に従うことが求められます。

◇客体限定：聴覚によりその表現が認識される方式により公衆に提供・提示されているもの（聴覚著作物）（要件❷）

　「耳で聞いて分かる」方式で公衆に提供・提示されているものです。別の言い方をすれば、「聞くことで理解できるもの」ですが、映像や文字付きのもの等も含まれます。

◇目的限定：専ら聴覚障害者等の用に供する目的（要件❸）

　「聴覚障害者等」とは、聴覚障害者に限らず、「聴覚による表現の認識が困難な者」（聴覚著作物にアクセス困難な者）を広く含みます。

◇字幕等による「複製」「自動公衆送信」、貸し出しを行うための「複製」（要件❹）

　要件❶でみた「2つの利用区分」に対応しています。1号利用では、聴覚障害者等が利用するための、必要な方式（字幕や手話等）による「複製」又は「自動公衆送信」（送信可能化を含む）が、2号利用では、専ら当該聴覚障害者等向けの貸出しの用に供するための「複製」が認められています。これらについては、「翻訳又は翻案」の利用もできます（47条の6第1項5号）。

　なお、2号利用は、37条3項（視覚障害者等向けの録音図書の作成等）の場合と異なり、映画等について、「映像」部分とともに複製を行うことを認める一方、それにより作成した複製物の用途としては、「貸出し」に限定しています。したがって、「譲渡」や「公衆送信」をするために複製することまでは、この規定では認められていません。

【ひとくちメモ】

★「貸出し」自体は別の条文で

　37条の2第2号の規定は、「貸出しの用に供するための複製」についての権利制限規定です。「貸し出し」（貸与）そのものについての権利制限は、次に見る38条でカバーしており、「映画の著作物」の複製物の貸与については、38条5項が対応しています。

4.「非営利・無料」関係（カテゴリー⑦）

(1) 非営利・無料による上演・演奏・上映・口述（38条1項）

【ツボ#11】「非営利・無料・無報酬」なら、公表された著作物を上演、演奏、上映又は口述することができます。

◇38条1項（非営利・無料による上演・演奏等）の概要

　公表された他人の著作物について、「非営利・無料・無報酬」を条件に、上演・演奏・上映・口述を、許諾なく行うことが認められています。具体的な条文は覚えていなくても、「うまい・安い・早い」のノリで、「非営利・無料・無報酬」の3条件は、覚えておきましょう。

　38条1項がカバーしている利用範囲には要注意です。例えば、学校の授業での利用であっても、国語の授業での「口述」（朗読）や、音楽の授業や学園祭等での「演奏」や「上映」等は、35条ではなく、この38条1項の適用の問題となります。しかし、逆に「複製」や「公衆送信」は、38条1項ではカバーされていませんので、「非営利・無料・無報酬」なら何でもOKとはいうことではありません。

　35条と38条1項の関係を簡単に図示すると、次ページのとおりです。権利制限規定は、場面に応じて組み合わせて考える必要があります。

	35条（授業目的）	38条1項（非営利・無料）
場面	「学校」限定（非営利教育機関）	「学校」に限らない
利用行為	複製、公衆送信、公への伝達	上演、演奏、上映、口述

◇38条1項の適用要件

具体的な条件は、以下のとおりです。

❶客体：「公表された著作物」

❷目的：「非営利」目的（営利を目的としない）

❸利用行為：「上演」「演奏」「上映」又は「口述」

❹利用条件1：「無料」（聴衆や観衆から料金を受けないこと）

❺利用条件2：「無報酬」（実演家又は口述者に報酬が支払われないこと）

❻利用条件3：出所の明示（慣行ある場合）

◇目的限定：「非営利」目的であること（要件❷）

上演や演奏等自体によって、直接的に収益が上がるものでないとしても、それを通じて間接的に営利につながるといえるもの（宣伝目的等）は、「営利」目的に当たります。一般的に、営利企業が利用主体である場合は、「営利」目的があると認められやすいと考えられます。

◇「上演」「演奏」「上映」又は「口述」（要件❸）

冒頭で紹介したとおり、「複製」や「公衆送信」は含まれていません。「頒布」「譲渡」「貸与」も含まれていないことに注意しましょう。

さらに、もう一つ注意点があります。それは、他の権利制限規定では一部に認められている、二次的著作物の作成（「翻訳」「編曲」「翻案」等）に関する権利制限規定も、38条については適用がないということです（47条の6参照）。

このため、「上演」「演奏」「上映」「口述」を行う際にアレンジ（著作権法上の「編曲」等）を行う場合には、許諾が必要です。

◇「無料」であること（要件❹）

「聴衆や観衆から料金を受け取らないこと」という要件です。この場合の「料金」は、「著作物の提供又は提示につき受ける対価」であるので、上演・演奏等（＝著作物の提供又は提示）のための必要経費（会場借料やスタッフ費用、広告費等）に充てるために代金を徴収する場合、無料とはいえません。一方、その場で提供される飲食物の代金は、上演・演奏等と直接は関係がないため、「無料」に当たります。

ただし、「いずれの名義をもつてするかを問わず」とされています。上演・演奏会等の入場料自体は無料としつつ、「寄付金」の名目で対価を徴収している場合も38条1項は適用されません〈東京地判H15.1.28平成13年(ワ)21902号〔ハートフルチャリティーコンサート事件〕百選Ⅵ 73事件〉。

◇「無報酬」であること（要件❺）

上演・演奏等を、その場で実際に行う者（実演家又は口述者）に報酬が支払われないことが必要です。「報酬」は、上演・演奏等の提供の対価として支払われるものを指します。

（2）放送番組の非営利・無料による同時再送信等（38条2項・3項）

【ツボ#12】家庭用テレビ受信機に映っている放送は、そのまま公衆に見せることができます。家庭用受信装置でない場合は、「非営利・無料」が条件です。

◇38条2項（非営利・無料による放送番組の同時再送信等）の概要

「非営利・無料」で行う場合、放送番組を受信と同時に（保存せずに）、①有線放送したり、②放送区域内への放送の同時再送信（地域限定特定入力型自動公衆送信）をしたりすることが認められています。

216

難視聴対応等であり、利用規模も小さいことから、権利制限が認められています。

【ひとくちメモ】

★「放送される著作物」と「放送された著作物」

　38条2項で対象とされているのは、「同時」再送信等です。条文を見ると、「放送される著作物」と書いてあります。「放送された著作物」と書かれていないのは、放送番組をいったん保存（録画）するものは含まない趣旨です。「た」と「る」という、たった1字が異なるだけですが、法律上、その意味内容は大きく異なっているのです。ワインの「樽」の風味のように、違いをよく味わっておきましょう。

◇38条3項（非営利・無料による放送番組等の伝達）の概要

　「非営利・無料」で行う場合には、放送番組や有線放送番組を、受信と同時に（保存せずに）、受信装置を用いて公に伝達することも認められています。しかも、「通常の家庭用受信装置」を使って公の伝達をする場合は、「非営利・無料」である必要もありません。

　街中のレストランや店頭、待合室等で、家庭用テレビが置かれていて、テレビの放送番組をお客さんが見られるようなっているところがありますが、「営利」目的だとしても、著作権者の許諾が不要なのは、この38条3項が根拠だったのですね。

【ひとくちメモ】

★「（有線）放送される著作物」

　ここには、放送の同時再送信（特定入力型自動公衆送信）による著作物も含むことが明記されているとともに、令和3（2021）年改正により、放送の「同時配信」や「追っかけ配信」も、受信装置を用いて公に伝達することができる対象として追加されています〔⇒9章5(3)参照〕。ただし、38条3項では、「見逃し配信」（放送又は有線放送が終了した後に開始されるもの）は除かれているので、注意しましょう。

　また、38条3項では、「自動公衆送信される著作物」は、原則として対象外です〔⇒35条における「公への伝達」との対比にも注意：本章2(1)参照〕。

（3）非営利・無料による貸与（38条4項・5項）

> **【ツボ#13】**「非営利・無料」であれば、本や音声ＣＤ等を貸与することができます。公共図書館等は、補償金を支払うことで、映像ＤＶＤの貸与もできます。

◇38条4項（非営利・無料による本などの貸与）の概要

　本や雑誌、音声ＣＤなど、公表された著作物（ただし、「映画の著作物」ではないもの）は、「非営利・無料」で行う場合には、複製物を公衆に「貸与」することが認められています。図書館等における貸し出しが典型例ですが、主体の限定はありません。

◇38条5項：非営利・無料による映像ＤＶＤなどの貸与の概要

　映像ＤＶＤなど、公表された「映画の著作物」についても、「非営利・無料」で行う場合には、複製物を公衆に「貸与」することができます。ただし、以下の要件を満たす必要があります。

- ❶主体：非営利の視聴覚教育施設等（政令指定）
- ❷客体：公表された映画の著作物
- ❸目的：「非営利」目的（営利を目的としないこと）
- ❹利用行為：公衆に「貸与」
- ❺利用条件1：「無料」（複製物の貸与を受ける者から料金を受けないこと）
- ❻利用条件2：補償金〈「（相当な額の）補償金」の支払い〉

◇主体限定：非営利の視聴覚教育施設等（要件❶）

　38条5項の利用主体としては、次の2種類が予定されています。具体的な対象施設は、政令で指定されています。

①視聴覚資料を公衆の利用に供することを目的とする非営利施設
　〈施行令２条の３第１項（国・地方公共団体が設置する視聴覚教育
　施設や公共図書館等）〉
②聴覚障害者等向け情報提供施設のうち、字幕・手話付きの映画の作
　成・貸出を行う施設で非営利のもの（施行令２条の２第１項２号）

【ひとくちメモ】

★「公貸権」について

　38条４項も５項も、昭和59（1984）年に貸与権が創設された際に整備された規定です。貸与権が創設される以前は、映画の著作物については「頒布権」が認められていた一方、本等の貸与（貸し出し）については、著作権は及んでいませんでした。そのような状況の下、公共図書館等において本等の貸し出しサービスが行われてきた実態や、公益上の必要性を踏まえ、昭和59（1984）年の改正では、権利制限規定を置くことにより、それまで行われていた本等の貸し出しを引き続き認めることとした一方（現４項）、公共図書館等における映画ビデオテープ等の貸し出しについて、「頒布権」の権利を制限する代わりに、「（相当な額の）補償金」の支払いを求めることになりました（現５項）。ところで、公共図書館等が貸与する本や音楽ＣＤ等が人気作品の場合には、公共図書館等による貸与によって売り上げが減るため、「公共貸与権」（公貸権）を創設し、図書館等による貸与について著作権者に補償すべきではないかという議論があります。こうした観点を踏まえてみると、38条５項は、映像ＤＶＤについては実質的に「公貸権」を認めている一方、38条４項は、本や音楽ＣＤ等についてはそのような扱いになっていないことが分かります（公貸権については、岡本薫『著作権－それホント？』（発明推進協会、2014年）226-229頁参照）。

５．「立法・行政・司法」関係（カテゴリー⑧）

（１）裁判手続等における複製（42条１項）

> **【ツボ#14】立法・行政の内部資料や、裁判・行政審査手続において必要な場合は、他人の著作物を許諾なく利用できます。**

◇立法・行政の内部資料としての複製（42条１項）

　立法・行政は、その業務遂行上、**内部資料として必要な場合**に、必要と認められる限度において、**複製**することが認められています。「**非公表**」著作物であっても、利用することができます。

　ただし、著作物の種類・用途や複製部数、態様に照らして、**著作権者の利益を不当に害しないこと**が求められているとともに、この規定により作成した複製物の**目的外利用は禁止**されています（47条の7、49条）。また、**出所の明示**が求められています（48条）。

　なお、「**翻訳**」も可能です（47条の6第1項2号）が、認められているのは複製及び翻訳までであり、**公衆送信等は認められていません**。

○東京地判Ｈ20.2.26平成19年(ワ)15231号〔社保庁ＬＡＮ事件〕 百選 Ⅵ 75事件

> 　行政庁内のＬＡＮシステム（社会保険庁内部部局や地方社会保険事務局等、社会保険事務所等を接続するネットワークシステム）の電子掲示板に、新聞雑誌記事を掲載していた事案について、公衆送信（自動公衆送信）権の侵害であるとしました。

◇裁判手続・行政審査手続における複製（42条1項及び2項）

　裁判手続のために必要と認められる場合、又は**行政審査手続等のため**に必要と認められる場合のいずれかの場合に、**複製**（及び「**翻訳**」）を行うことが認められています。複製（及び「翻訳」）の主体は、裁判所や行政機関に限らず、その手続きを利用する私人も含みます。

　著作権者の利益を不当に害しないこと、複製物の**目的外利用は禁止**されていること、**出所の明示**が求められていることは、立法・行政の内部資料としての複製の場合と同じです。

【ひとくちメモ】
★対象となる行政審査手続
　権利制限規定の行政審査手続の対象となるものが42条2項各号で具体的に定められています（特許・意匠・商標審査手続等）。これらは限定列挙ですが、時宜に応じて政令で柔軟に追加できるようになっています（5号）。

（2）情報公開法等に基づく開示利用（42条の２）

> 【ツボ#15】情報公開法や情報公開条例に基づく開示に必要な利用についても、権利制限規定が置かれています。

◇42条の２：情報公開法等に基づく開示利用の概要

　情報公開法（行政機関情報公開法、独立行政法人等情報公開法）や情報公開条例に基づく情報開示において、情報公開に対応する行政機関等は、開示に必要な限度において著作物の利用が認められています。

　この場合、情報開示の方法として、写し（複製物）を作成し、開示請求をした者に、それを交付することは認められますが、その複製物の目的外利用は禁止されています（47条の７、49条）。

６．「所有権との調整」関係（カテゴリー⑨）

（1）美術・写真の原作品所有者による展示（45条）

> 【ツボ#16】「美術」や未発行の「写真」の原作品の所有者は、原作品を公に展示することができます。

◇45条：美術・写真の原作品所有者による展示の概要

　「原作品の所有者」（所有者の同意を得た者を含む）は、著作者ではなくても、原作品により公の展示を行うことが認められています（45条1項）。ただし、美術の著作物について、一般公衆の見やすい屋外の場所等に恒常的に設置する場合（屋外恒常設置）は、原則どおり、許諾が必要です（同2項）。美術や写真の著作物の原作品は、一般に有体物として取引され、それを購入した所有者が公に展示することも行われてきたことから、公への展示については、所有権を著作権（展示権）よりも原則として優先する扱いとして、両権利の調整を図っています。

具体的な要件は、以下のとおりです。

❶主体：「美術の著作物」又は（未発行の）「写真の著作物」の「原作品の所有者又はその同意を得た者」

❷客体：原作品に係る「美術の著作物」又は「写真の著作物」

❸利用行為：「原作品」により「公に展示」すること

❹利用条件：美術の著作物の原作品を屋外恒常設置しないこと

◇美術の著作物の原作品を屋外恒常設置しないこと（要件❹）

原作品が「屋外恒常設置」されている美術の著作物は、次にみる46条の規定により、複製利用などが広く認められています。ということは、この45条（展示権の制約）において、「屋外恒常設置」を広く認めてしまうと、芋づる式に（45条と46条の合わせ技により）、美術の著作物の著作権が、大きな制約を受けることになってしまいます。

このため、「美術の著作物」を「屋外恒常設置」することについては、展示権は制限されません（45条2項）。なお、「写真の著作物」は、46条の権利制限の対象ではなく、45条2項の対象でもありません。

【ひとくちメモ】

★「屋外恒常設置」とは？

ここでは簡単に「屋外恒常設置」としましたが、「恒常的に設置」する「屋外」の場所について、法律上、2つの場所が予定されています。それは、①「街路、公園その他一般公衆に開放されている屋外の場所」、又は②「建造物の外壁その他一般公衆の見やすい屋外の場所」です。

上記①の「一般公衆に開放」は、入場規制がない公道や公園が典型例ですが、入場料を支払いさえすれば誰でも入り、自由に見ることができる場所も、当てはまると考えられます。②の「建造物」関係は、外壁や屋上といった建造物の外側に設置される場合を指しています。建造物の内部は「屋内」ですから対象外です。また、「恒常的に設置」とは、「社会通念上、ある程度の長期にわたり継続して、不特定多数の者の観覧に供する状態に置くこと」（東京地判H13.7.25判時1758号137頁〔はたらくじどうしゃ事件〕 百選Ⅵ 76事件 参照）を指し、簡単に取り外しが可能な設置形態の場合は除かれます。はたらくじどうしゃ事件東京地裁判決では、公道を定期運行されることが予定された市営バスの車体に美術作品を描くことは、「恒常的に設置」に当たるとされました。

(2) 公開の美術の著作物等の利用（46条）

> 【ツボ#17】原作品が屋外に恒常的に設置されている美術の著作物（絵画・彫刻等）や建築の著作物は、一定の場合を除き、広く利用することが認められています。

◇46条（公開の美術の著作物等の利用）の概要

　「建築の著作物」又は屋外恒常設置の「美術の著作物」は、一定の例外を除き、広く利用することができます。これは、見えやすい屋外の場所に恒常的に設置されている場合には、一般公衆による自由利用を許すのが社会的慣行に合致していること等を総合的に考慮して認められているものです。権利制限が認められる要件は以下のとおりです。

- ❶客体：「美術の著作物」（原作品が屋外恒常設置のものに限る）又は「建築の著作物」
- ❷利用行為：以下の利用条件(1)〜(4)以外であれば、いずれの方法によるかを問わず、利用することができる
- ❸利用条件１：彫刻を「彫刻」として複製したり、その複製物を公衆に譲渡したりしないこと
- ❹利用条件２：建築を「建築」として複製したり、その複製物を公衆に譲渡したりしないこと
- ❺利用条件３：屋外恒常設置をするための複製をしないこと
- ❻利用条件４：専ら販売目的で美術の著作物を複製したり、その複製物を販売したりしないこと
- ❼利用条件５：出所の明示（慣行ある場合）

◇許諾が必要な利用〈利用条件(1)〜(4)〉（要件❸〜❻）

　彫刻を「彫刻」として複製（彫刻のレプリカ制作）したり（１号）、建築を「建築」として複製（模倣建築）したり（２号）、それら複製物

223

を譲渡する場合（１号及び２号）には、許諾が必要です（要件❸❹）。
それぞれ、利用対象と複製方法が限定されている点に注意しましょう。
したがって、例えば、屋外恒常設置されている彫刻や建築を模写（「絵
画」として複製）したり、撮影（「写真」等として複製）・放送等をした
りしても、これらの規定の違反にはなりません。

　別の場所（屋外）に恒常設置をするために複製する場合にも、許諾が
必要です（３号）（要件❺）。この場合の複製については、複製の方法は
特に限定されていません。ですから、例えば、屋外恒常設置を目的とし
て建築の著作物のミニチュア造形物を作るなど、変形や翻案により「複
製」する場合も、許諾が必要です（加戸388頁）。

　以上のほか、専ら販売目的による美術の著作物の複製と販売（有償に
よる譲渡）も許諾が必要な場面です（４号）（要件❻）。例えば、公道を
走るバスの車体に絵画（美術の著作物）が描かれていたところ、幼児向
け書籍『まちをはしる　はたらくじどうしゃ』に、そのバスの車体の写
真を掲載したことについて、「掲載方法は、右の目的に照らして格別不
自然な態様とはいえない」などとして、「専ら」には当たらないとされ
ました〈はたらくじどうしゃ事件東京地裁判決（再掲）〉。なお、あくま
で「販売目的」が要件とされているため、企業等が「無料」で配布する
カレンダーや葉書等の場合、許諾は不要です（47条の７本文も参照）。

（3）美術・写真の著作物の展示等に伴う利用（47条１項・２項）

> 【ツボ#18】原作品展示者（美術館等）は、観覧者向けの解説・
> 紹介目的で、小冊子に作品を掲載したり、タブレット端末等
> で解説・紹介したりすることができます。

◇47条１項・２項（美術・写真の著作物の展示等に伴う利用）の概要

　美術や写真の著作物を、原作品により公に展示する権利を有する者
（原作品展示者）は、展示著作物の解説・紹介を目的として、観覧者向

けの小冊子に掲載したり、デジタル方式で複製して、タブレット端末等により解説・紹介を行うこと等が認められています。

　具体的な要件は、以下のとおりです。

❶主体：美術や写真の著作物を、原作品により公に展示する権利を有する者（原作品展示者）
❷客体：展示著作物（美術の著作物又は写真の著作物）
❸目的：観覧者のために解説・紹介する目的
❹利用行為：必要と認められる限度での小冊子等への複製や上映・自動公衆送信
❺利用条件１：「ただし書」（著作権者の利益を不当に害しないこと）
❻利用条件２：目的外利用の禁止
❼利用条件３：出所の明示

◇主体・客体・目的限定（要件❶～❸）

　47条は、美術又は写真の著作物の原作品展示者が、観覧者のために展示著作物を解説・紹介する目的で複製等を行うことについて、権利制限を認めています。「原作品展示者」としては、著作権者及びその同意（許諾）を得た者のほか、「原作品の所有者」やその同意を得た者も含みます（45条参照）。また、原作品としては、第三者から借り受けた場合も含みますが、展示著作物が対象とされていますので、所蔵作品であっても、交替陳列（展示）を具体的に予定していない作品は対象外と考えられます。

◇利用行為（要件❹）

　権利制限が認められているのは、展示著作物を観覧者のために「解説・紹介する目的」のための複製等です。

　１項では小冊子等への「複製」について、２項では「上映」や「自動公衆送信」（送信可能化を含む）について定めています。これらは、「変形又は翻案」の利用も可能です（47条の6第１項3号）。

【ひとくちメモ】

★「観覧者向けの解説・紹介」でないものは対象外

　小冊子への掲載等は、あくまで「観覧者向けの解説・紹介」のために行うことが認められているものです。「実際に作品を観覧する者以外」に配布されるカタログや、展示著作物の「解説又は紹介以外を主目的とするもの」は、権利制限が認められる「小冊子」には当たりません〈知財高判H28.6.22判時2318号81頁〔毎日オークション事件〕百選Ⅵ 107事件（同事案のオークション用カタログについて、47条にいう「小冊子」には当たらないとしました）〉。

　また、紙質、規格、作品の複製形態等によって、市販される鑑賞用の画集と同視できる展示会カタログは、47条１項にいう「小冊子」には当たらないとされています（東京地判H1.10.6無体裁集21巻3号747頁〔レオナール・フジタ事件〕等）。

◇「ただし書」（著作権者の利益を不当に害しないこと）（要件❺）

　平成30（2018）年改正時に導入された要件であり、著作権者の利用市場との衝突の有無が考慮されます。例えば、観覧者が持ち込んだタブレット端末等により、高精細画質の画像を用いて展示作品の解説・紹介を行う場合には、展示館内でのみ閲覧できるように制限をかけたり、館外においてはサムネイル以上の画像は閲覧できないように制限をかけたりすることなどが必要になると考えられます。

（4）美術・写真の展示著作物の所在情報提供に必要な利用（47条３項）

【ツボ#19】原作品を展示する美術館等は、所在情報とともに、サムネイル画像も一緒に提供できます。

◇47条３項（美術・写真の展示著作物の所在情報提供に必要な利用）の概要

　美術や写真の著作物の原作品展示者は、展示著作物の所在に関する情

報を提供するために必要と認められる限度において、複製や公衆送信（放送・インターネット送信等）をすることが認められています。

　美術館等が展示作品についての情報提供を放送やインターネット等により行う際に、展示作品のサムネイル画像を一緒に発信する場合が典型例です。具体的な要件は、以下のとおりです。

❶主体：「原作品展示者」及びこれに準ずる者（政令指定）
❷客体：展示著作物（美術の著作物又は写真の著作物）
❸目的：展示著作物の所在に関する情報を公衆に提供する目的
❹利用行為：必要と認められる限度での複製や公衆送信
❺利用条件１：「ただし書」（著作権者の利益を不当に害しないこと）
❻利用条件２：目的外利用の禁止
❼利用条件３：出所の明示

◇主体限定（要件❶）及び利用行為（要件❹）

　「原作品展示者」は、47条１項及び２項と同じですが、３項では「これに準ずる者」として政令で指定する者も利用主体となり得ます。

　利用行為について、「自動公衆送信」は「送信可能化」も含むことや、「変形又は翻案」の利用も可能であること（47条の６第１項３号）は、47条１項及び２項の場合と同様です。

【ひとくちメモ】

★47条３項と47条の５との関係は？

　「所在」に関する情報の提供という点から、47条の５（コンピュータ情報処理結果の提供に付随する軽微利用）と似ているな、と思われた方も多いと思います。47条の５は、「所在」に関する情報の「検索結果」の提供に伴う利用についての規定です〔⇒9章3(5)参照〕。すなわち、利用者による「検索」を伴う場合ですが、47条３項は、「検索」を伴わないとしても、権利制限の対象であるという違いがあります。

　また、47条３項は、美術の著作物等に限定されているという違いもあります。同項に当てはまる利用行為で、所在情報の提供が「検索」を伴う場合は、47条３項と47条の５の両方が適用（重畳適用）されます。

◇「ただし書」（著作権者の利益を不当に害しないこと）（要件❺）

　インターネットによる情報提供ですから、いわば「館外」における利用といえます。著作権者の利用市場との衝突の有無を考慮するならば、コピー制限等を付けないままサムネイルの解像度以上の画質とすることは、「ただし書」との要件に抵触する可能性があります。

【ひとくちメモ】

★47条ガイドライン

　美術や写真の関連団体（一般社団法人日本美術家連盟、一般社団法人日本美術著作権連合、一般社団法人日本写真著作権協会、公益財団法人日本博物館協会、全国美術館会議、一般社団法人日本書籍出版協会の6団体）により、47条ガイドラインが策定されています。正式名称は、「美術の著作物等の展示に伴う複製等に関する著作権法第47条ガイドライン」（平成31年1月22日策定）です。

　同ガイドラインでは、施設内利用か否かで、原作品展示物のデジタル画像の扱いを別にしており、原作品展示物を展示する美術館・博物館の施設内での利用については、細部の拡大や施設内での複数同時の上映も認める一方、観覧者に配布したり、施設外で利用したりする場合は、サムネイルの解像度（同ガイドラインでは3万2400画素以下と指定）とすることを求めています。

（5）オークション等における美術・写真の画像掲載（47条の2）

> 【ツボ#20】美術や写真をオークションに出品等する場合に、画像を掲載することができます。

◇47条の2：オークション等における美術・写真の画像掲載の概要

　インターネットオークションや通信販売等において、「美術」や「写真」の著作物の画像を掲載することが認められています。

　具体的には、美術や写真の著作物について、その原作品又は複製物の所有者等（譲渡又は貸与の権原を有する者）が、その原作品又は複製物

をオークションに出品等をして、適法に譲渡・貸与しようとする場合に、その者やオークション業者等は、譲渡や貸与を行うために必要な限度において、画像をコピーしたり、インターネット上で利用したりすること等（複製又は公衆送信）が認められています。

【ひとくちメモ】

★47条の2の利用条件

　利用に当たっては、著作権者の利益を不当に害しないようにする措置が求められています。具体的には、政省令で定められており、基本的には、独立して鑑賞に堪え得るような精細度は認めないという考え方を基本とし、画素数を3万2400以下（デジタル方式で公衆送信する場合には、複製防止措置を付ける場合は9万画素以下）とすること等が求められています（施行令7条の3、施行規則4条の2）。

　また、この規定により作成した複製物の目的外利用は禁止されているとともに（47条の7、49条）、出所の明示が求められています（48条）。

（6）コンピュータ・プログラムの複製物の所有者による必要な複製（47条の3）

> **【ツボ#21】** コンピュータ・プログラムの複製物の所有者は、コンピュータの実行に必要な複製（インストール等）を行うことができます。

◇47条の3：コンピュータ・プログラムの複製物の所有者による必要な複製の概要

　コンピュータ・プログラムの所有者は、プログラムの滅失毀損に備えた保存用のバックアップや、コンピュータで実行するために必要なハードディスク等へのインストールなど、自分自身がコンピュータで利用するために必要な限度内で、複製することが認められています。

　また、「翻案」利用も認められているので（47条の6第1項6号）、ソース・コードからオブジェクト・コードへの変換等も可能です。

229

【ひとくちメモ】

★47条の3の利用条件

　47条の3は、所有者自身が利用するために「必要と認められる限度」で複製等を認める規定です。所有者が他人に利用させるために複製したり、会社がコンピュータ・プログラムを1つだけ購入したりして、社内の複数のコンピュータにインストールすることは認められません。また、「所有者」であっても、違法に複製されたものであることを知りながら取得して業務上コンピュータで使用する場合は、権利制限の対象ではありません〈113条5項によって、著作権の侵害行為であるとみなされています〔⇒後述：13章2(2)（みなし侵害）〕〉。また、複製物の目的外利用は禁止されています（49条）。47条の3により作成した複製物について、公衆への譲渡や頒布、公衆への提示を行った場合（49条1項4号）や、「滅失」以外の理由によって所有権を失ったにもかかわらず複製物を保存している場合（47条の3第2項及び49条1項5号）は、複製権の侵害であるとみなされます。

7．「放送局」関係（カテゴリー⑩）

【ツボ#22】放送局や有線放送局は、自らの放送・有線放送のために、他人の著作物を一時的に固定することができます。

◇44条（放送・有線放送のための一時的固定）の概要

　放送局（放送事業者）や有線放送局（有線放送事業者）は、適法に放送や有線放送をすることができる著作物を、自らが放送・有線放送を行うために、一時的に録音・録画（固定）することが認められています。

　また、「放送」については、ネットワーク局がキー局の人的・物的手段を使って一時的固定を行うことも認められています。令和3（2021）年改正により、放送の「同時配信等」のための一時的固定も、権利制限の対象に加わりました〔⇒9章5(3)参照〕。

　また、一時的固定を行ったもの（録音物・録画物）は、公的な記録保存所（政令指定）において保存する場合を除いては、原則として、6カ月を超えて保存することはできません（44条4項）。

【ひとくちメモ】

★実演の場合との違い

　「実演」（著作隣接権の対象の一つ）については、この規定に加えて（102条1項で準用）、「放送のための固定」が広く認められています〔⇒後述：93条〈14章3(2)参照〉〕。

ナビゲーション	＞＞　現在の進捗状況と次の目的地　＞＞

スタート　＞＞ ＞＞ ＞＞ ＞＞ ＞＞ ＞

著作者

お疲れ様でした！
ココまでできましたね！
花びらはあと1枚だけ！

ゴール

1章	2-3章	4章	5-7章	8-10章	11章	12章	13章	14章	15章
著作権法とは	著作物	著作者	権利内容	権利制限	保護期間	利活用	侵害	著作隣接権	国際条約

Shiro's Relax Column

本気で無邪気に

　小さい子どもとの触れ合いは、良いものです。というのも、周囲に「子どもと遊んでいる」というオーラを放ちつつ、実は目一杯、自分（大人）が楽しんじゃうことができるからです。

　例えば、童心に帰って、子どもと走り回って無邪気に遊んだり、一緒に自然観察をしたり、あるいは、「人形劇して！」「お話しして！」といった、子どもからの機関銃のようなリクエスト「口撃」にもめげず、ネタが尽きながらもデタラメ話を何とかひねり出し、「ギャハッ！」と笑わせたりすることを何度となく繰り返しているうちに、自分の心が軽くなり、また、優しい気持ちになれることを実感します。

　それに、子どもと自分は違う人格ですから、一人ひとり、素晴らしい魅力を持っている。そして、そこが面白く、素敵なことですね。子どもの存在は、大人にとっても、自分の「幅」を広げてくれる存在でもあります。

　私の場合は、例えば、キノコ。私にとってキノコは、かつては、「おいしいもの」でしかありませんでしたが、我が子が関心を持ったことで、状況が一変。子どもの求めに応じ、カメラで激写したり、子どもの話について行くべく、図鑑で調べること等を繰り返す中で、まあまあ詳しくなったのです。近所の公園でかわいいアミガサタケを見つけたときや、高尾山でタマゴタケの幼菌を見つけた時は、思わず、我が子を差し置いて、一人ではしゃいでおりました。

　やはり、何歳（いくつ）になっても、新しいことに関心を持って取り組むこと、そして、「人生を楽しむ」気持ちを持ち続けることは大切ですね。

　ちなみに、本書中の【著作権の花】のイラストや第13章のハサミのイラストは、このような、子どもとの関わりを通じて鍛えた空想力（妄想力？）で、楽しんで作ったものです！

第11章　保護期間

主な関係条文：1条、51〜54条、56〜60条、116条

1. 総合案内ⓘ（イントロダクション）

　著作権の保護は、永遠に続くものではありません。著作権には「**保護期間**」（存続期間）があります。保護期間が切れている著作物は、自由に利用することができます。その意味で、保護期間は、権利制限等と並び、保護と利用のバランスを図る重要な役割があります。

　というわけで、この章では、【著作権の花】の4つ目の花びらである「保護期間」を見ていくことにしましょう！

　保護期間は、「著作者人格権」と「著作権（財産権)」とでは、扱いが異なっており、原則として、次のとおりです。

　　著作者人格権　　　➡著作者の生存期間中
　　著作権（財産権）　➡著作者の生存期間中＋死後70年まで

　ただし、著作者人格権は、著作者の死亡後であっても、実質的に「**孫の代まで**」保護されるといえることや、**著作権（財産権）**は、無名・変名の著作物や団体名義の著作物などの保護期間は、「**公表後70年**」であることなど、例外もあります。

　また、このほかに、「**戦時加算**」など、特別の規定もありますので、これらについても、ザッと取り上げていきます！

233

2．「保護期間」の考え方

(1) 趣旨

> 【ツボ#1】保護期間は、権利の保護と利用のバランスを通じて
> 「表現の自由」を保障する仕掛けです。

◇「保護期間」は何のためにある？

　著作権法は、著作者の権利を定める法律です。そして、著作物の「公正な利用に留意しつつ、著作者の権利の保護を図り」、それによって「文化の発展に寄与することを目的」としています（1条）。

　仮に、著作権に「保護期間」がなく、永久に保護されるとするならば、著作者の権利の保護強化につながる半面、第三者は、その著作物（創作的表現）を、いつまでたっても自由に利用できません。

　では、逆に、第三者が、著作物の著作者の了解を一切取る必要がなく、完全に自由に利用できるとするほうが、よさそうでしょうか？

◇「俺のものは俺のもの、皆のものは皆のもの」との発想が基本

　他人の著作物を完全に自由利用できるということを推し進めるなら、自分が作った著作物であっても、他人による自由利用は大歓迎（全ては皆のもの！）という社会を目指すことになると思います（この点、逆に、「俺のものは俺のもの、お前のものも俺のもの！」という発想もあり得ますが、マンガのセリフであればともかく、通常は単なるワガママとして、広くは受け入れられないでしょう）。

　そして、そのように、世の中の誰しもが、自分が作ったものはみんなでシェアしたい、自由に使ってほしいと願う人ばかりであって、全ての人が、そのような意識の下、日々、新しく創作し続けるのであれば、そのまま放っておいても、文化の発展はどんどん進みそうです。

　しかし、果たして、多くの人がそのように考え、そのように行動する

でしょうか？

　実際は、「お前のものはお前のもの、俺のものは俺のもの」というのが、現実的で自然な発想ではないかと思います。せっかく作っても、勝手に他人に使われてしまうのでは、新たな創作意欲は失せてしまう可能性が高いといえます。

　そこで、著作権法は、このような発想を前提にしつつも、さらに、「皆のものは皆のもの」という発想も取り入れることで、保護と利用のバランスを図っているのです。

◇「保護期間」は「表現の自由」につながる仕掛けである

　著作権法1条にあるように、「文化の発展」には「適切な保護」と「円滑な利用」のバランスを図ることが重要です。著作権法は、そのための仕掛けを随所に盛り込んでおり、その一つが、保護期間です。

　著作権法は、著作者に「創作的表現」（著作物）について一定の独占権を付与する仕組みにより、**著作者の表現活動を促進**する側面があるとともに、「アイデア」の自由利用のほか、保護期間経過後はパブリック・ドメインに入ることとして、著作物の自由利用が可能な状態を確保し、利用者の「表現の自由」を保障する側面があります。

　パブリック・ドメインは、いわば「皆のものは皆のもの」という発想にほかならないといえるでしょう。

```
【ひとくちメモ】
★「保護期間」と「存続期間」
　著作権上、「保護期間」と「存続期間」の2つの用語が登場しますが、実質的には同じです。一般用語としては「保護期間」を用い、特に、「権利」の存続というニュアンスを出す場合に「存続期間」が使われています。
　したがって、通常は、「著作権の保護期間」ではなく、「著作権の存続期間」という言い方になりますが、「著作権の保護期間」という言い方をした最高裁判決もあります。「それはどの判決か答えなさい！」なんて、『著作権法オタク検定』なるものがあるとすると、これも出題ポイントかも!?
```

（2）適切な長さの保護期間とは？

> 【ツボ＃2】どれくらいの長さの保護期間が適切かは、悩ましい
> ところですが、「孫の代まで」がスタンダードです。

◇ベルヌ条約における扱い

　保護期間として、どのくらいの期間が適切でしょうか。

　この点、著作権（財産権）について、著作権に関する基本条約である
ベルヌ条約は、「著作者の生存の間＋死後50年」を最低水準として定め
ています〈ベルヌ条約7条(1)〉。日本もこれに従い、従来は著作者の
「死後50年」が経過するまでを、保護期間と定めていました。

◇TPP協定と保護期間の延長

　他方、著作権（知的財産権）は、通商交渉において重要な位置づけを
占めるようになってきました。また、米国や欧州諸国など、著作権の存
続期間を、「死後70年」とする国が増えてきています。このような状況
の中、国際的な制度調和を図る観点から、TPP協定（環太平洋パート
ナーシップ協定）の締結に際し、日本も保護期間を「死後70年」等に延
長しました（TPP整備法：2018年12月30日施行）。

◇著作権の存続期間は「孫の代まで」がスタンダード

　「死後50年」や「死後70年」の根拠として言われることが多いのは、
「孫の代まで」ということです。

　日本では奈良時代（723年）に「三世一身の法」がありましたが、同
じような発想は、世界でも見られるということかもしれません。EUでは、
「孫の代まで」という発想を前提としつつ、「死後50年」から「死後70年」
に延長した理由として人の寿命が延びてきたことを挙げています〈保護
期間調和指令（1993年）（93/98/EEC）前文(5)〉。

　次に、著作者人格権の存続期間を見てみましょう。

3.「著作者人格権」の存続期間

(1) 原則（著作者の生存期間中）

> 【ツボ#3】著作者人格権の存続期間は、「著作者の生存期間中」です。

◇著作者人格権の存続期間は、原則として「著作者の生存期間中」

　著作者人格権と著作権（財産権）とでは、権利が存続する期間が異なります。両者は、権利の性格が違うからです。先ほど紹介した「死後70年」というのは、著作権（財産権）を巡る議論です。

　それでは、「著作者人格権はどうなのだ？」ということになりますが、著作者人格権は、著作者の人格的利益を保護する権利であり、「著作者」だけが持つ権利（一身専属の権利）です（59条）。ということは、その「著作者」が生きている間が、権利の存続期間ということです。著作者の死亡により、著作者人格権は消滅します。

(2) 著作者の死後であっても実質的に保護される

> 【ツボ#4】著作者人格権は、著作者の死後であっても、「孫の代まで」実質的に保護される。

◇著作者の死後であっても、人格的利益の侵害は禁止

　実は、著作者の死後であっても、著作者人格権は、実質的には保護されます。著作権法は、著作者の死後（職務著作により法人が著作者である場合は、法人の解散後）であっても、著作物を公衆に提供・提示する者は、「著作者が存しているとしたならばその著作者人格権の侵害となるべき行為をしてはならない」としています（60条本文）。

　しかし、著作者はもう亡くなっていますので、「侵害となるべき行為」がある場合に、誰が「やめろ！」などと主張できるでしょうか。

　この点について、著作権法は定めを置いており、著作者の「遺族」（配偶者、子、父母、孫、祖父母、兄弟姉妹の順）が、差止請求や、故意・過失がある者に対して名誉回復等の措置の請求を行うことができるとしています（116条1項及び2項）。

　また、このような請求をすることができる者として、著作者は、遺言により、遺族以外の者（例：財団法人等）を指定することもできます。ただし、この場合、その者が請求を行うことができるのは、著作者の死後70年までです（116条3項）。

　結局のところ、著作者人格権は、著作者の死後であっても保護されますが、永久に保護されるわけではなく、著作者人格権についても、**実質的に、「孫の代まで」保護されている**ということができます。

【ひとくちメモ】
★遺族による差止請求等ができないケース
　遺族は、「その行為の性質及び程度、社会的事情の変動その他によりその行為が当該著作者の意を害しないと認められる場合」は、差止請求等を行うことはできません（60条ただし書）。

4．「著作権」の存続期間

(1) 原則（著作者の死後70年）

> **【ツボ#5】著作権の存続期間は、「著作者の生存の間＋死後70年」が経過するまで。これが原則です。**

◇著作者の存続期間は、原則として「著作者の死後70年」

　著作権（財産権）の存続期間は、「著作者の生存の間＋死後70年」（を経過するまでの間）が原則です（51条2項）。著作権は、創作すれば権利が自動発生することから（17条2項：無方式主義）、存続期間は、「創作の時」からスタートします（51条1項）。

　ただし、保護期間の終期の計算は、著作者の死亡時の「翌年から起算」します（57条）。すなわち、「死後70年」の計算は、死亡した特定の年月日ではなく、翌年の１月１日から計算します。例えば、著作者が1980年３月２日に死亡した場合、その著作権の存続期間は、1981年１月１日から70年後である2050年12月31日までです。

　こうして、死亡の具体的な月日は関係なく、亡くなった「年」さえ分かれば、それに「70年」を足した年（この例の場合は「1980＋70」年）の年末（12月31日）が、保護期間の終期（満了日）となります。

【保護期間満了日の計算方法】
　年（YEAR）:「著作者が死亡した年」＋「70年」
　月日（Month／Day）:「12月31日」（大晦日）

◇共同著作物の場合

　「共同著作物」の場合の「死後70年」の考え方は、複数存在する共同著作者のうち「最終に死亡した著作者」の死亡を基準とします（51条２項括弧書）。それぞれの著作者の寄与が一体となって、切り離すことができないという共同著作物の性格を踏まえた扱いです。

◇二次的著作物の場合

　著作権の存続期間は、著作物ごとにそれぞれ独立して進行するものですが、二次的著作物の場合は、その元となった原著作物と同一の表現については、その著作権の存続期間は、原著作物の著作権の存続期間によります。「二次的著作物のうち原著作物と共通する部分は、何ら新たな創作的要素を含むものではなく、別個の著作物として保護すべき理由がないから」です〈ポパイ・ネクタイ事件最高裁判決（再掲）参照〉。

(2) 例外（「公表後70年」となる３つの場面）

> 【ツボ＃6】「無名・変名」の場合の存続期間は、「公表後70年」
> です（例外①）。

◇無名・変名の著作物（実名ではないもの）は「公表後70年」（52条）

　著作物のうち、著作者名の表示がない（無名）ものや、実名ではない
ペンネーム等（変名）ものは、著作者が特定できないため、「死後70年」
がいつなのかが分かりません。このため、「公表」時点に着目し、保護
期間は「公表後70年」とされています。ただし、「公表後70年」が経過
するまでに「死後70年」が経過していると認められる場合には、「死後
70年」でカウントされます（52条1項ただし書）。

　また、以下の場合には、原則どおり「死後70年」までとなります。

【「死後70年」の原則に戻るケース（52条2項）】
　　1号：変名＋周知〈ペンネーム等であるが、著作者が誰であるかが広
　　　　　く知られている場合です［例：三島由紀夫（作家）、かこさと
　　　　　し（絵本作家・児童文学者）、久石譲（作曲家）］等〉
　　2号：実名の登録〈公表後70年までに実名が「登録」された場合です。
　　　　　登録事務は文化庁が行っています〔⇒後述：12章4〕〉
　　3号：実名の表示又は周知の変名の表示〈公表後70年までに、実名や、
　　　　　広く知られている変名を著作者名として表示して、その著作
　　　　　物を公表した場合です〉

> 【ツボ＃7】「団体名義」の場合の存続期間も、「公表後70年」で
> す（例外②）。

◇団体名義の著作物も「公表後70年」まで（53条）

　著作者は、生身の人間である「自然人」が原則ですが、職務著作が成
立する場合には、例外的に「法人」が著作者となります（15条）。

　しかし、法人には「死亡」は当てはまらないため、その保護期間は、「公表後70年」とされています（53条1項）。

　なお、自然人である著作者が、当初は団体名義で公表していた場合でも、公表後70年（創作後70年）内に「実名の表示又は周知の変名の表示」をして著作物を公表した場合には、原則どおり、「死後70年」に戻ります（53条2項）。

【ひとくちメモ】

★公表されない著作物の扱いは？

　「創作後70年」以内に公表されない場合の保護期間は、「創作後70年」です（53条1項括弧書）。また、プログラムの著作物の場合は、団体名義での公表は職務著作の要件とはされていないため（15条2項）、団体名義での公表がない場合であっても「団体名義の著作物」とみなされ、保護期間は「公表後70年」です（53条3項）。

【ツボ#8】「映画の著作物」の場合の存続期間も、「公表後70年」です（例外③）。

◇映画の著作物（54条）

　映画の著作物は、著作者が複数人いることが想定されます（16条参照）が、権利関係を明確化し、映画作品の利用の円滑化を図る観点から、その保護期間は、「公表後70年」とされています（54条1項）。

【ひとくちメモ】

★公表されない映画の著作物の扱いは？

　団体名義の著作物の場合と同様です。「創作後70年」以内に公表されない映画の著作物の保護期間は、（「公表後70年」ではなく、）短いほうの期間である「創作後70年」になります（54条1項括弧書）。

★映画の著作物の存続期間満了後の原著作物の著作権はどうなる？

　映画の著作物の著作権が、存続期間の満了によって消滅したときは、原

著作物（小説や脚本等）の著作権は、その映画の著作物の利用に関しては、映画の著作物とともに消滅します（54条2項）。

　原著作物は、二次的著作物である映画の著作物に溶け込んでいることから、その意味で、親ガメ（映画の著作物）がコケたら、子ガメ（原著作物）もコケる…といったイメージです。他方、映画の著作物において複製されている音楽や美術の著作物は、この規定の対象外です。

> **【ツボ#9】** 一話完結ではない連載モノの場合、「公表後70年」は「最終回」の公表日の翌年からカウントします。

◇「公表後70年」の計算は、公表の「翌年から起算」する

　保護期間の終期の計算は、「死後70年」の場合と同様に、「公表後70年」（又は「創作後70年」）の場合も、「翌年から起算」します（57条）。したがって、「公表後70年」の計算は、「公表」の実際の月日は関係なく、その「年」の翌年の1月1日から計算します。公表日が、2020年2月3日であれば、「公表後70年」の保護期間の終期は、2090年（＝2020＋70年）の12月31日です。

◇「公表後70年」の「公表」時点は、継続的刊行物等の場合は特別規定あり

　「公表」の時期は、「公表権」の箇所で取り上げた4条の規定により判断されます〔⇒6章2(2)参照〕。したがって、「公衆に対する適法な提供・提示」が重要な要素となりますが、さらに、保護期間の終期の計算において、連載モノの著作物の「公表」の時点については、以下のとおりとされています（56条）。

(1) 各回完結型：冊、号又は回を追って公表する著作物
→　毎冊、毎号又は毎回の公表の時とする（1項）。
(2) 各回非完結型：一部分ずつを逐次公表して完成する著作物

→ 最終部分の公表の時（1項）。ただし、継続すべき部分が直近の公表の時から3年を経過しても公表されないときは、既に公表されたもののうちの最終の部分の公表の時（2項）。

（3）注意したい保護期間の特例

> 【ツボ#10】法改正によって保護期間が延長された場合、その時点で生きている著作権の存続期間は自動延長されますが、既に死んでいる著作権は復活しません。

◇特例その1：過去の保護期間との関係

著作権の存続期間は、旧著作権法時代においても徐々に延長され、現行著作権法でも何度か延長されています。この場合の保護期間は、改正された法律の規定が施行される日（延長規定の効力が発生する日）に、まだ保護期間内にある著作物については自動延長し、逆に、既に保護期間が過ぎている著作物については、消滅したままという扱いです。つまり、延長時点において、既に消滅している著作物（パブリック・ドメインに入った著作物）の著作権は、復活しません。

【ひとくちメモ】

★昭和28年公開映画問題

保護期間延長の基本的な考え方としては、まだ存続している著作物の保護期間は自動延長するということですが、このことについて、法律の附則規定では、「この法律の施行の際現に改正前の著作権法による著作権が存する」著作物に改正規定が適用されると定められてきました。

しかし、保護期間を延長する改正が1月1日に施行される場合、保護期間が前年の年末（12月31日）であるものは、「施行の際現に…存する」といえるのでしょうか。大晦日の年越しの時を思い浮かべてみると、新年を迎える12月31日から日付が変わるまさにその瞬間は、「12月31日」なのか「1月1日」なのか、あるいはその両方なのかが問題になり得ます。

実際、このことが、昭和28年公開の映画（『ローマの休日』『シェーン』など、有名作品も多い）について問題となりました。すなわち、映画の著

作物の保護期間は、従来は「公表後50年」でしたので、それを前提にすると、昭和28（1953）年公開の映画の保護期間は、平成15（2003）年12月31日です。他方、映画の著作物の保護期間は、平成15年の法改正（平成16年1月1日施行）によって、「公表後70年」となりましたが、昭和28年公開の映画は、この改正による自動延長の対象になるのでしょうか。

　これについて、最高裁は、同映画の著作物は平成15（2003）年12月31日の終了をもって存続期間が満了し消滅したと判断しました（最判H19. 12.18民集61巻9号3460頁〔『シェーン』ＤＶＤ事件〕）。つまり、「12月31日」はどこまでいっても「12月31日」であって、「1月1日」ではないとされたわけです。年越しそばでも食べながら、年末にこの問題をふと思い出すようになれば、あなたも立派な「著作権ツウ」です。

★これまでの保護期間の移り変わりについて知りたい方へ

　旧著作権法時代からの保護期間の変遷について、**文化庁著作権課「著作権テキスト～初めて学ぶ人のために～」**に一覧表で掲載されています（令和3年度版であれば「旧著作権法下における著作権の保護期間について」23頁）。同テキストは、文化庁ウェブサイト（http://www.bunka.go.jp）で入手可能です。

> **【ツボ#11】第二次世界大戦中の戦勝国の著作物について、その保護期間は、戦争期間分が加算されます（戦時加算）。**

◇特例その2：戦時加算

　サンフランシスコ平和条約及び同条約に基づく「連合国及び連合国民の著作権の特例に関する法律」（連合国特例法）に基づく措置です。

　第二次世界大戦の敗戦国である日本は、「戦争期間中は戦勝国の著作権を保護していなかったのだから、その分、通常の保護期間に加えて保護します」というものです（**戦時加算**）。条約関係にある連合国及び連合国民が第二次世界大戦前又は大戦中に取得した著作権について、**国によって差がありますが、10年程度加算されます**。

　具体的には、大戦前に取得した著作権については昭和16（1941）年12月8日から、大戦中に取得した著作権については著作権の取得日から、平和条約の各発効日の前日までの実日数が加算されます（連合国特例法

4条）。

　例えば、米国・英国・フランス・カナダ・オーストラリアの場合は3794日、ブラジルの場合は3816日、オランダの場合は3844日、ベルギーの場合は3910日が加算されます（なお、ロシア・中国・韓国はサンフランシスコ平和条約を批准していないため、戦時加算はありません）。

【ひとくちメモ】

★その他の保護期間の特例

◇特例その3：保護期間の相互主義（58条）

　著作権保護の一般的な国際ルールに「内国民待遇」があります。これは、外国の著作物についても、自国の著作物と同じ保護を与えるということですが、保護期間については、その例外である「相互主義」が採用されています〈ベルヌ条約7条(8)〉。いわば「お互いさま」ということであり、著作権の存続期間が長い国と短い国がある場合に、お互い、短い存続期間でのみ保護すれば足りるということです。

◇特例その4：翻訳権の10年留保（附則8条）

　旧著作権法時代の特例（旧著作権法7条）です。著作物が最初に発行されたときから10年以内に翻訳物が発行されない場合には、その翻訳権は消滅する（翻訳物が出されていない言語による翻訳は、自由にできる）とするもので、そのことをベルヌ条約上、宣言していました。なお、これも戦時加算の対象とされており、この場合、戦時加算期間に加えて、さらに6カ月を加算することとされています（連合国特例法5条）。

　ただし、この宣言は、現在の著作権法を制定した際に撤回され、現在、この特例は、現行著作権法の施行の日〈昭和46（1971）年1月1日〉より前に発行された著作物についてのみ適用されます（附則8条）。

◇特例その5：翻訳権の7年強制許諾（万国著作権条約5条）

　万国著作権条約に基づく特例です。著作物が最初に発行された時から7年以内に、日本語で翻訳物が発行されておらず（又は絶版で）、かつ、翻訳権者から許諾が得られない場合に、文化庁長官の許可を受けて、所定の補償金額を支払った上で、日本語で翻訳物を発行することができる制度です（万国著作権条約の実施に伴う著作権法の特例に関する法律5条）。

　なお、これは、万国著作権条約に基づく保護のみを受ける国の著作物について適用される制度であり、その意味で、対象となる著作物が極めて限られています。

Shiro's Relax Column

外国で日本食

　せっかく外国に行ったら、現地の食べ物を、いろいろ試してみたいですよね。でも、外国での滞在が長くなればなるほど、「胃もたれ＆気もたれ」から、無性に日本の料理が恋しくなります。しかし、外国で食べようとすると、いろいろと困難が待ち受けています。

　まず、これが日本の料理？　というのがあります。手軽に日本食をと考えて、まず目が向くのが、「TERIYAKI」。甘辛いソースで、チキンなどと共にいただくのが定番です。ただ、おいしいのですが、味付けが濃く、現地では、チキンにもご飯にもソースがたっぷりとかかったものが出てくるので、こればかりだと、すぐに飽きがきそうです（好きな方、ゴメンナサイ）。

　また、レストランで食べようとすると、値段が高い。そして、値段の割には…というものも多いです。

　となれば、自分で料理をするのが一番です。幸い、現地のアジア系のお店では、日本よりも値段は高めですが、日本の調味料も購入できます。なお、納豆は冷凍で売られています。

　また、刺し身を食べたくなったら、自分で作るのが経済的で手っ取り早いです。パリに3年間滞在していたとき、私は、週に数回開かれるマルシェで、新鮮な魚を買ってきて、家の文化包丁で、さばいていました。

　しかも、なんと、近所のマルシェでは、売られていたマグロの切り身ブロック（皮付き）のうち、トロ身が多い部位が赤身部位よりも安く売られていたのです！　日本ではあり得ないウマい話です。これは買うしかありません！

　しかし、「これはラッキー♡」と思って、足しげく通っていたところ、ある日を境に、こちらの思惑がバレたらしく、逆に値上げされてしまいました…（ガッカリ）。どうやら、魚屋さんのほうが「味を占めた」ようです。

| ナビゲーション | ＞＞　現在の進捗状況と次の目的地　＞＞ |

やったー！感激です！
おかげさまで
花を咲かせることができました！

スタート

ゴール

1章	2-3章	4章	5-7章	8-10章	11章	12章	13章	14章	15章
著作権法とは	著作物	著作者	権利内容	権利制限	保護期間	利活用	侵害	著作隣接権	国際条約

第12章　権利の利活用

主な関係条文：63〜70条、75〜88条

１．総合案内①（イントロダクション）

　前章まで、著作権が発生し、権利が有効に及ぶ範囲について取り上げてきました。【著作権の花】でいえば、各章で取り上げてきた内容を全て満たす、花の蜜のある中央部分が、権利が及ぶ範囲です。おかげさまで、これまでの学習により、花を咲かせることができました！

　さて、「花」が咲き、権利が及ぶ範囲が分かったところで、権利者・利用者双方にとっての次なる関心事項は、著作物の適切な利活用の方法です。

　【著作権の花】にモンシロチョウが飛んできて花の蜜を吸いにくる、あの楽しそうな場面です！

　具体的には、利活用の方法（花の蜜を吸う方法）として、著作権法は、**譲渡**や**ライセンス**の方法を用意しています。権利そのものを譲り渡したり（譲り受けたり）、あるいは、権利は渡さないにしても、利用について許諾する（許諾を受ける）方法です。なお、著作権法は、**出版権**という特別な利用権の設定や、裁定利用といった手段も用意していますので、本章では、それらをまとめて紹介します。

　また、無方式主義〔⇒5章2(1)〕について取り上げた際に少し登場した**登録制度**も、権利の利活用に関わりますので、あらためて本章で取り上げます！

２．利活用の方法

（1）全体像

> 【ツボ#１】利活用の主な方法は「譲渡」と「利用許諾」（ライセンス）です。

◇「譲渡」と「ライセンス」が利活用の主な方法だが、「出版権」 等も設定できる

　利活用の主な方法としては、「譲渡」と「利用許諾」（ライセンス）があります。「譲渡」とは、著作権を第三者に移転するものを指します。これに対し、「利用許諾」は、一般に、著作権を自分が保持したまま、著作物を第三者が利用することを認めるものを指します。いわば、第三者に利用権を与えるものです。

　ただし、著作権法は、出版についての特別な利用権を認めています。これを「出版権」といい、著作権者（複製権者等）が他人に対し、出版についての排他的利用権を設定するものを指します。また、利活用の他の方法としては、上記のほか、担保権である「質権」の設定も可能です。なお、権利の行使については、共同著作物等の場合、著作者全員の合意が必要であるという権利行使の特別ルールがあります。

（2）譲渡

> 【ツボ#２】著作権（財産権）は譲渡できます。その場合は、「著作者」≠「著作権者」となります。

◇著作権（財産権）は「譲渡」できる

　著作者人格権は、著作者の人格と不可分一体のものですので、譲渡することができません（59条）。これに対して、著作権（財産権）は、「全部又は一部」を譲渡することができます（61条１項）。

　著作権の譲渡は、契約によって行われ、「口頭」（口約束）でも成立します。ただし、著作権の帰属先を明確にしておくため、契約書（書面）を作成しておくことが望ましいといえます。また、「登録」しなくても譲渡することはできますが、譲渡等の移転について、**登録することにより、第三者に対抗することができます**（77条）。

　著作権の「譲渡」を受けた者は、**「著作権者」として、著作権の侵害に対して差止請求**（排他的権利の行使）**を行うことができます**。

【ひとくちメモ】
★「譲渡」によって、「著作者」≠「著作権者」となる

　著作者が著作権を「譲渡」した場合、著作者は、「著作者」の地位を維持したまま、「著作権」だけが第三者に移転することになります。すなわち、契約によって、「著作者」≠「著作権者」（「著作者＝権利者」ルールの例外）の状況が作り出されます〔⇒4章4(1)参照〕。

　「著作者」としての地位や、「著作者人格権」は、第三者に移転させることはできませんが、「著作権」（財産権）は、このように、契約によって、第三者に転々流通させていくことが可能です。なお、著作権（財産権）は、「譲渡」以外でも、相続や会社合併といった一般承継によっても第三者に移転します。

◇「譲渡」の有無が契約書に明記されていない場合は、当事者の合理的意思を解釈して判断する

　契約書において、著作権を「譲渡」する旨が明示されていれば、著作権の譲渡があると判断できますが、契約書の文言を見ても、著作権の帰属先が明確でない場合があります。この場合は、「譲渡」の有無は、当事者の合理的意思を解釈して判断されます。その際、対価の額は、重要な判断要素となります。

【ひとくちメモ】
★対価の額と譲渡の有無に関する裁判例
◇東京地判Ｓ50.2.24判タ324号317頁〔秘録大東亜戦史事件〕

➡原稿の買い取りについて、ただちに著作権の譲渡がなされたものとはいえないとしつつも、原稿１枚当たりの原稿料の支払額が、通常の印税相当額を大幅に上回るなどから、著作権の譲渡を認めました。

◇大阪地判Ｈ19.7.26平成16年（ワ）11546号〔グラブ浚渫施工管理プログラム事件〕 百選Ⅵ 96事件

➡対価の額が、本件著作物（プログラム）の複製物の一般的な販売価格（一船分200万円ないし300万円）に見合わないこと等を踏まえ、「動産であるサーバが譲渡されたからといって、その中に保存されていたプログラムについて、著作権も譲渡されたことになるものではない」としました。

【ツボ＃3】著作権の「一部」を譲渡することができます。

◇例えば、複製権や演奏権等といった支分権単位で譲渡することもできる

著作権（財産権）は、「一部」を譲渡することが認められています（61条１項）。著作権は支分権の束で構成されていますので、支分権単位で譲渡する場合のほか、さらに、各支分権についても、法律に書かれている具体的な方法〈複製であれば、「印刷」「録音」「録画」等（２条１項15号参照)〉ごとに分割して譲渡することもできます。

【ツボ＃4】「全部」の著作権を譲渡することもできます。ただし、二次的著作物に関する権利（27条・28条）を譲渡するためには、「特掲」が必要です。

◇「特掲」しないと、本当の「全部譲渡」にならない

著作権（財産権）は、「全部」を譲渡することができます。著作権は、支分権（複製権、上演権等）（21～28条）の総称ですから、「全部譲渡」という場合は、これら全ての支分権を譲渡する場合を指すといえそうです。

…ところが、必ずしもそうとばかりは言い切れません。

支分権のうち、「二次的著作物」に関する権利である27条及び28条の権利は、譲渡の目的として「特掲」されていない場合には、譲渡した者に留保されたものと推定されることに注意しましょう（61条2項）。

この規定は、著作権者に、翻案権等や二次的著作物の利用に関する権利を留保することによって、その保護を図るための規定です。

こうした規定の趣旨を踏まえると、ここで「特掲」といえるためには、「譲渡の対象にこれらの権利が含まれる旨が契約書に明記されることが必要」であり、「単に『著作権等一切の権利を譲渡する』というような包括的な記載をするだけでは足りず、譲渡対象権利として、著作権法27条や28条の権利を具体的に挙げることにより、当該権利が譲渡の対象となっていることを明記」することが求められます（ひこにゃん事件大阪高裁決定）。

したがって、27条及び28条の権利も含めて譲渡する場合には、「著作権（著作権法第27条及び第28条の権利を含む）を譲渡する」等と契約書に明記する必要があります。

○大阪高決H23.3.31判時2167号81頁〔ひこにゃん事件〕 百選Ⅵ 98事件

> 彦根市側（実行委員会）が募集し、採用した彦根城築城400年のイメージキャラクター「ひこにゃん」のイラストについて、著作権の帰属等が問題となった事案です。ただし、「著作権等一切の権利は実行委員会に帰属する」旨の契約書の記載では「特掲」があったとはいえないため、留保の「推定」が働く事案でした。
>
> しかし、大阪高裁は、「着ぐるみ等を作成する場合もある」「ＰＲ用ツール等に対して自由に使用する」等の契約書別紙の「仕様書」の文言や、彦根城築城400年のイメージキャラクターとして各種行事等で広く利用されることを予定してイラストが採用されたこと等を総合勘案し、本件各イラストに基づいて立体物を作成する権利（翻案権等）は、実行委員会に譲渡されたものと認められるとし、「この限度で、著作権法61条2項の推定を覆す事情がある」としました（個人的には、この騒動について、「ひこにゃん」自身の意見も聞いてみたいところではあります。きっと、心を傷めているに違いありません）。

【ひとくちメモ】
★61条2項（特掲なければ譲渡なし）は推定規定

　61条2項は留保「推定」であって、「みなす」規定ではありません。したがって、反証等によって、この推定が覆ることもあり、ひこにゃん事件は、まさに推定が覆された事案です。ただし、無用なトラブルを避けるためには、契約書において、扱いをあらかじめ明記しておく必要があるといえます。

　なお、無用なトラブルを避けるということでいえば、この特掲事項とともに、いわゆる「表明保証」条項を盛り込んでおくことも、一般的に行われます。これは、委託製作等により創作された著作物が、第三者の著作権等を侵害するものでないことを創作者に表明保証させ、仮にそれが真実でない場合には損害賠償の責を負わせることを約束させるような条項のことです（この点も含め、著作権契約のポイントについては、澤田将史「著作権契約のツボ」〈コピライト2021年4月号～2022年3月号に連載〉参照）。

〔⇒このほか、著作者人格権の不行使特約について、5章2(4)参照〕

◇未知の利用方法と全部譲渡

　譲渡契約後に生じた新しい利用方法（未知の利用方法）について、それも含めて包括的に譲渡したといえるかどうかについては、契約の文言、著作物等を取り巻く契約当時の状況、業界の慣行、対価の相当性等の事情を勘案して、個別に判断されます。

○東京地判H19.4.27平成18年(ワ)8752号・16229号〔HEAT WAVE事件〕 百選Ⅵ 97事件

　実演家の権利（著作隣接権）に関する事案において、契約当時には音楽配信の萌芽が既に芽生えていたこと等の事情を総合的に考慮した結果、契約書における「一切の権利」には、契約当時には立法化されていなかった「送信可能化権」も含まれると判断しました。

【特別おまけメモ！】
著作権の「消滅」

　本文中でも触れましたが、著作権（財産権）は、「譲渡」だけでなく、「相続」によっても第三者に移転します。

　他方、相続人がいない場合、民法の一般ルールでは、残余財産は国庫に

帰属すべきことになりますが（民法959条）、著作権（財産権）は、この場合には「消滅」し、誰でも自由に利用できるようになります。同様に、法人が解散し、法律上、解散した法人が持っていた著作権が国庫に帰属すべきこととなる場合も、その著作権は「消滅」します（62条）。

これ以外に著作権が消滅する場面としては、著作権の**存続期間（保護期間）が満了する場面**〔⇒11章参照〕と、著作権者自身が著作権（財産権）を「放棄」する場面とがあります。著作者人格権は「放棄」できませんが、著作権（財産権）については認められると考えられます。ただし、質権者や出版権者等がいる場合には、それらの者の承諾は必要といえます（特許法97条参照）。

なお、「放棄」による消滅について、特許権の場合は「登録」しないと効力は発生しませんが（特許法98条1項1号）、著作権については、特許権と異なり、そもそも、権利の発生に「登録」を必要とせず（特許法66条1項参照）、その**放棄についても「登録」を必要としません**（そもそも登録事項でもありません）。ただし、公的な登録簿による公示ではないことから、「放棄」といえるためには、新聞広告やインターネット上での宣言など、公衆に対して積極的な意思表示を行うことが必要と考えられます。

著作権の消滅については、以上のほかにも、「時効」との関係が問題となり得ます。一定期間、権利行使しない場合に、著作権（財産権）は消滅するか？ ということですが、そのように自動的に権利が消滅する制度的な仕掛けとして、著作権法上は「保護期間」が用意されていること等を踏まえると、著作権については、「時効」（消滅時効）によっては消滅しないと考えられます（作花450頁及び半田210頁）。

これに対して、取得時効については、必ずしも否定はされてはいないものの、取得時効の成立のためには、一般に高いハードルが課せられています。ポパイ・ネクタイ事件最高裁判決（再掲）は、「時効取得の要件としての複製権の継続的な行使があるといえるためには、著作物の全部又は一部につきこれを複製する権利を専有する状態、すなわち、**外形的に著作権者と同様に複製権を独占的、排他的に行使されている状態が継続すること**を要し、そのことは取得時効の成立を主張する者が立証責任を負う」としています。

（3）利用許諾（ライセンス）

【ツボ#5】著作権者は、第三者に利用を「許諾」（ライセンス）することができます。

253

◇第三者は、利用許諾（ライセンス）を受けることによって、権利者から、「やめろ」と言われずに利用できる

　著作権者は、第三者に利用許諾（ライセンス）をすることができ（63条1項）、利用許諾を受けた者（ライセンシー）は、支分権の範囲や利用頻度等の定めなど、「利用方法及び条件の範囲内において、その許諾に係る著作物を利用することができ」ます（63条2項）。

　それでは、逆に、ライセンスを受けずに著作物を勝手に利用した場合はどうなるでしょうか。

　著作権は、自分が創作した著作物について、排他的に利用することができる権利ですので、権利者に無断で利用行為を行う者が登場した場合、著作権者は、それをやめさせたり（差止請求）、損害賠償請求を行ったりすることができます。したがって、ライセンスを受けるということは、著作権者から、そのような差止請求や損害賠償請求を受けない地位を得ることを意味します。

　なお、譲渡の場合と同様に「口頭」（口約束）でもライセンスは可能ですが、権利関係を明確化するため、できる限り「書面」で行うことが望ましいでしょう。

◇ライセンスの「利用方法・条件」に違反した場合、差止請求も可能になるか否かは、「利用方法・条件」の性格による

　実は、ライセンス違反がある場合でも、著作権者が差止請求を行うことができない場合があります。

　それは、違反した「利用方法・条件」が、ライセンス対象の著作権の内容そのものではなく、著作権の行使の付加的な条件（例えば、著作権使用料の支払い）に違反した場合です。

　この場合、著作権（物権的な権利）の侵害とまではいえず、あくまで契約違反にとどまり、著作権者は契約関係（債権関係）にある違反者に差止請求まではできません。一方、違反した「利用方法・条件」が著作権の内容についての「利用方法・条件」である場合、著作権者は著作権の侵害を理由に、違反者に差止請求をすることができます。

【ひとくちメモ】

★送信可能化に関する利用方法・条件違反の効果

　「送信可能化の回数」と「送信可能化に用いる自動公衆送信装置」に係る利用方法・条件については、その違反があっても（契約違反となるにとどまり）、公衆送信権の侵害にはならないとされています（63条6項）。

【ツボ#6】「放送・有線放送」の利用を許諾しても、他の利用（録音・録画）を許諾したことにはなりません。ただし、「放送同時配信等」は特別の規定があります。

◇「放送・有線放送」の許諾は、「録音・録画」の許諾を意味しない

　著作権の支分権である、「放送」「有線放送」（公衆送信権）と「録音・録画」（複製権）は別の権利です。63条4項は、「放送・有線放送」の利用許諾をしたとしても、契約で別段の定めがない限り、「録音・録画」の利用許諾をしたことにはならない旨を定めています。

【ひとくちメモ】

★63条4項の趣旨

　これは、もともと、経済的に立場の弱い著作権者を保護する趣旨によるもので、立法当初は生番組の放送が多かったことに由来する規定ですが、この規定は「実演」等の利用にも準用されており（103条）、立場の弱い「実演家」（著作隣接権者の一つ）を保護する規定としての意義を有している側面が大きいと考えられます〔⇒後述：14章3(1)参照〕。

◇放送・有線放送番組で著作物が利用されることを許諾した場合、「放送同時配信等」も合わせて許諾したものと推定される

　放送・有線放送と、放送同時配信等（同時配信・追っかけ配信・見逃し配信）の権利者が、放送・有線放送番組における著作物の利用を許諾したときは、反対の意思表示がある場合を除き、その許諾には「放送同時配信等の許諾を含むものと推定」されます（63条5項）。

> **【ツボ#7】ライセンスによる利用権は、ライセンサーとの間だけの権利（債権的な権利）にとどまります。他方、出版利用に限り、物権的な権利（出版権）の設定が認められています。**

◇ライセンスによる利用権は、一般に、「債権的」な権利である

ライセンシーは、著作物を適法に利用する権利を得ますが、これは一般に、著作権者（ライセンサー）に対する「相対的」な権利（債権的な権利）にとどまります。つまり、ライセンシーは、ライセンサー以外の無関係の第三者に対して、利用権を対抗できるわけではありません。ライセンスには、大きく分けて次の2つがあります。

○非独占的ライセンス
→ライセンサーは他の者にもライセンスをすることができます。よって、特定のライセンシーだけが利用権を独占するわけではありません。

○独占的ライセンス
→特定のライセンシーだけが利用権を独占できます。これにはさらに、①ライセンサーが、他の者に同じ内容のライセンスをしない義務を負うものと、②ライセンサー自身もライセンスの範囲内の利用を行わない義務を負うものとがあります。

◇「出版権」は、「物権的」な利用権である

上記で紹介した一般的な利用権は、「独占的ライセンス」も含めて、あくまで当事者間の権利義務関係（「債権的」な権利）です。

これに対し、著作権法は、出版利用に限り、特別に「物権的」な権利（絶対的な権利）を設定することも認めています。それが「**出版権**」です。出版権者は、出版権を侵害する者に対して損害賠償請求をすることができるだけでなく、一般の利用権者と異なり、**差止請求（侵害の停止又は予防の請求）**（112条1項）をすることもできます。

【ひとくちメモ】
★出版権は、いわば「専用利用権」
　特許法では、専用実施権（77条）と通常実施権（78条）の2種類の実施権が定められていますが、債権的な権利か否かという観点でみれば、著作権法上の一般的な利用権は特許法の「通常実施権」に相当し、著作権法上の出版権は特許法の「専用実施権」に相当するといえます。

　したがって、あえて言い換えるならば、出版権は「専用利用権」、一般的なライセンスによる利用権は「通常利用権」といえるでしょう。

◇一般的な利用権のライセンシーは、著作権侵害に対して差止請求はできないのが原則

　一般的なライセンスの話に戻します。一般的な利用権の許諾を受けたライセンシーは、著作権の侵害がある場合であっても、自らの利用権（債権的な権利）を直接の根拠として差止請求をすることはできません。また、非独占的ライセンスについて、ライセンシーは利用権を独占しているわけではないため、損害賠償請求を行うこともできないと考えられます。

　他方、独占的ライセンスの場合、ライセンシーは著作権侵害により独占的利用できなくなることから、「法律上保護される利益」（民法709条参照）が侵害されたものとして、損害賠償請求権を行使することはできると考えられます（島並ほか253-255頁〔横山〕）。

【ひとくちメモ】
★債権者代位権（民法423条1項）の転用という差止請求の裏ワザ
　一般的な利用権のライセンシーは、利用権を直接の根拠とした差止請求はできないとしても、著作権者（ライセンサー）ならば、著作権の侵害者に対して著作権に基づく差止請求をすることができます（112条1項）。
　そこで、ライセンシーは著作権者（ライセンサー）が有する差止請求権を代位行使する方法が考えられます（民法423条1項の債権者代位権の転用）。
　ただし、債権者代位権は、もともと、債務者が無資力である場合に、債

権者が「自己の債権を保全するため」の制度です。転用を認める前提として、ライセンサー（債務者・著作権者）が、ライセンシー（債権者）との関係で、第三者による著作権侵害行為に対する差止請求権を行使すべき義務を合法的に負担していることを求めた裁判例があります（東京地判H28.9.28平成27年（ワ）482号〔スマートフォン用ケース販売差止等請求事件〕）。

【ツボ＃8】「著作権」が移転された場合、ライセンシーは利用権を当然に対抗できます（当然対抗制度）。

◇ライセンサーが著作権を譲渡した場合、ライセンシーは利用権を当然に対抗できる

ライセンサーが、ライセンスの対象である著作権を第三者に譲渡した場合、ライセンシー（利用権の許諾を受けていた者）は、新たに著作権者となった者に対して、利用権を対抗（主張）することができます（63条の2）。この場合の利用権の対抗において、登録等の手続きは不要です（当然対抗制度）。

また、著作権の「譲渡」の場合だけでなく、相続や破産、差し押さえ等によって著作権が第三者に移転した場合にも対抗できます。

◇ライセンシーが利用権を譲渡する場合は、著作権者の許諾が必要

ライセンシーが、利用権を第三者に譲渡する場合は、著作権者（ライセンサー）の承諾が必要です（63条3項）。適法に譲渡されると、「利用方法・条件」を含む契約上の地位が、利用権の譲受人（新たなライセンシー）にそのまま移ります。

【ひとくちメモ】
★「当然対抗」には、独占性の対抗は含まない
当然対抗が認められるのは、ライセンスに係る利用方法・条件に従って利用することができるということまでです。それ以上に、「独占的」利用

許諾であったとしても、自分以外の者には利用を行わせないという独占性まで当然対抗できることを意味するものではありません。

また、利用権を当然対抗できることに伴い、ライセンサーとしての契約上の地位が著作権の取得者に移るか否かは、個々の事案に応じて判断されます。なぜなら、「利用方法・条件」の中には、例えば、ソフトウエアの保守・修理義務など、ライセンサーであれば「誰であっても履行できる」とはいえないものもあるためです。

(4)「出版権」の設定

> 【ツボ#9】出版権は、出版に関する「物権的」な権利です。

◇出版権は、強力な利用権

「出版権」の場合、著作権者といえども設定した出版権（利用権）の範囲内では、同じ利用（出版）をすることはできません。

すなわち、出版権の設定を受けた者（出版権者）だけが、その出版を行う権利を持ちます。出版権者はまた、前述のとおり、出版権の侵害者に対して、損害賠償請求のほか、差止請求（侵害の停止又は予防の請求）等をすることが認められています（112条）。「出版権」は、このように強力な権利であることから、著作権法は、出版権の設定、出版権の内容、出版権者の義務など、特別な定めを置いています。

これらに合致しないものは、出版に関する利用許諾（通常のライセンス）として位置づけられます。

○出版に関する「利用許諾」と「出版権」の関係

	❶「利用許諾」（出版許諾） （通常のライセンス）	❷「出版権」設定
要件等	63条等	79〜88条（特別規定）
法的性格	債権的な権利（独占的ライセンスか否かで法的効果が異なる）	物権的な権利

> **【ツボ#10】紙等による出版と電子出版の2種類があります。**

◇79条：出版権の設定

　出版権を設定できる者（著作権者）は、「複製権」又は「公衆送信権」を有する者（複製権等保有者）に限ります（79条1項）。

　逆に、出版権の設定を受ける者は、対象著作物の「出版行為」（紙等による出版）又は「公衆送信行為」（電子出版）を引き受ける者です（79条1項）。ここにいう「公衆送信」として主に想定されるのは、「自動公衆送信」であり、そこには「送信可能化」が含まれます。他方、「放送」「有線放送」は対象外です。

◇80条1項：出版権の内容

　出版権の内容としては、次の2種類が定められています（80条1項）。どちらを設定するのか、両方設定するのか等について、出版権設定契約において明示する必要があります。

○1号出版権（紙やCD-ROM等による出版をする権利）
→「頒布の目的」で「原作のまま」、「印刷」等の機械的・化学的方法により、「文書又は図画として複製」する権利です（1号）。

○2号出版権（電子出版をする権利）
→「原作のまま」、著作物の「複製物を用いて公衆送信」する権利です（2号）。

【ひとくちメモ】

★「原作のまま」とは？

　「原作のまま」とは、原作を一字一句変えてはならないという趣旨ではありません。この要件は、出版権には、著作物を翻訳・翻案等をする権利（「複製権」の範囲を超える利用）は含まないことを意味するものとされています（加戸591頁）。「実質的に同一」ということです。

★権利制限規定の準用

　出版権の目的となっている著作物の「複製」や「公衆送信」について、著作権に関する権利制限規定が準用されています（86条）。

【ツボ#11】出版権者には、出版義務があります。

◇81条：出版権者の義務

　1号出版権の設定を受けた者を「1号出版権者」、2号出版権の設定を受けた者を「2号出版権者」といいます。出版権設定契約で別段の定めをしない限り、出版権者は、①原稿等を受領してから6カ月以内に出版行為（公衆送信行為）を行う義務、及び、②慣行に従い継続して出版行為（公衆送信行為）を行う義務を負います。

【ツボ#12】出版権者は、出版を独占でき、侵害に対して差止請求もできます。ただし、出版義務違反がある場合には、著作権者は出版権を消滅させることができます。

◇出版権者ができること

　出版権者は、独占的に出版を行うことができます。出版権の侵害行為に対しては、設定された出版権の内容（1号出版権・2号出版権）に応じて、損害賠償請求や差止請求をすることができます。

　このほかにも、出版権者は、①第三者への出版許諾（サブライセンス）〈ただし、著作権者（複製権等保有者）の承諾を得ることが必要（80条3項）〉をしたり、②出版権の譲渡や質権の設定〈ただし、この場合も著作権者（複製権等保有者）の承諾を得ることが必要（87条）〉をすることが認められています。

> **【ひとくちメモ】**
>
> **★出版権の存続期間は、原則として出版後３年間**
>
> 　出版権設定契約に特に定めを置かない場合には、最初の出版後３年を経過した日に消滅します（83条）。
>
> **★出版権についての「登録」制度**
>
> 　出版権の設定も含め、出版権を巡る権利の変動について、第三者に対抗するためには、「登録」〔⇒後述：本章4〕が必要です（88条）。

◇出版権設定後に著作権者（複製権等保有者）ができること

　出版権は物権的な権利です。このため、出版権を設定した**著作権者（複製権等保有者）は、特に定めを置かない限り、出版権の存続期間中は、自らが設定した出版権の内容である出版等を行うことはできません。**したがって、「出版権」の侵害によって著作権者（複製権等保有者）に損害が発生するとは考えにくく、多くの場合、**損害賠償請求をすることはできない**と考えられます。

　ただし、**差止請求は、認められる余地があります**（下記【ひとくちメモ】参照）。また、著作権者（複製権等保有者）は、出版権者が義務（81条）に違反した場合、義務違反の内容に対応し、出版権を消滅させることができます（84条１項及び２項）。

> **【ひとくちメモ】**
>
> **★出版権侵害に対する著作権者による差止請求**
>
> 　出版権の侵害が放置されてしまうと、将来、著作権者（複製権等保有者）が再び出版等をすることができる事態になったときに、支障を来すことも考えられます。したがって、そのような事態になることを回避するため、差止請求を認めておく必要がある場合があり得ます。
>
> 　特許法における専用実施権の裁判例ですが、「特許権者は、その特許権について専用実施権を設定したときであっても、当該特許権に基づく差止請求権を行使することができる」とされています（最判H17.6.17民集59巻5号1074頁〔生体高分子事件〕）。

★出版権の存続期間中に著作者が死亡した場合等の扱い

　出版権の存続期間中に著作者が死亡したり、最初の出版から3年経過した場合、著作権者は、その著作者の著作物だけを収録・編集した「全集」等を作成（複製・公衆送信）することができます（80条2項）。

◇出版権設定後に著作者ができること

　著作者の人格的利益に配慮する規定が置かれています。すなわち、著作者が著作権（複製権・公衆送信権等）を他者に譲渡した場合には、その権利（支分権）について、「著作者」は「著作権者」ではなくなりますが、この場合であっても、「著作者」は「正当な範囲」内で、著作物に修正・増減を加えることが認められています（82条1項）。

　また、そのような著作者による修正・増減の機会を確保するため、1号出版権者は、あらためて印刷行為をするたびごとに、あらかじめ著作者に通知しなければなりません（82条2項）。

【ひとくちメモ】

★著作者が著作権者（複製権等保有者）でもある場合

　この場合は、さらに強力な権利が与えられています。すなわち、著作者が、「その著作物は、現在の自分の考えとは違うので、出版したくない」など、出版されようとする著作物の内容が「自己の確信に適合しなくなったとき」は、その著作物の出版をやめさせるために、出版権を消滅させることができます。いわば、出版権設定の「撤回」です。

　ただし、これは、出版義務違反による出版権の消滅の場合とは異なり、著作者側の都合によるものですので、それによって出版権者に通常生ずべき損害をあらかじめ賠償することが要件となっています（84条3項）。

（5）担保権の設定

【ツボ#13】著作権を「質」に入れることができます。

◇66条1項：著作権を目的とした質権を設定できる

263

　著作権は、出版に関する利用権（用益権）である「出版権」だけでなく、「質権」という担保権の設定も可能です。いわゆる「質入れ」ですが、その対象は、モノではなく著作権という権利です。この場合、著作権を行使できる者は、原則として著作権者ですが、設定契約において、質権者が著作権を行使すると定めることができます。

【ひとくちメモ】

★質権者にとってのメリット

　質権者は、著作権の譲渡の対価や著作権使用料、出版権設定の対価等について、質権を行使し、優先的に弁済を受けることができます（物上代位）。ただし、これらの支払いや物品の引き渡しの前に、これらを受ける権利について、差し押さえをしておく必要があります（66条2項）。

★質権についての登録制度

　出版権の場合と同様に、著作権を目的とする質権の権利の変動（設定、移転、変更、消滅又は処分の制限）について、それを第三者に対抗するためには、登録が必要です（77条2号）〔⇒後述：本章4〕。

（6）共同著作物や共有著作権の特別ルール

> **【ツボ#14】共同著作物について、「著作者人格権」の行使は、原則として「全員の合意」が必要です。ただし、侵害に対する差止請求は、単独でもできます。**

◇共同著作物の著作者人格権の行使は、「全員の合意」が必要

　「共同著作物」の場合の著作者人格権に関する特別ルールです。共同著作物は、共同著作者の寄与分が不可分一体の著作物です（2条1項12号）〔⇒3章3(5)参照〕。

　したがって、著作者は複数人いるにしても、その著作物に表れている著作者の人格は不可分一体であることから、共同著作物の著作者人格権の行使には、（存命中の）著作者全員の合意が必要です（64条1項）。

★権利行使の「代表者」を定めることができる

　共同著作物の著作者は、その中から著作者人格権を代表して行使する者を定めることができます。

　ただし、その代表権に制限を加えた場合、その制限は、善意の第三者に対抗することはできません（64条3項及び4項）。なお、これらの規定は、次にみる「共有著作権」についても準用されています（65条4項）。

★侵害に対する差止請求は、単独でもできる

　共同著作物における著作者人格権の行使には、著作者全員の合意が必要ですが、著作者人格権の侵害がある場合に、侵害者に対して行う差止請求（112条）は、それぞれの著作者が単独で行うことが認められています（117条1項）。これは権利の保全行為を目的とするためものであり、単独で差止請求を行うことを認めても支障を来さないためです。

　他方、117条1項は、「著作権」の侵害に対し、自己の持分に対する損害賠償請求や不当利得返還請求を行えることも規定していますが、よく見ると、「著作者人格権」の侵害については、特に定めを置いていません。

　これは、共同著作物における著作者の人格は1つであると観念されるため、損害賠償等の積極的な請求は、全員による行使を原則としつつ、共同著作者の一人が侵害者であったり、死亡したりした場合など、事案に応じた合理的な判断に任せる趣旨であるとされています（加戸922-926頁）。

◇共同著作物の著作者人格権の行使について、「信義に反」する合意の妨げは許されない

　著作者全員の「合意」が必要ですが、各共同著作者は、「信義に反して」合意の成立を妨げることはできません（64条2項）。

　したがって、仮に仲が超悪くなったからといって、他の共同著作者への嫌がらせ等により、合意を妨げることは認められません。

【ひとくちメモ】
★合意成立を妨げる相手への対処法（訴訟提起）

　他の共同著作者による反対がある場合に、そのままでは、著作者人格権の行使はできません。

　そこで、著作者人格権を行使するためには、「合意を妨げられた」と主張する側は、訴訟を提起し、民事執行法177条の規定による判決（意思表

示をすべきことを被告に命ずる判決）を得て、反対著作者の許諾があった
ものとみなす取り扱い（意思表示の擬制）をする必要があります。

　なお、合意を妨げられたと主張する側が、信義則違反についての立証責
任を負います。

**【ツボ#15】共有「著作権」の行使等も、全員の賛同が必要です
が、「正当な理由」がなければ反対できません。**

◇共有著作権の著作権の行使等も、「全員」の賛同が必要

　「共有著作権」の場合の著作権の行使に関する特別ルールです。著作
権の場合、著作者人格権と異なり、譲渡や相続等によって、著作権は他
人に移転します。したがって、共同著作物の場合はもちろんのこと、そ
うでない場合であっても、1つの著作権について、複数の著作権者で著
作権を「共有」するケースが生じます。

　このように、著作権を「共有」する場合は、その著作権の行使等につ
いても、「全員」の賛同が必要です（65条1項及び2項）。すなわち、各
共有者は、「他の共有者の同意」を得なければ、その持分を譲渡し、又
は質権の目的とすることができないほか、共有著作権は、その共有者
「全員の合意」によらなければ、行使することができません。

【ひとくちメモ】
★侵害に対する差止請求等は、単独でもできる

　共同著作物の著作者人格権の場合と同様であり、各共有著作権者は、単
独で差止請求をすることができます。さらに、自己の持分に対する損害賠
償請求（民法709条）や、自己の持分に応じた不当利得返還請求（民法703
条）を行うことが認められています（117条1項及び2項）。

◇共有著作権の著作権の行使等について、「正当な理由」がない限
り、合意等の妨げは許されない

　他の共有著作権者の「同意」や「合意」が必要ですが、各共有著作者は、「正当な理由」がない限り、「同意」を拒否したり、「合意」を妨げることはできません（65条3項）。

○東京地判H12.9.28平成11年(ワ)7209号〔著作物発行同意請求事件〕

　「正当な理由」については、「当該著作物の種類・性質、具体的な内容」や「当該著作物に対する社会的需要の程度」「社会状況等の変化」「各著作者同士の関係」「当該著作物の創作への各著作者の貢献度」等の諸般の事情を比較衡量した上で、「共有者の一方において権利行使ができないという不利益を被ることを考慮してもなお、共有著作権の行使を望まない他方の共有者の利益を保護すべき事情が存在すると認められるような場合に、『正当な理由』がある」と認められます。

　本事案では、書籍（経済書）の増刷や翻訳（日本語→韓国語）を拒む共同執筆者の主張に「正当な理由」があるとされました。

【ひとくちメモ】
★64条2項との対比に注意

　64条2項（共同著作物の著作者人格権の行使）では「信義に反して」合意の成立を妨げることができないのに対して、65条3項（共有著作権の行使等）では「正当な理由」まで必要とされている点に注意しましょう。

　他の共有著作権者が反対している場合は、共同著作物の著作者人格権における場合と同様、最終的には訴訟提起により解決を図ることとなりますが、共同著作物の著作者人格権とは異なり、合意成立等に反対する側（合意を妨げる側）が「正当な理由」の立証責任を負います（立証責任の転換）。

◇「死後70年まで」の保護期間の起算点は、共同著作物の場合は、最後に亡くなった著作者を基準とする

　著作権の存続期間（保護期間）は、著作者の「死後70年まで」が原則ですが、「共同著作物」の場合には、共同著作物の著作者のうち、最後に死亡した著作者の死亡時点を基準として計算します(51条2項括弧書)。

3．権利者と利用者のマッチングの円滑化方策

(1) 全体像

> **【ツボ#16】権利者・利用者のマッチングの主な方法は、「集中管理」と「裁定」制度です。**

◇権利者と利用者のマッチングの円滑化の必要性

　著作権者が、自分が権利を持っている著作物をライセンスして、広く利活用を促したいと考えたとします。

　でも、その著作物について、誰が利用に関心があるのかを効率的に見つけ出し、その利用が著作権の及ぶ範囲かどうかを確認し、かつ、使用料の交渉を行うことは、かなり大変そうだ、ということは容易に想像がつきます。他方、一般利用者（ユーザー）にしてみれば、自分が利用したい著作物の権利者が誰で、今どこにいるのかなどは、分からないことも多いと思います。

　著作権は創作と同時に発生し、創作性レベルも問わないので、子どもから大人まで、私たちは誰しも「クリエーター」であり得ます。同時に、他人の著作物の利用は私たちの生活に欠かせないものであるため、誰もが「ユーザー」でもあります。これを踏まえて「**一億総クリエーター・一億総ユーザー**」とも言われますが、世の中は、人の数以上の「著作物」であふれています。

　したがって、「著作物」の大海原から**権利者と利用者のマッチング**を図ることが重要になってきます。その代表的な方法が「**集中管理**」であり、「**裁定**」制度（67〜70条）です。

　裁定制度は、文化庁長官が権利者に代わって許諾する（権利者にとってみれば強制的に許諾させられる）ことで、著作物を利用可能にする仕組みです。

```
【ひとくちメモ】
★クリエイティブ・コモンズ・ライセンス
　「著作物」は、自分や家族など、限られた範囲で楽しむだけのものから、
多くの人に利用してもらうことを意図したものまで、さまざまです。さら
にいえば、多くの人による利用を想定した著作物についても、全ての利用
について適正な対価を得たいと考えるもの、特定の条件を付けて自由利用
を認めるもの、完全に自由利用ＯＫであるものなど、権利者の考え方は多
様です。
　そこで、そのような権利者の意思をあらかじめ「見える化」することで、
利用者の便宜を図ろうとする動きがあります。その代表的な取り組みとし
て、「クリエイティブ・コモンズ・ライセンス」が広く知られています
（https://creativecommons.jp/licenses/）。このほか、文化庁による「自由
利用マーク」の取り組み（https://www.bunka.go.jp/jiyuriyo/）もありま
す。
```

(2) 集中管理

> **【ツボ#17】集中管理とは、特定の権利管理団体により権利処理をする方式のことです。**

◇著作権等管理団体を通じたマッチング

　集中管理とは、権利者が自らの著作物に関する著作権の管理を著作権等管理団体に委託し、その団体が、個々の権利者のためにライセンスを行う方式であり、このような団体による**集中管理**が行われることで、権利者・利用者双方にとって「マッチング」がしやすくなるというメリットがあります。

　なお、「著作権『等』管理団体」の「等」というのは、著作権だけでなく、著作隣接権も含むことを意味しています。また、著作権等管理については、著作権法とは別の法律（**著作権等管理事業法**）が用意されています。

269

【特別おまけメモ！】
著作権法上の集中処理の仕組み

　著作権法においても、権利の集中処理をする仕組みはあります。それは、権利制限の利用条件として「補償金」を課しながら（補償金付き権利制限）、その補償金の徴収・分配を特定の団体に一括処理させる仕組みです。具体的には、私的録音録画補償金制度（30条3項）や授業目的公衆送信補償金制度（35条2項）、そして、令和3（2021）年改正による図書館等公衆送信補償金がそれに当たります〔⇒9章4(1)〕。

　これらは、「補償金」ですので、「許諾権」の行使はできませんが、集中処理を行う仕組みとして位置づけることができるでしょう（なお、このほかにも、著作隣接権に係る商業用レコード二次使用料等の処理についても、特定の団体により一括処理する方式が採用されています）。

　また、さらなる派生形として、令和3年改正では、放送同時配信等に関し、著作隣接権の対象である実演やレコードについて、集中管理団体が権利処理を行っているものは集中管理（許諾権）によるとしつつ、集中管理の対象ではないものに限り報酬／補償金の支払いによる利用（許諾は不要）を認めるという、**組み合わせ型（混合型）**の仕組みも導入されました〔⇒後述：14章2(2)参照〕。

　ところで、世界に目を向けると、北欧諸国等の一部の国では、「許諾権」の行使を、特定の代表団体に一元的に集中管理させる仕組みが採用されています。これを**拡大集中許諾制度（ＥＣＬ）**といい、集中管理団体と利用者と間のライセンスの効果を、集中管理団体に権利を委託していない権利者の著作物等の利用にもそのまま及ぼす仕組みです。

　しかし、特に、大量・大規模かつ不定型な利用の場合は、一括処理のニーズも高いと考えられる一方、その実質的な内容を見ると、日本では既に個別の権利制限規定で対応しているような内容が含まれています。

　また、拡大集中許諾制度については、特定の団体（代表団体）の判断によって、その団体に権利を委託していない権利者の判断まで拘束できるとする正当化根拠についての議論のほか、そのような多様な著作物について「代表」団体は存在するのか、個別に権利行使したい権利者に対して、適切にその機会（いわゆる「オプトアウト」）を保障するにはどうすべきか、といった運用上の課題も指摘されています。

　なお、これらの制度の背景には著作物等の利用手続きの円滑化のニーズがあるといえますが、特に、権利者の所在が不明等の場合にどのように処理すべきかが問題となります。この点、次に見るように、文化庁長官による裁定制度があり、改善も進められてきていますが〔⇒後述：本章3(3)〕、全ての利用について国の行政機関が直接裁定を行うという方式には、一定の限界もあります。具体的なニーズを踏まえつつ、権利保護と利用円滑のバランスを図る方策としてはどのような措置が適当なのか、模索が続いています。

◇著作権等管理事業法の特徴：緩やかな参入規制

著作権等管理事業法〈平成13（2001）年10月1日施行〉は、著作権等の集中管理を行う団体に関するルールを定める法律です。規制緩和の動きの中で、仲介業務法（著作権ニ関スル仲介業務ニ関スル法律）が見直されたものであり、以下のような特徴があります〈著作権法令研究会編『逐条解説 著作権等管理事業法』（有斐閣、2001年）32-41頁等参照〉。

○緩やかな参入規制

管理事業について「許可」制から「登録」制へ、使用料規程については「認可」制から「届出」制へと変わりました。

○対象分野・種類の限定なし

参入規制の対象は、従来は、小説、脚本、音楽（楽曲を伴う歌詞及び楽曲）の3分野に限定され、許可された団体は4団体だけでした。現在は、分野限定が撤廃されるとともに、著作権だけでなく、著作隣接権も参入可能です。

○規制対象は「一任型」のみ

使用料の額の決定が、管理団体に任せられているもの（一任型）に限定されています。管理委託契約には、「信託」型と「委任」型があり、著作権等の権利を移転するタイプの契約が「信託」型、そうでないものが「委任」型です。「信託」型は、管理団体自身が権利者として、侵害者に対し、自ら訴訟を起こすことができます。著作権等管理団体として有名な一般社団法人日本音楽著作権協会（JASRAC）は「信託」型です。

○権利委託者及び利用者の保護のための規定も整備

管理事業者による利用応諾義務や情報公開、使用料規程に関する協議・裁定制度等が導入されています。

【ひとくちメモ】
★日本では「プラーゲ旋風」がきっかけ

　著作権法に関する基本条約はベルヌ条約ですが、日本がこの条約に加入したのは明治32（1899）年のことです。同年に、現在の著作権法〈昭和45（1970）年制定〉の前身である旧著作権法が制定され、これによって近代的な著作権法整備が整いました。

　しかし、その一方で、日本国内における著作権の順法意識は依然として低い実態があり、そうした中で起きたのが「プラーゲ旋風」です。昭和6（1931）年ごろ、日本に住んでいたドイツ人のウィルヘルム・プラーゲ氏が音楽の著作権の管理をスタートさせ、外国の著作権団体の代理人となって日本における無断利用に対して強力な取り立てを行い、高額な使用料を請求し、大きな騒ぎとなりました。

　プラーゲ氏は、昭和12（1937）年に大日本音楽作家出版者協会を設立して、日本人の作詞家・作曲家の著作権の管理も始めました。

　そこで、このような動きの中、著作権管理の必要性が認識されて制定されたのが「仲介業務法」〈昭和14（1939）年制定〉です。日本において著作権管理団体に関する法整備が行われたのです。これは、いわば「日本人による」著作権管理を狙った強い参入規制であり、著作権の管理業務を行うためには、文化庁長官の「許可」が必要とされました。プラーゲ氏による管理団体は許可されず、その後、解散します。

　プラーゲ氏による厳しすぎる取り立ては、日本人による大きな反発を招きました。ただし、ショック療法的な側面はありますが、「著作権」の存在と適正管理の必要性を日本人に周知し、著作権制度を日本に定着させる意義はあったように思います。他方、旧附則14条は、プラーゲ旋風に対する対抗策として導入された旧著作権法30条1項8号が、現在の著作権法においても「当分の間」廃止されずに残されていたものです〈⇒7章3(1)参照〉。

　こうしてみると、功罪を含め、プラーゲ旋風は、大きな影響を残したことが分かります〈半田26頁・269頁及び大家重夫『ニッポン著作権物語－プラーゲ博士の摘発録』（出版開発社、1981年）等参照〉。

（3）裁定制度

【ツボ#18】裁定制度は、文化庁長官が権利者に代わって許諾をすることで、著作物等を利用できるようにする仕組みです。

◇3つの裁定制度（一種の強制許諾の仕組み）

　裁定制度には、以下の３つがあります。いずれも文化庁長官に申請し、その裁定（許諾）を得て、かつ、文化庁長官が定める額の補償金を支払うことで、他人の著作物を利用することができます。

①著作物を利用したいが、権利者と連絡が取れない場合（67条）
②著作物を放送したいが、権利者との協議が不調である場合（68条）
③販売から３年を経過した商業用レコードに入っている音楽を使って、別の商業用レコードを作りたいが、権利者との協議が不調である場合（69条）

【ツボ#19】相当な努力を払っても権利者と連絡が取れない場合は、文化庁長官から裁定を受け、補償金を供託することで、著作物を利用できます。

◇権利者不明等の場合における著作物の利用（67条）

　著作権者の不明その他の理由により相当な努力を払ってもその著作権者と連絡を取ることができない場合に、文化庁長官の裁定を受け、かつ、通常の使用料に相当する額として文化庁長官が定める補償金を法務局に供託することで、その裁定で示された方法により利用することができる制度です。以下の要件を満たす必要があります。

❶利用対象：「公表された著作物」又は「相当期間にわたり公衆に提供・提示されている事実が明らかである著作物」
❷利用場面：「著作権者の不明その他の理由により相当な努力を払ってもその著作権者と連絡が取れない場合」
❸利用条件１：「文化庁長官の裁定」を受けること
❹利用条件２：「文化庁長官が定める額の補償金を著作権者のために供託」すること
❺利用条件３：「裁定に係る利用方法」によること

【ひとくちメモ】

★権利者不明著作物等の裁定利用の具体例

　国立国会図書館関係（近代デジタルライブラリー事業でのネット配信
等）での利用が圧倒的に多いところですが、実績としては、ほかにも大学
入試の過去問集作成における英語の問題の利用、過去のテレビ番組の
ＤＶＤ化等における実演の利用（ＤＶＤ化等）、過去の書籍の復刻版作成
における写真等の利用などがあります。

　なお、文化庁は「裁定の手引き」を作成・公表しており、文化庁ウェブ
サイト（https://www.bunka.go.jp/）から入手できます。

★「オーファン・ワークス」という呼び方

　権利者不明の著作物は、一般に「孤児著作物」（orphan works：オー
ファン・ワークス）と呼ばれることが多いです。ただ、「孤児」という言
葉の語感や、そもそも生みの親と子とでは人格が異なることを踏まえると、
この呼称には違和感を覚えます。「孤児著作物」ではなく、「迷子（の）著
作物」と呼んだほうがよいかもしれませんね。

　ちなみに、呼称といえば、「裁定」（さいてい）って、言葉の響きが残念
ですよね。これは法律用語なので仕方ありませんが、せめて心の中では、
「最高の裁定制度」と呼ぶことにしましょう！

**【ツボ#20】文化庁長官へ裁定申請中だとしても、担保金を供託
することで、著作物を利用できます。**

◇裁定制度の改善：裁定申請中の著作物の利用（67条の2）等

　なんと、67条の裁定申請中であっても、権利者不明の著作物を利用す
ることができます（67条の2）。ただし、文化庁長官が定める額を「担
保金」として供託することが必要です。平成21（2009）年度に導入され
た制度です。

　なお、申請中の利用者が、その後に「裁定」（67条）を受けた場合、
既に供託した担保金額（67条の2）が裁定による補償金額（67条）を上
回っている場合には、あらためて「補償金」（67条）を供託する必要は
ありません（逆に、超過分は取り戻すことができます）。

【ひとくちメモ】

★裁定利用のための「相当な努力」の内容

「相当な努力」と認められるには、以下（❶〜❸）の全てを満たすことが必要です。

❶権利者情報を掲載している資料の閲覧

広く権利者情報を掲載していると認められる刊行物の閲覧やインターネット検索（ただし、過去に裁定を受けた著作物等は、文化庁ウェブサイトにある「裁定実績データベース」の活用で代替できます）。

❷権利者情報を保有している者への照会

広く権利者情報を保有していると認められる著作権等管理団体や関連団体への照会（ただし、過去に裁定を受けた著作物等は、文化庁の「裁定実績データベース」の活用で代替できます）。

❸公衆に対する権利者情報の提供の呼び掛け

日刊新聞紙への広告掲載又は公益財団法人著作権情報センターのウェブサイトへの広告掲載（7日）

★一定の主体は、事前供託が不要（後払いでOK！）

国や地方公共団体及び独立行政法人等については、補償金や担保金を事前に供託する必要はなく、権利者と連絡が取れた際に、補償金を直接支払えばよいとされています（67条2項等）。

4．登録制度

（1）意義

【ツボ#21】登録しなくても、著作権は自動的に発生しますが、登録しておくと、保護の強化につながります。

◇登録制度は、事実関係の公示や取引の安全の確保のための制度

既に見てきたように、著作権は、創作と同時に自動的に発生しますので（無方式主義）、権利の発生及び行使において、「登録」は不要です。著作権の「譲渡」についても「登録」は必要ありません。

　しかし、著作権者から自分が権利を譲り受けた後に、譲渡人（元の著作権者）が、他者にも著作権を譲渡（二重に譲渡）してしまった場合、「自分」（第一譲受人）は、その「他者」（第二譲受人）に対して、自分が権利者であると正当に主張できるでしょうか？

　登録制度は、このような場面において威力を発揮します。著作権法上の登録制度は、著作権に関する一定の事実関係の公示や、取引の安全の確保等のために設けられています。登録できる事項は法律で定められており、権利の移転のほか、著作者の実名等の登録も可能です。例えば、ペンネームで著作物を公表したとしても、実名を登録しておけば長い保護期間を確保できるといったメリットがあります。

【ひとくちメモ】
★登録したい場合は文化庁等への申請が必要
　登録は、文化庁長官が著作権登録原簿に記載・記録して行いますので、登録したい場合は申請が必要です〈ただし、プログラムの著作物に限り、一般財団法人ソフトウェア情報センター（SOFTIC）が登録事務を担当しています（根拠法：プログラムの著作物に係る登録の特例に関する法律）〉。
　なお、文化庁は「登録の手引き」を作成・公表しており、これも文化庁ウェブサイト（https://www.bunka.go.jp/）から入手できます。

（2）登録の種類・効果等

【ツボ＃22】何でもかんでも登録できるわけではなく、「実名の登録」など、登録できるものは決まっています。

◇登録できるのは大きく分けて5種類
　登録できるものは、以下の5種類です。それぞれ効果が異なります。
①実名の登録（75条）
・登録申請できる者：無名又は変名で公表された著作物の著作者
・登録の効果：登録原簿に公示されている者が、その著作物の著作者

と「推定」される

→ 実名登録により、保護期間は「死後70年」までとなります。ただし、あくまで「推定」ですので、反証があれば覆されます。また、実名登録は「公表後70年」経過までの間に行う必要があります（52条2項2号）。

②第一発行又は第一公表年月日の登録（76条）

・登録申請できる者：著作権者又は無名・変名で公表された著作物の発行者

・登録の効果：登録原簿に公示されている年月日に最初の発行又は公表がなされたものと推定される

③創作年月日の登録（76条の2）

・登録申請できる者：プログラムの著作物の著作者

→ プログラムの著作物のみに認められている点に注意しましょう。プログラムの著作物は、未公表で利用される場合が多いことから、76条の登録手続き（上記②）を利用できないことに配慮し、置かれている規定です。

・登録の効果：登録原簿に公示されている年月日に、創作されたものと推定される

④著作権の移転等の登録（77条）

・登録申請できる者：著作権の譲渡や質権の設定等があった場合の登録権利者及び登録義務者

・登録の効果：権利の変動に関して第三者に対抗することができる

→ 第三者への対抗要件として登録できる「移転」について、かつては「相続その他の一般承継によるものを除く」と定められていましたが、平成30（2018）年改正でこれが削除され、現在は、（例えば、遺言によって著作権の全部を相続した場合であっても）法定相続分を超える相続分の権利主張には「登録」が必要です。

⑤出版権の設定等の登録（88条）

・登録申請できる者：出版権の設定・移転や出版権を目的とする質権の設定等があった場合の登録権利者及び登録義務者

・登録の効果：権利の変動に関して第三者に対抗することができる

→　相続についての扱いは、上記④と同じです。

【ひとくちメモ】

★プログラム登録に関する証明請求制度

　プログラム登録の利害関係者は、指定登録機関〈一般財団法人ソフトウェア情報センター（SOFTIC）〉に対し、自らが保有するプログラムと、登録されているプログラムが同一であることの証明を請求することができます〈プログラムの著作物に係る登録の特例に関する法律4条及び5条（令和2年改正で措置）〉。

　プログラムの著作物については、創作年月日の登録が可能ですので、例えば、プログラムの著作物の侵害があったとして、著作権者が相手方を訴える場合、著作権者は、同一性の証明を得ることにより、訴訟において創作年月日の立証について優位に立てる（立証負担が軽減される）というメリットがあります。

ナビゲーション	＞＞　現在の進捗状況と次の目的地　＞＞

スタート ＞＞　次は、こわーいハサミがやってくる！？　応援してください！　ゴール

1章	2-3章	4章	5-7章	8-10章	11章	12章	13章	14章	15章
著作権法とは	著作物	著作者	権利内容	権利制限	保護期間	利活用	侵害	著作隣接権	国際条約

第13章　権利侵害

主な関係条文：112〜124条、民法703〜704条、709条

１．総合案内①（イントロダクション）

　さて、いよいよ終盤に近づいてきました。これまで、何についてどのような場合に著作権・著作者人格権が働くのかについて、見てきましたが、本章は、権利の侵害について、取り上げます。

　まず、どういった場合に**権利侵害**となるか？　ですが、それは権利が及ぶ利用について、権利者に無断で利用してしまう場合です。

　いわば、ハサミが登場して【著作権の花】をチョッキン　　　してしまう場面です！

　他方、権利侵害がある場合、何が起きるのでしょうか。

　この場合、権利者は、侵害者に対して**差止請求**や**損害賠償**を求めることができ、また、侵害者には、**刑事罰**が科せられる可能性もあります。本章では、これらに関して、以下の順番で取り上げていきます！

①**直接侵害とみなし侵害**：どうなると権利侵害なのか？
②**権利侵害の救済措置**：権利侵害の場合、誰が何を主張できるか？
③**侵害主体論**：侵害者は誰か？

2．直接侵害とみなし侵害

（1）直接侵害

> 【ツボ#1】権利が及ぶ利用ではないのであれば、直接侵害には
> なりません。

◇直接侵害となる場合

　権利が及ぶ利用について、権利者に「無断」で利用すると、それが権利侵害です。権利（著作者人格権・著作権）が及ぶ利用というのは、何を指すのかは、もうお分かりですね？

　それは、以下の4つを全て満たす利用のことを指します。

①「著作物」の利用であること（2〜3章）

②「権利の内容」に当てはまる利用であること（5〜7章）

③「著作権の制限」（権利制限）に当たる利用ではないこと（8〜10章）

④「保護期間」内であること（11章）

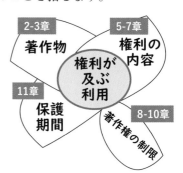

【ひとくちメモ】

★「パクった」としても、著作権侵害とは限らない

　これまで取り上げられてきたとおり、著作権法は「アイデア」ではなく、「創作的表現」を保護の対象としています。したがって、「パクった」対象が「アイデア」なのであれば、それは「著作物」の利用には当たらない以上、「著作権」の侵害ではありません。「パクリ」といっても、実は、アイデアのパクリは、著作権法上は問題にならないというわけです。アイデアと表現の区別は、何度も取り上げきましたので、ここまで読み進めてきた皆さんであれば、もう耳タコ（←言い方が古い？）ですね。

　いずれにしても、「パクリ」という言葉は、一般には、盗用等を指すと考えられますが、著作権法上の用語ではありませんので、使われる文脈などに注意して、理解するようにしましょう。

◇侵害訴訟で当事者が主張立証すべきこと

　著作権が侵害されたとして、裁判所に訴える場合、原告は、①自分が権利を有すること（＝侵害されたものが「著作物」であり、かつ、自分が「著作（権）者」であること）、及び、②相手が著作権を侵害したこと（＝相手が「権利の内容」に当てはまる利用を無断で行ったこと）等を主張立証する必要があります。

　これに対し、訴えられた被告としては、これを争う場合には原告が主張する事実を打ち消す事実を主張立証して、反論する必要があります(抗弁)。

　主な抗弁として、

　①に対しては、**著作権の消滅**（「保護期間」が過ぎていること等）や、**著作権の喪失**〈他者に譲

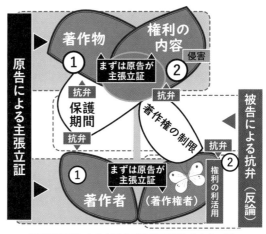

訴訟当事者による主張立証の対応関係（イメージ）

渡されていること等（⇒「権利の利活用」関係）〉があります。また、著作物性が疑われる場合は、「著作物」性を否認します。

　②に対しては、「**著作権の制限**」（権利制限規定に当てはまる利用であること）や自分がライセンスを受けていること（⇒「権利の利活用」関係）等を主張立証していきます（高部210-242頁参照）。

【ツボ＃2】❶「依拠」と ❷「同一・類似」が著作権侵害判断の重要ポイントです。

◇他人の「著作物を利用」したか否かの判断基準は、❶依拠性と、❷同一・類似性の2つに注目する

　原告が主張立証しなければいけない事実のうち、「相手が著作権を侵害したこと」というのは、「権利の内容」に当てはまる利用を無断で行ったことを意味します。具体的な権利の内容は、支分権の内容としてこれまで学んだとおりですが〔⇒5-7章〕、それらの共通の前提としていえるのは、無断で「著作物を利用」しているということです。

　その際の判断基準としては、❶「依拠」と、❷「同一・類似」という2つのポイントに注目します。

> 【ツボ＃3】依拠（アクセス等）がないのであれば、著作物を再製利用したことにはなりません。

◇依拠性（❶）

　「著作物」のところで取り上げたように、他人の著作物に「依拠」（アクセス等）せずに、たまたま同一の作品を創作したとしても、著作権法上の「複製」には当たりません。ワン・レイニー・ナイト・イン・トーキョー事件最高裁判決（再掲）は、（旧著作権法における「複製」の定義を述べた上で、）「既存の著作物と同一性のある作品が作成されても、それが既存の著作物に依拠して再製されたものでないときは、その複製をしたことにはあたらず、著作権侵害の問題を生ずる余地はない」としています〔⇒2章2(2)（創作的表現）〕。

　これは、他人の著作物と類似する作品を創作した場合も同じです。類似作品の場合は、「翻案」等の成否が問題となり得ますが、江差追分事件最高裁判決（再掲）は、「既存の著作物に依拠」して創作することを翻案の要件として明示しています〔⇒3章3(2)（二次的著作物）〕。

【ひとくちメモ】
★ワン・レイニー・ナイト・イン・トーキョー事件最高裁判決について
　同判決は、旧著作権法が適用される事案についての判決です。旧著作権法では、現在の著作権法のような「複製」の定義はありませんでした。

だからこそ、最高裁は、定義を示したのだといえますが、旧著作権法における「複製」という用語は、現在の著作権法にいう「翻案」等に相当する「改作」を含むとともに、「上演」や「演奏」等に相当する「興行」等を含む広い概念であったことに注意する必要があります（旧著作権法1条、同19条及び同30条1項7号等参照）。

そこで、あらためて最高裁判決を見ると、「複製」の定義として示されているものは、「内容及び形式を覚知させるに足りるものを再製することをいう」というものであり、現在の著作権法2条1項15号が定義しているような「有形的再製」よりも広い「再製」を含めた表現ぶりになっています。これは、上記のような前提を踏まえると、合点がいきますね。

また、このことから、依拠性の要件は、複製等の「有形的な再製」だけでなく、上演・演奏、上映、公衆送信、公への伝達、口述といった「無形的な再製」についても同様に当てはまるといえるでしょう。

他方、展示や頒布（譲渡・貸与）については、再製を伴わない利用行為であり、それ自体が依拠してされたものであるか否かは観念できない、との指摘があります（高林74頁）。

★ 「依拠」があったかどうかの見分け方

「依拠」は、他人の著作物をよりどころとすることを指しますが、「依拠」していない者はもちろんのこと、実際は「依拠」している者であってもワルな人ほど、「依拠なんかしているわけねぇだろ！」などと答えるに違いありません。

したがって、「依拠」についての直接証拠が得られない場合も多く、そのような場合には、関連する客観的な事実（**間接事実**）を踏まえて判断するという方法がとられます。

具体的には、①**アクセス機会**（⇒見たり聞いたりしたかということであり、有名な作品ほどアクセスがあったと推定されやすい。逆に、自分のほうが先に創作したという事実があるならば、依拠は否定される。このように、**創作時点の前後関係**や、**周知・著名性**〈広く知られていたか〉などが、判断材料となる）や、②**ソックリ度合い**（⇒創作的表現ではない部分も含め、類似性が高いほど、依拠が推定されやすい。誤記等の無意味な部分や特徴的な部分も含めた同一・類似性の程度が判断材料となる）などを総合的に考慮して、「依拠」の有無を認定していきます。

○東京高判H14.9.6判時1794号3頁〔記念樹事件〕 百選Ⅵ 55事件

「甲曲は、昭和40年代から乙曲の作曲された当時（平成4年）にかけての時代を我が国で生活した大多数の者によく知られた著名な楽曲であって、甲曲と乙曲の旋律の間には乙曲が甲曲に依拠したと考えるほか合理的な説

明ができないほどの上記のような**顕著な類似性**があるほか、被控訴人が乙曲の作曲以前に甲曲に接したであろう可能性が極めて高いことを示す客観的事情があり、これを否定すべき事情として被控訴人の主張するところはいずれも理由がなく、他に的確な反証もないことを併せ考えると、乙曲は、甲曲に依拠して作曲されたものと推認するのが相当である」

（なお、甲曲は「どこまでも行こう」、乙曲は「記念樹」です）

○大阪地判H21.3.26判時2076号119頁〔マンション読本事件〕 百選Ⅵ 43事件

　マンション購入希望者向けの冊子「マンション読本」用に作成されたイラストについて、他者が作成した著書中の多数のイラスト（同一コンセプトに基づき、同一の特徴を有する女性キャラクター127点）のうち、どのイラストに依拠しているのかが問題となったところ、裁判所は、「実際に依拠したイラストを厳密に特定し、これを立証する必要はな」く、いずれかのイラストに依拠していることを主張立証すれば十分であるとしました。

【ツボ＃4】「表現上の本質的な特徴」が維持され、直接感得できる場合に「同一」又は「類似」といえます。

◇同一・類似性（❷）

　創作的表現について、同一・類似性があることが必要です。これについては、「複製」と「翻案」の違いについて取り上げたことを思い出しましょう〔⇒3章3(2)(二次的著作物)〕。両者は創作的表現の追加があるかどうかで区別されますが、その前提として、「**表現上の本質的な特徴**」（の「同一性維持」と「直接感得」）があることが必要です。

　その上で、「複製」と「翻案」は、創作的表現の追加の有無で区別されます。**創作的表現の追加を伴わない利用が「複製」で、創作的表現の追加を伴う利用が「翻案」**です。

　アレンジを加えたつもりでも、その追加表現が「創作的表現」といえないのであれば、見た目が完全に同一ではないとしても、「複製」なのであって、「翻案」ではありません。

　このように、「複製」には、「完全同一」のもののほかに、前記の意味において「実質的に同一」のものも含みます。他方、同一ではないけれども「類似」の著作物を創作する行為が、「翻案」です。

　要するに、ここで「同一・類似性」としているのは、「表現上の本質的な特徴」があることを意味します。また、以上のことは、「複製」という、著作物の「有形的」な再製（2条1項15号）だけでなく、「無形的」な再製利用（上演・演奏等）にも当てはまります。

【ひとくちメモ】
★2つの著作権侵害判断手法（濾過テストと二段階テスト）

　江差追分事件最高裁判決（再掲）〔3章3(2)（二次的著作物）〕は、まず原告作品と被告作品の共通部分（同一性が維持されている表現）を特定した上で、それが創作的表現であるか否かを判断する手法を採用しました。これは一般に「濾過テスト」と呼ばれます。

　これに対して、まずは原告作品が著作物といえるかどうかを判断した上で、被告作品において、原告作品の創作的表現が再製されているか否かを判断する方法もあります（こちらは「二段階テスト」と呼ばれます）。

　この点、創作的表現ではない部分が共通しているにすぎないにもかかわらず類似性を肯定してしまうという「過ちを防ぐという点では、むしろ、濾過テストの方に分がある」（田村48頁）と考えられますが、原告作品の創作性（個性の表れ）が低いと考えられるケースの場合は、個々の表現の共通部分の抽出・比較は、そもそも難しいとも考えられます。その場合、まずは原告作品の著作物性を判断し、その中で創作的表現を特定するという判断（二段階テスト）のほうが、なじみやすいといえるでしょう。

　したがって、著作権侵害判断については、「濾過テスト」を基本として考えつつも、まずは著作物性判断を行うことが望ましい場合には、それをまず行うこととして、いずれかに固執するということではなく、事案に応じて柔軟に使い分けをするのがよいのではないかと考えられます。

【特別おまけメモ！】
「表現上の本質的な特徴」の意義

　そもそも、江差追分事件最高裁判決がいうところの、著作物の「表現上の本質的な特徴」とは何でしょうか。上記のとおり、「表現上の本質的な特徴」要件は、パロディ・モンタージュ写真事件最高裁判決も、同一性保持権（著作者人格権）の侵害判断の前提として求めていた要件です（この

ほかにも、最判H10.7.17判時1651号56頁〔本多勝一反論権（雑誌『諸君！』）事件〕も同様）。これらの最高裁判決は、なぜ、侵害判断においてこのような要件を求めているのでしょうか。まず、いえることは、これは著作権や著作者人格権は、「著作物の利用」に及ぶことを示すための要件だということです。ここで「著作物」とは、現行著作権法によれば「創作的表現」（2条1項1号参照）として位置づけられますので、「創作的表現」と読み替えると分かりやすいと思います。また、「本質的な特徴」というのは、「表現」上の本質的な特徴ですので、「アイデア」上の本質的な特徴は、保護の対象外ということでもあります。しかし、もし「表現上の本質的な特徴」＝「創作的表現」以上のことではないとすると、最高裁が、わざわざ「本質的な特徴」という言葉を使っている意味は、特にないのでしょうか？

　思うに、これは元の著作物の創作的表現が物理的には利用されているとしても、通常であれば気が付かれないような形でしか流通しないものであれば、実質的違法性（不法行為性）がないものとして、著作権を及ぼすべき「著作物の利用」とはいえないとする利益考量に立ったものと考えられます。すなわち、一連の最高裁判決は、そのメルクマールとして「表現上の本質的な特徴」という指標を持ち出し、この要件に、著作権保護と利用の調整原理としての役割を担わせているのだと考えられます。

　なお、同様の考え方は、江差追分事件最高裁判決が登場する前の裁判例に、既に見られます。東京高判H12.9.19判時1745号128頁〔舞台装置事件〕は、複製や翻案といえるための前提として、「独自の創作性の認められる部分」の「共通」性と「直接感得」性が必要であるとし、その理由について、著作権は無方式により長期にわたり対世的効果が与えられている強力な権利であることから、「不可避となる公益あるいは第三者の利益との調整の観点から、おのずと著作権の保護範囲は限定されたものとならざるを得ない」としていました。

　それでは、実際に「表現上の本質的な特徴」を特定していくためには、どのようにすればよいでしょうか。この点、裁判例を見ると、著作物等に「接する者」が「注目」するか否かに着目し、注目しないものを「表現上の本質的な特徴」から外す（いわば、消去法により特定していく）という手法を採用しているものがあります〈知財高判H27.6.24平成26年（ネ）10004号〔プロ野球カードゲーム事件〕及び東京地判R2.1.29平成30年（ワ）30795号〔照明用シェード事件〕〉。

　ところで、表現上の本質的な特徴の判断主体は、著作物等に「接する者」です。これは、そこら辺を歩いている人なら誰でも…、ということではなく、その著作物（作品等）がターゲットとしている者（鑑賞者や聴衆等）というべきでしょう。需要者と言い換えてもよいと思います。著作物は多種多様ですので、それぞれの著作物の種類等に応じ、通常想定される需要者を判断主体にしないと、適切に判断できないことが考えられるためです。上記のプロ野球カードゲーム事件知財高裁判決では、「プロ野球について一定以上の知識を有している」利用者を判断主体として、表現上の

本質的な特徴が判断されています。

　また、さらに言うならば、江差追分事件最高裁判決の示した考え方によれば、「表現上の本質的な特徴」は、原告作品で「直接感得」できるものが、被告作品でも「直接感得」できるかどうかが判断されます。その際の判断主体は、上記のとおり「接する者」（需要者）ですので、**直接感得性**は、その者の視点に立って判断する必要があります。ということは、たとえ侵害訴訟における原告が、著作物のうちの一部のみを取り上げて著作権侵害を主張していたとしても、「接する者」が通常はどの部分に注目するか（注目しないか）ということが問題となりますので、その著作物の提示のされ方などにより、原告が特定した部分だけに着目すれば足りる場合もありますし、その部分の周辺の表現や、著作物全体等に着目する必要がある場合も出てくるでしょう。その意味で、**直接感得性**は、「部分」比較と「全体」比較のどちらもあり得るものであり、それぞれの事案によって判断する必要があると考えられます。

　以上を踏まえると、江差追分事件最高裁判決で示された「本質的な特徴」の判断プロセスは、おおむね、以下の手順・内容（①→②→③）によると考えられます。本質的な特徴の「同一性維持」や「直接感得」が見られない表現は、既存の著作物とは実質的に類似しないものとして、権利侵害とはされないことになります。

（プロセス①）「表現上の本質的な特徴」の特定

　↓　　＊「既存の著作物」（先行著作物）に「接する者」を判断主体として、直接感得できる注目ポイント（又は注目しないポイント）を特定する

（プロセス②）「同一性維持」の有無の確認

　↓　　＊「表現上の本質的な特徴」（創作的表現）の同一性維持について、客観的・外形的に判断する

（プロセス③）後発作品における「直接感得」の確認

　　　　＊「後発作品」に「接する者」を判断主体とし、①で特定した「表現上の本質的な特徴」が直接感得できるかどうか判断する

（2）みなし侵害

> **【ツボ＃5】直接侵害ではないとしても、法律上、侵害だとみなされる場合があります（みなし侵害）。**

◇みなし侵害となる場合（113条）

　直接的に侵害しているとはいえない場合であっても、実質的には著作権等を侵害する行為と同視できるものが「みなし侵害」です。113条にその類型が示されています。

❶国内頒布目的による侵害作成物の輸入（1項1号）

→外国における侵害作成物〈国内で作成したとしたならば著作権等侵害となるべき行為によって作成された物（侵害か否かは輸入時点で判断します）〉を国内で頒布する目的で輸入する行為

❷知情による侵害作成物の頒布等（1項2号）

→侵害作成物と知りながら「情を知つて」、頒布（譲渡又は貸与）、頒布目的の所持や頒布の申出をしたり、業として輸出又は輸出目的の所持をする行為

❸リーチサイトやリーチアプリによる違法配信コンテンツへのリンク提供（2項）

→リーチサイトやリーチアプリ（違法配信コンテンツへのリンクサイトやアプリ）に、違法配信コンテンツへのリンクを提供する行為（ただし、故意又は過失がある場合に限ります）

❹リーチサイトやリーチアプリの運営・提供（3項）

→リーチサイトやリーチアプリを運営・提供する行為（ただし、違法配信コンテンツへのリンクであることについて故意又は過失があり、かつ、リンク削除等が技術的に可能なのに放置している場合に限ります）

❺知情による違法コピー（プログラムの著作物）のコンピュータでの業務上使用（5項）

→侵害作成による違法コピー（プログラムの著作物）と知りながら、コンピュータで業務上使用する行為（ただし、その違法コピーの使用権原を得た時点で知っていた場合に限ります）

❻アクセスコントロール（技術的利用制限手段）の回避（6項）

→アクセスコントロールを回避する行為（ただし、「研究又は技術の開発の目的上正当な範囲内で行われる場合その他著作権者等の利益を不当に害しない場合」は、侵害とみなされません）〔⇒9章2(1)参照〕

❼コピーコントロール・アクセスコントロールの回避のための指令符号の公衆への譲渡等（7項）

→コピーやアクセスの制御を回避する指令符号を公衆に譲渡等する行為（公衆への譲渡・貸与やそのための製造・輸入・所持、公衆の使用に供し、又は公衆送信・送信可能化することです）〔⇒9章2(1)参照〕

❽権利管理情報の改ざん等（8項）

→権利管理情報〈権利者情報やライセンスの利用方法等の情報について、電子透かし等により記録されたもの（2条1項22号参照）〉の故意の改ざん（故意による虚偽の情報の付加や除去・改変）や、改ざんされた著作物等を、情を知って頒布、頒布目的の輸入・所持、又は公衆送信・送信可能化する行為

❾知情による国外向け音楽レコードの還流（10項）

→専ら国外で頒布される目的の商業用レコードと知りながら、国内で頒布する目的で輸入したり、国内で頒布し、又は国内で頒布する目的で所持する行為〈ただし、還流により、権利者が国内頒布目的の商業用レコードについて見込まれるライセンス料収入が不当に害される場合であるとともに、国内で最初に販売されてから4年を経過していない商業用レコードに限ります（施行令66条）〉〔⇒7章4(3)〕

❿みなし著作者人格権侵害（11項）

→著作者の名誉又は声望を害する方法によりその著作物を利用する行為

```
【ひとくちメモ】
★「情を知つて」（113条1項2号）は「頒布」等の時点で判断
　113条1項2号にいう「情を知つて」は、取得の時点ではなく、みなし
侵害となる行為（頒布等）の時点で判断します。
　また、「情を知つて」とは、侵害行為によって創作されたものであるこ
とについて、単に警告を受けていることや、侵害訴訟が提起されたという
事情では不十分です。しかし、訴訟提起後、判決が出されたことを知って
いる場合には、「情を知つて」に当たります〔下記参照〕。
◇東京高判H10.2.12判時1645号129頁〔四進レクチャー事件〕百選
Ⅵ 64事件
➡「著作権侵害を真剣に争っている者」が同条号所定の「情を知る」とは、
　「その物を作成した行為が著作権侵害である旨判断した判決が確定した
　ことを知る必要があるものではなく、仮処分決定、未確定の第一審判
　決等、中間的判決であっても、公権的判断で、その物が著作権を侵害
　する行為によって作成された物であるとの結論に直結する判断が示さ
　れたことを知れば足りる」

★善意・無過失の譲受人による譲渡権の特例（113条の2）
　113条の2は、著作物の複製物を譲り受けた時点で、それが違法に譲渡
されたものであること（譲渡権が消尽していないこと）について、知らな
いか、又は知らないことに過失がない（善意・無過失）場合には、その者
による公衆への譲渡は、譲渡権を侵害する行為でないものとみなすとして
います。
　これは、113条1項2号と違い、「譲渡を受けた時点」（取得の時点）と
されている点に注意しましょう。その後に情を知った（悪意）としても、
譲渡権の侵害とはみなされないということです〔⇒7章4(3)〕。

★リーチサイト・リーチアプリ規制（113条2項及び3項）
　みなし侵害規定である113条2項及び3項は、いわゆる「インターネッ
ト上の海賊版に対する総合的な対策メニュー」の一環として、令和2年改
正により、前述の侵害コンテンツのダウンロード違法化の改正（30条1項
4号）〔⇒9章2(1)〕と併せて導入されました。みなし侵害の規定とともに、
刑事罰も導入されています。〔後述：⇒本章3(3)〕
　なお、リーチサイトやリーチアプリの運営・提供等は、いわば、間接的
に著作権侵害をする行為（間接侵害）といえますが、みなし侵害として追
加する同改正は、「差し当たり緊急に対応する必要性の高い悪質な行為類
型を取り出して対応」するものであって、規定が整備されていない「リン
ク情報の提供行為についての適法・違法の解釈や間接侵害一般に係る解釈
```

に影響を与えるようなことはあってはならない」とされています（2019年2月「文化審議会著作権分科会報告書」22頁）。

★知情による国外向け音楽レコードの還流（113条10項）

　譲渡権は国際消尽が規定されていますので（26条の２第２項５号）、音楽レコードの還流防止措置の規定は、その例外的な位置づけです〔⇒7章4(3)〕。

★みなし著作者人格権侵害（113条11項）

　著作物そのものは改変されず、同一性保持権の侵害にはならない利用だとしても、その利用のされ方により、著作者の社会的な名誉や声望が害されたと客観的に評価できる場合は、著作者人格権を侵害する行為とみなされます。条文上、「著作者の名誉又は声望を害する方法により」とされていることに注意しましょう。

◇知財高判H25.12.11平成25年（ネ）10064号〔漫画on Web事件〕
[百選Ⅵ 37事件]
➡ プロの漫画家（Ｘ）が、作品購入者へのサービスの一環として、リクエストに応じて描いた天皇の似顔絵が、漫画家が意図していなかった利用のされ方をした（天皇陛下の似顔絵を描いて感謝を伝えるという趣旨のウェブサイト上の企画であったにもかかわらず、Ｘが賛同して投稿したかのように扱われた）という事案です。

　裁判所は、一般人から見て「一定の政治的傾向ないし思想的立場に基づくものとの評価を受ける可能性が大きい」企画に、「プロの漫画家が、自分の筆名を明らかにして２回にわたり天皇の似顔絵を投稿することは、一般人からみて、当該漫画家が上記の政治的傾向ないし思想的立場に強く共鳴、賛同しているとの評価を受けうる行為である」等とし、「Ｘの名誉又は声望を害する方法により本件似顔絵を利用したものとして、Ｘの著作者人格権を侵害するものとみなされる」と判示しました。

3．権利侵害の救済措置

（1）全体像

【ツボ＃6】権利侵害を行うと、差止請求・損害賠償請求や、刑事罰の対象となります。

◇民事と刑事の２種類がある

　権利侵害がある場合の解決策として、著作権法は、当事者間による紛争解決手段（民事上の救済措置）と、公権力による制裁（刑事罰）の２種類を用意しています。民事上の救済措置としては、差止請求と損害賠償請求が代表的なものです。

(2) 民事上の救済措置

> **【ツボ#7】差止請求は、侵害の停止・予防と同時に、侵害物品の廃棄等を請求することもできます。侵害者に故意・過失がなくても、差止請求は可能です。**

◇差止請求（112条）

　著作権等の権利者は、差止請求として、次の請求を行うことができます（112条１項及び２項）。差止請求を行うことができるのは、著作者人格権については「著作者」、著作権（財産権）については「著作権者」又は「出版権者」です。

❶侵害の停止又は予防を請求すること（１項）
❷侵害行為に使われた物、侵害品、侵害行為専用の機械・機器について、その廃棄等を、❶とともに請求すること（２項）

　差止請求は、著作権・著作者人格権の排他性（物権的な権利）を根拠に認められているものです。権利者ではない者による権利侵害に対しては、侵害が「故意」（わざと）や「過失」（うっかり）によるものでないとしても、権利者は差止請求をすることができます（⇨この点は、次に見る損害賠償請求とは異なります）。

　また、侵害に対する差止請求等は、単独でもできます〔⇒12章2(6)（共同著作物や共有著作権の特別ルール）〕。

【ひとくちメモ】

★侵害行為に使われた物品（侵害組成物品）等の廃棄等請求

　侵害組成物品等の廃棄等請求（❷）は、侵害の停止・予防の請求（❶）を行わない場合には認められていませんので、注意しましょう（112条2項では、「前項の規定による請求をするに際し」と定められています）。

★権利者でなくても差止請求等ができる場合

　著作者人格権は、著作者の一身専属の権利ではありますが、著作者の死後においては、その遺族（孫の代まで）は、差止請求や故意・過失のある侵害者に対し、名誉回復等の措置を求めることができます（116条）〔⇒11章3(2)〕。また、別のケースとして、無名・変名の著作物（著作者本人が明らかではないもの）について著作権侵害がある場合には、発行者が、自己の名で、差止請求や損害賠償請求等を行うことができます（118条）。

【ツボ＃8】損害賠償請求は、侵害者に故意又は過失がある場合に行うことができます。

◇損害賠償請求（民法709条）

　著作権等の権利者は、損害賠償請求を行うことができます。直接の根拠規定は、民法709条で「故意又は過失によって他人の権利又は法律上保護される利益を侵害した者は、これによって生じた損害を賠償する責任を負う」と定めています。このように、相手方（侵害者）に「故意又は過失」があることが必要です。

【ひとくちメモ】

★注意義務違反（過失）の認定

　著作権等の直接の侵害者ではないとしても、侵害行為を行わないように注意すべき義務を負っている者が、その義務を怠った場合には、過失ありとして、損害賠償責任を負うことがあります。例えば、カラオケ専用装置のリース業者は「リース契約の相手方に対し、当該音楽著作物の著作権者との間で著作物使用許諾契約を締結し又は申込みをしたことを確認した上でカラオケ装置を引き渡すべき条理上の注意義務を負う」とされています（最判H13.3.2民集55巻2号185頁〔ビデオメイツ事件〕百選Ⅵ89事件）。

　また、出版社や放送局が著作権侵害物を出版・放送してしまうと、被害を拡散することになるため、出版社等の過失が認定される傾向が見られます（中山760-762頁、高林276-277頁等参照）。

　さらに、外部委託先で著作権侵害が行われる場合にも、委託元の注意義務違反は問われ得るので、注意が必要です。例えば、**東京地判H31.3.13平成30年（ワ）27253号**〔上野あかちゃんパンダ事件〕は、「被告らは、いずれも加工食品の製造及び販売等を業とする株式会社であり、業として、被告商品を販売していたのであるから、その製造を第三者に委託していたとしても、補助参加人等に対して被告イラストの作成経過を確認するなどして他人のイラストに依拠していないかを確認すべき注意義務を負っていたと認めるのが相当である」とし、そのような確認を怠った被告について、過失責任が認められました。同事案のイラストは、ほのぼのとした親子パンダなのですが、それだけに、こうした紛争は物悲しさを誘いますね…（ん⁉　このつぶやきは、何となくデジャブ感…）。〔⇒なお、外部への発注は職務著作にはならないことにつき4章3(2)を、表明保証につき12章2(2)を参照〕

【ツボ#9】損害額の算定など、被害者（権利者）の立証負担を軽減する規定があります。

◇損害額の算定（114条）

　著作権等侵害がある場合、権利者が損害賠償請求をすることが可能であるにしても、侵害により発生した実際の「損害」の額を立証するのは難しいというケースが多いことから、立証負担を軽減する規定が置かれています。権利者（被害者）は、以下の4種類（3種類）の中からいずれかを選んで、「損害」額を請求することができます。

損害の額	❶ 正規品販売単価 × 侵害者による**譲渡等数量**（ただし、権利者の販売等能力の限度内）	❷ 侵害者の**利益額**	❸ **ライセンス料相当額**（権利行使により受けるべき金額）	（❸） 著作権等管理事業者が定める**使用料規程による使用料額**
	114条1項	114条2項	114条3項	114条4項
		推定規定（反証可）	上記を超える損害賠償も可（ただし、侵害者が軽過失に留まる場合は、裁判所はそのことを参酌できる）（5項）	上記をもって、114条3項の額とすることができる

【ひとくちメモ】

★114条の「損害額」計算式の補足

①は譲渡等数量に基づく算定の規定です（１項）。

損害の額＝正規品販売単価（正規品の本来の単位数量当たりの利益単価）× 侵害者による譲渡等数量（侵害品の販売数量）

ただし、侵害者による「譲渡等数量」は、権利者の販売能力の限度内とされているほか、権利者が販売できない事情（侵害者の営業努力分や競合他社のシェア分等）があるのであれば、それは除外されます。

②は侵害者が得た利益に基づく算定の規定です（２項）。

「利益」というのは、侵害行為による利益を指しますので、侵害者がいくらもうかっているとしても、侵害行為とは関係のない利益は対象外です。また、これは「推定」規定です。

③はライセンス料相当額に基づく算定の規定です（３項）。

条文の定めでは、権利の「行使につき受けるべき金銭の額に相当する額」とされています。かつては、「通常」という文字も存在していましたが、それは削除〈平成12（2000）年改正〉されていますので、必ずしも、使用料規程の金額に拘束されず、具体的な事情を勘案した「受けるべき金銭の額」を認定することが可能となっています。

（③）は侵害された著作権等が著作権等管理団体により管理されている場合に、使用料規程により算出した額（最も高い額）を上記③の額とすることができるとする規定です（４項）。

「法定損害賠償制度」導入の趣旨を踏まえ、立証負担のさらなる軽減の観点から、ＴＰＰ協定締結に伴う平成30年改正時に導入されました。

◇その他の立証負担軽減等の規定（114条の２〜114条の５）

損害の額の規定のほかに、以下の規定が置かれています。

侵害者による具体的態様の明示義務（114条の２）
書類提出命令（114条の３）
鑑定人に対する当事者の説明義務（114条の４）
裁判所による相当な額の認定（114条の５）

【ひとくちメモ】

★書類提出命令と営業秘密

　書類提出命令（114条の３）は、侵害訴訟において、裁判所が、当事者の申し立てを踏まえ、侵害行為の立証や損害額の計算のために必要な書類の提出を命ずることができるとするものです。この場合、命令を受けた者は、正当な理由があれば提出を拒めますが、正当な理由の有無の確認のため、裁判所は、書類の提出を求めることができます（**インカメラ手続**）。

　令和２年著作権法改正では、インカメラ手続において、正当な理由の判断だけでなく、侵害の立証等に実際に必要な書類か否かを確認することもできることとしたほか、同手続きへの専門家（専門委員）の関与も可能としました。なお、営業秘密が開示された場合、裁判所は当事者に**秘密保持命令**を出すことができ（114条の６〜８）、秘密保持命令違反は刑事罰の対象（懲役５年以下又は罰金500万円以下）です（122条の２）。

【ツボ＃10】著作者人格権侵害の場合は、謝罪広告など、名誉回復等の措置も請求できます。

◇著作者人格権の侵害における名誉回復等の措置請求（115条）

　著作者人格権が侵害された場合、著作者は、故意又は過失による侵害者に対して著作者であることを確保することを求めたり（例えば、著作者名の表示）、訂正その他著作者の名誉若しくは声望を回復するために必要な措置（例えば、訂正広告や謝罪広告）を請求したりすることができます。これらは損害賠償請求とともに行うこともできます。

○知財高判Ｈ22.3.25判時2086号114頁〔駒込大観音事件〕 百選Ⅵ 39事件

　東京大空襲により焼失した「駒込大観音」（木彫十一面観音菩薩立像）が、寺の依頼により、仏師によって新たに制作されたところ、新たな大観音像は、目を見開いた表情であって、参拝場所から見上げると、驚いたような又はにらみつけるような眼差しに見えることから、檀家や一般の参拝者から苦情などが出されました。
　そこで、寺側は、大観音の仏頭部だけをすげ替えたところ、これが同

すげ替え後　　　すげ替え前
[出典：裁判所ウェブサイト]

一性保持権の侵害であるとして、仏師の遺族らが、損害賠償請求とともに、

大観音像の供覧停止と仏頭部の原状回復、そして謝罪広告・訂正広告の掲載を求めて、寺側を訴えた事案です。

　知財高裁は、同一性保持権の侵害があったと認めつつ、「客観的な事実経緯を周知するための告知をすることで、名誉、声望を回復するための措置としては十分」であるとしました。

　他方で、寺側の依頼により、仏頭部のすげ替え（交換作業）を行ったのは、すげ替え前の大観音像を制作した仏師の下で、その観音像の「制作に終始関与していた者であることなど、本件観音像を制作した目的、仏頭を交換した動機、交換のための仏頭の制作者の経歴、仏像は信仰の対象」等が考慮された結果、「原状回復措置を命ずることは、適当ではない」とされました。

　なお、すげ替え前の仏頭部は、原形のままの状態で寺の観音堂に保管してあり、第三者が拝観することも不可能でないという事情もありました。

【ひとくちメモ】
★「名誉感情」が害されただけでは名誉回復等の措置請求はできない

　旧法下（旧36条の２）の裁判例ですが、「右規定にいう著作者の声望名誉とは、著作者がその品性、徳行、名声、信用等の人格的価値について社会から受ける客観的な評価、すなわち社会的声望名誉を指すものであつて、人が自己自身の人格的価値について有する主観的な評価、すなわち名誉感情は含まれないものと解すべきである」とされています（最判Ｓ61.5.30民集40巻4号725頁〔パロディ・モンタージュ事件：第2次上告審〕）。現行法115条のほか、みなし著作者人格権侵害規定である113条11項も同様のことが当てはまります〔⇒20条（「意に反して」）との対比に注意〈6章4(1)〉〕。

【ツボ#11】不当利得返還請求も可能です。

◇不当利得返還請求（民法703条・704条）

　法律上の原因なく他人の著作権等によって利益を受け、そのために権利者に損失を及ぼした場合、権利者はその者（受益者）に対し、不当利得返還請求をすることができます。

　この場合、受益者が返還すべき額は、受益者が善意（侵害について知らない）なら、「（現実に）利益の存する限度」までですが（民法703条）、悪意（侵害について知っている）であれば、「その受けた利益＋利息」

を返還するとともに、それでも損害がある場合は損害賠償責任も負います（民法704条）。

```
┌─────────────────────────────────────────────┐
│               【ひとくちメモ】                  │
│ ★「紛争解決あっせん」による解決                  │
│   著作権等に関する紛争の解決方法として、裁判に訴える以外にも方法は   │
│ いくつかあり、その一つが「あっせん」です。当事者間の自主的な解決を   │
│ 後押しする制度です（105～111条）。手続きとしては、文化庁長官は当事  │
│ 者からの申請に基づいてあっせん委員（3人以内）を置き、委員はそれぞ   │
│ れの主張のポイントを確かめ、実情に即した事件の解決に努めます。ただ   │
│ し、解決に向けて委員が提示するあっせん案について、当事者がそれを受   │
│ け入れるかどうかはそれぞれの判断によります（強制力はありません）。   │
│ また、事件解決の見込みがないと認めるとき、委員は、あっせんを打ち切   │
│ ることができます（109条2項）。「あっせん申請の手引き」は、文化庁    │
│ ウェブサイト（https://www.bunka.go.jp/）で入手できます。            │
└─────────────────────────────────────────────┘
```

(3) 刑事罰

【ツボ#12】著作権侵害の刑事罰は「10年・1000万円」！

◇著作権等侵害罪（119条等）

　著作権や出版権等（財産権）の直接侵害の刑事罰は、原則として、**【10年以下の懲役又は1000万円以下の罰金】**（懲役刑と罰金刑は、併科も可能）です（119条1項）。

```
┌─────────────────────────────────────────────┐
│               【ひとくちメモ】                  │
│ ★私的複製の場合の例外措置                      │
│   私的複製の適用除外事由（30条1項各号）に当てはまる利用であれば、   │
│ 著作権（財産権）の直接侵害として、民事救済の対象にはなりますが、そ   │
│ れらのうち、1号及び2号の利用には、刑事罰は科されません（119条1    │
│ 項括弧書参照）。ただし、1号関係（公衆が利用可能なダビング機での複   │
│ 製）については、私的複製を行った者自身に刑事罰は科されないのですが、  │
│ そのような公衆用ダビング機器等を営利目的で提供した者については、刑   │
│ 事罰（懲役5年以下・罰金500万円以下）の対象です（119条2項2号）。   │
└─────────────────────────────────────────────┘
```

　他方、私的複製の適用除外事由のうち、違法配信コンテンツと知りながら行う私的複製関係（30条1項3号及び4号）については、有償著作物に限ることなど、一定の要件の下で、刑事罰（懲役2年以下・罰金200万円以下）の対象とされています（119条3項）〔⇒9章2(1)〕。

　これに対して、著作者人格権の侵害罪の刑事罰は、5年以下の懲役又は500万円以下の罰金であるほか（119条2項1号）、著作権等侵害罪の刑事罰は、侵害対象・内容に応じて異なっています。

　そのような、【懲役10年以下・罰金1000万円以下】以外のものを整理すると、下表のとおりです。なお、下記の表中、「みなし侵害」に付いている数字（❶～❾）は、前記「2(2)みなし侵害」で紹介した数字に対応しています。また、「刑罰追加要件」とは、民事救済のためには必要ないものの、刑事罰のためには必要な要件を指します。また、対比するため、民事救済規定も併記しています。

【懲役5年以下・罰金500万円以下】	民事救済規定	刑事罰規定	刑罰追加要件
著作者人格権等侵害	112条	119条2項1号	
営利目的による公衆用ダビング機器等の提供	－	119条2項2号	
みなし侵害❶❷	113条1項1号・2号	119条2項3号	
みなし侵害❹	113条3項	119条2項4号及び5号	
みなし侵害❺	113条5項	119条2項6号	

【懲役3年以下・罰金300万円以下】	民事救済規定	刑事罰規定	刑罰追加要件
コピー・アクセスコントロール回避装置等の公衆譲渡等	－	120条の2第1号	
コピー・アクセスコントロール回避サービス（一部、侵害みなし❻）	113条6項（アクセスコントロール）	120条の2第2号	業として
みなし侵害❸	113条2項	120条の2第3号	
みなし侵害❼	113条7項	120条の2第4号	
みなし侵害❽	113条8項	120条の2第5号	営利目的
みなし侵害❾	113条10項	120条の2第6号	営利目的

【懲役2年以下・罰金200万円以下】	民事救済規定	刑事罰規定	刑罰追加要件
違法配信と知りながら行う私的複製（30条1項3号及び4号）	112条（録音録画）	119条3項1号	有償著作物
	112条（上記以外）	119条3項2号	有償著作物反復継続

◇その他の刑事罰

　ほかにも、以下の刑事罰が法定されています。

【懲役5年以下・罰金500万円以下】	刑事罰規定	備考
秘密保持命令違反	122条の2	国外犯にも適用

【懲役1年以下・罰金100万円以下】	刑事罰規定	備考
著作者名等詐称	121条	
原盤供給契約による商業用レコードの複製・頒布等	121条の2	

【罰金500万円以下】	刑事罰規定	備考
著作者等が存しなくなった後における人格的利益の侵害（60条等）	120条	

【罰金50万円以下】	刑事罰規定	備考
出所明示義務違反	122条	

【ツボ#13】著作権等侵害罪の多くは、被害者からの告訴がなければ刑事罰が科せられない「親告罪」です。

◇「親告罪」が原則（123条１項）

　親告罪とは、被害者からの告訴がなければ、検察官は起訴（公訴提起）することができない罪のことです。当事者が問題にしない限り、公権力による介入は行わないという考え方です。著作権法に定める刑事罰の多くは親告罪です（対象となるのは119条１～３項、120条の２第３～６号、121条の２、122条の２第１項）。

　ただし、親告罪とされている著作権等侵害罪（119条１項）について、以下①～③の要件の全てを満たす場合は非親告罪（被害者からの告訴がなくても検察官は公訴を提起できる）となります（123条２項）。

①対価を得る目的又は権利者の利益を害する目的があること
②有償著作物等（有償で公衆に提供・提示されている著作物等）を原作のまま譲渡・公衆送信することやそのための複製を行うこと
③権利者が有償著作物等の提供・提示により得ることが見込まれる権利者の利益が不当に害されること

【ひとくちメモ】
★親告罪のままとなるケース（123条２項参照）

　非親告罪化の上記規定はＴＰＰ協定締結のための対応の一環として導入されました（平成30年改正）。「原作のまま」とありますので、例えば、マンガの同人誌（二次的著作物）をコミックマーケットで販売（譲渡）することは、それが、マンガ（原著作物）の著作権者から明示又は暗黙の了解が得られないがために著作権侵害と認められる場合であっても、「親告罪」としての位置づけは変わりません。したがって、その場合には、告訴がなければ「刑事罰」は科せられません。とはいえ、犯罪（著作権等侵害罪）を犯さなかったことになるわけではない点に注意しましょう。

【ツボ#14】刑事罰は、法人の代表者も、法人自身も、両方同時に、処罰の対象になり得ます。その場合の法人の罰金刑は、最高で「３億円」です。

◇両罰規定（124条：法人等も処罰される）

　法人の代表者（法人格を有しない社団又は財団の管理人を含みます）や、法人又は個人事業主の代理人、従業員等が違反行為をしたときは、実際の行為者を罰するほか、法人や個人事業主についても罰金刑が科せられます（124条1項）。この場合、法人には、119条1項等の犯罪（119条1項、119条2項3～6号又は122条の2第1項）について、【3億円以下の罰金】が科されます（124条1項1号）。

　他方、これら以外の犯罪（119条2項1号又は2号、120～122条）は、そこまで重い罰金刑ではなく、各規定どおりの罰金刑が科されます。また、個人事業主には、各規定どおりの罰金刑が科されます。

4．侵害主体論

（1）直接侵害と間接侵害

> **【ツボ#15】物理的な侵害行為者でないとしても、関与の程度によっては、侵害責任を問われる場合もあります。**

◇「侵害する者」とは誰か（問題の所在）

　差止請求は、「侵害する者又は侵害するおそれがある者」（以下、「侵害する者」と言います）に対して行うことができます（112条1項）。しかし、「侵害する者」という文言は、当たり前すぎて読み飛ばしてしまいそうですが、ここには果たして、物理的・自然的な意味での侵害行為を直接行っていない者も、含まれるのでしょうか？

　例えば、「幇助（ほうじょ）」（＝侵害を助ける）〈例：違法なコピー行為を容易にする製品やサービスの販売〉があることによって、世の中で多数の侵害行為〈例：違法なコピー行為〉が行われている実態があるとします。この場合、被害者（権利者）としては、それぞれの侵害行為者に対する侵害訴訟を起こすことが考えられますが、1件ごとの被害の規模は大きくない場合や、実際に誰がどこで直接侵害しているのかの特定

が難しいような場合には、埒（らち）が明きませんね。

　そこで、事案の適切な解決を図るため、「間接」的に侵害を行っている者（間接侵害者）も、「侵害する者」と位置づけ、差止請求の対象と認めてよいかどうかが、問題となりますが、実は、これは議論が分かれています（下記【ひとくちメモ】参照）。

　そこで、物理的・自然的な意味での侵害行為を行っていない者であったとしても、法的（規範的）評価として、むしろ積極的に「直接」侵害者として位置づけ、その者に対する差止請求を認めるべき場合があるのではないかということが、問題となります。

【ひとくちメモ】
★間接侵害者が差止請求の相手方となるか？

　この点、裁判例では、「少なくとも侵害行為の主体に準じる立場にあると評価されるような幇助者を相手として差止を求めることも許容される」としたものがあります。ここで「侵害の主体に準じる立場」というべきか否かについては、①幇助行為の内容・性質、②侵害行為に対する幇助者の管理・支配の程度、③幇助者の利益と侵害行為との結びつき等を総合的に観察して判断するとしています（大阪地判H15.2.13判時1842号120頁〔ヒットワン事件〕 百選Ⅵ 85事件 ）。

　これに対して、113条の「みなし侵害」について、限定列挙的に考える裁判例もあります。112条は「侵害する者」とだけ規定し、また、113条は「直接的に著作権等の侵害行為を構成するものではない幇助行為のうちの一定のものに限って著作権等侵害とみなすとしている」のだから、明文の規定がない「侵害幇助者」は対象とはならないとする考え方です（知財高判H22.8.4判時2096号133頁〔北朝鮮の極秘文書事件〕）。

（2）侵害主体性（利用行為主体性）の判断基準

> **【ツボ#16】他人に指図をして、自分の「手足」のように使って侵害行為をさせた者は、侵害責任を問われます。**

◇手足論

　規範的にみて侵害行為主体（侵害する者）と評価すべき場合の典型として、「手足論」が挙げられます。いわば、他人を「手足」として侵害行為を行う場面です（島並ほか324頁〔上野〕）。ここで物理的な侵害行為を行っているのは「他人」ですが、そこには極めて強い従属関係（強い人的管理・支配関係）があります。したがって、その「他人」（物理的な行為者）による侵害行為は、法的にはそれをさせている者（指示者）の行為と同一視できるとする考え方です。

> 【ツボ#17】①管理・支配性と②利益性がある場合に侵害責任を問えるとする考え方は、「カラオケ法理」と呼ばれます。

◇「カラオケ法理」（クラブキャッツアイ事件最高裁判決）

　「手足」とまではいえないにしても、ある者（A）による一定の管理・支配下で他人（B）が侵害行為を行った場合はどうでしょうか。

　この場合の考え方として、裁判例では、いわゆる「カラオケ法理」が広く採用されてきました。これは、①管理・支配性と②利益性（営業上の利益）がある場合に、Bによる利用行為について、Aを侵害行為主体と認める考え方です。カラオケスナックにおける客の歌唱について、スナック経営者を利用行為主体と認めた考え方です〔下記参照〕。

○最判S63.3.15民集42巻3号199頁〔クラブキャッツアイ事件〕 百選Ⅵ81事件

> 「客のみが歌唱する場合でも、客は、上告人らと無関係に歌唱しているわけではなく、上告人らの従業員による歌唱の勧誘、上告人らの備え置いたカラオケテープの範囲内での選曲、上告人らの設置したカラオケ装置の従業員による操作を通じて、上告人らの管理のもとに歌唱しているものと解され、他方、上告人らは、客の歌唱をも店の営業政策の一環として取り入れ、これを利用していわゆるカラオケスナックとしての雰囲気を醸成し、かかる雰囲気を好む客の来集を図つて営業上の利益を増大させることを意図していたというべきであつて、前記のような客による歌唱も、著作権法上の規律の観点からは上告人らによる歌唱と同視しうる」

【ひとくちメモ】

★「カラオケ法理」登場の背景事情

　当時のカラオケは、現在のような通信カラオケではなく、この事案のカラオケスナックでは、カラオケテープの再生による伴奏により、客が歌唱していました。この場合、テープ再生は、本来、演奏権の対象になり得るものの、当時は、適法に録音された音楽著作物の演奏の再生は、「当分の間」、出所を明示すれば、許諾なく行うことができるという規定（附則14条）がありました。このため、店によるカラオケテープの再生を理由として、著作権侵害とすることはできない状況にありました〔⇒7章3(1)〕。

　他方、一般客による歌唱（演奏）自体は、一般に、著作権侵害とはならないと考えられます。なぜなら、店や他の客からお金をもらわず（むしろ店に代金を支払い）、また、非営利目的と考えられるためです（38条1項）。したがって、それが「適法」であるならば、それをいくら勧誘し、助けたとしても、助けた行為は、やはり「適法」と考えられます。

　しかし、無断利用により営業上の利益を上げている者が目前にいるのに、それを放置することは、法の抜け穴を許すことになり、最高裁として、それは認められないという利益衡量が働いたものと考えられます。

　もっとも、なぜこの2要件（①管理・支配性と②利益性）が「著作権法上の規律の観点」から導かれるのかという点のあいまいさや、附則14条は平成11年改正により廃止されたことを踏まえると、事例判例としての「カラオケ法理」は、見直すべき時期に来ているとの指摘もなされています（島並ほか325頁〔上野〕等。後述【特別おまけメモ！】も参照）。

【ツボ#18】関与の内容・程度等を総合的に考慮すべきとの最高裁判決（ロクラクⅡ事件）も登場しています。

◇その後の最高裁判決

　ロクラクⅡ事件最高裁判決は、「カラオケ法理」の2要件を特段明示することなく、利用行為（本件では「複製」）主体の判断は諸要素を（総合的に）考慮して行うべきことを示しました。

　この事件で問題となったサービスは、インターネット通信機能を有するハードディスクレコーダーの「親機」により、地上波テレビ放送番組を録画し、その録画データを海外等の離れた場所にある「子機」（親機とは1対1の通信関係）に送信するというサービスです。

　利用者が、インターネット回線により、子機を通じて親機に録画を指示することで録画を行うことができる（そして、録画データを子機に送信し、子機で再生できる）というものでした。いわば、**インターネット回線を利用した自炊代行サービス**といえるでしょう。

　最高裁は、利用行為主体について、「誰が当該著作物の複製をしているといえるか」を、「複製の対象、方法、複製への関与の内容、程度等の諸要素」を考慮して判断するのが相当であるとの規範を示しました。その上で、具体的な当てはめとして、本件事案では、サービス提供者の行為がなければ複製は不可能であるということを踏まえ、「サービス提供者を複製の主体というに十分である」としました（**最判H23.1.20民集65巻1号399頁**〔ロクラクⅡ事件〕百選Ⅵ 82事件）

　このほか、最高裁が自動公衆送信の利用行為主体の考え方について示したものとして、以下の判決があります。

〇まねきＴＶ事件最高裁判決（再掲）

> 　利用者からの求めに応じて自動的にデジタルデータ化した地上波放送番組を送信するサービスを巡り、「自動公衆送信」の送信主体の考え方についてロクラクⅡ事件判決の2日前に最高裁が示した判決です。
>
> 　最高裁は、「入力される情報を受信者からの求めに応じ自動的に送信する機能を有する装置」が「公衆の用に供されている電気通信回線に接続しており、これに継続的に情報が入力されている場合には、当該装置に情報を入力する者が送信の主体であると解するのが相当である」としました。そして、本件において、サービス提供者は、そのような機能を有する装置について、放送が「継続的に入力されるように設定」した上で、「その事務所に設置し、これを管理している」という状況を踏まえ、送信の主体とみるのが相当であるとしました。

【ひとくちメモ】

★プロバイダ責任制限法

　インターネット上で著作権等を侵害する情報（コンテンツ等）が拡散すると、権利者が受ける被害は甚大なものとなります。権利者（被害者）は侵害情報を自らは削除できず、特に、匿名で発信されている場合には、発信者（加害者）が特定できないため、損害賠償請求もできません。そこで、権利者としては、インターネットサービスのプロバイダに削除要請等を

行っていくことになり、現に、プロバイダ側の責任が認められた裁判例もあります（東京高判H17.3.3判時1893号126頁〔２ちゃんねる事件〕 百選Ⅵ 84事件 では、出版社からの通知により、電子掲示板への書き込みが著作権侵害であるという事実を容易に確認できたのに、速やかに書き込みを削除しなかった電子掲示板の運営者は、故意又は過失による著作権侵害の加担者であるとされました）。

　もっとも、プロバイダとしては、削除要請や発信者情報開示請求がある場合に、それら全てに応じていくとすると、プライバシー侵害や通信の秘密との関係で問題になる場合があり得ます。しかし、だからといって、権利者からの削除要請等に対して、何ら是正措置を講じない場合には、権利者から損害賠償請求を受ける可能性もあります。

　そこで、プロバイダ責任制限法（特定電気通信役務提供者の損害賠償責任の制限及び発信者情報の開示に関する法律）（通称、「プロ責法」）は、ネットワーク上の侵害情報の削除のルール（それによるプロバイダ等の損害賠償責任の制限のルール）や、発信者情報の開示を請求する権利について定めています。

　プロバイダ責任制限法については、通信事業者団体（プロバイダ責任制限法ガイドライン等検討協議会）によるウェブサイト〈プロバイダ責任制限法関連情報ウェブサイト（http://www.isplaw.jp/)〉において、ガイドラインや関連情報が示されています。なお、ガイドラインとしては、「発信者情報開示関係ガイドライン」（４条関係）のほか、損害賠償責任の制限（３条関係）に関するガイドラインとして、「著作権関係」に加え、「名誉毀損・プライバシー関係」や「商標権関係」が作成されています。

【特別おまけメモ！】

利用行為責任主体スペクトラム
誰がどのような場合に利用行為の責任を負うかはグラデーションの中で決まる

　ロクラクⅡ事件最高裁判決は、「カラオケ法理」そのものを採用したわけではありませんが、否定もしていません。また、同判決における金築誠二裁判官の補足意見では、利用行為主体の法的判断の際に「考慮されるべき要素も、行為類型によって変わり得るのであり、行為に対する管理、支配と利益の帰属という二要素を固定的なものと考えるべきではない」とし、この「二要素は、社会的、経済的な観点から行為の主体を検討する際に、多くの場合、重要な要素であるというにとどまる」としています。こうした発想に立つならば、「カラオケ法理」も、ロクラクⅡ事件最高裁判決の判示も、一連の連続性を持ったものとして捉えることができます。そして、これらの最高裁判決に共通する考慮要素は、「管理・支配性」です。すなわち、社会的・経済的な観点からみて、管理・支配性（人的・物的の両パターンがあり得ます）の強度が強ければ強いほど、利用行為主体（直接侵

害）であると認められやすくなります。手足論は、「人的」に強い管理・支配下にある他者による行為について責任を認める考え方ですが、そのような強い人的管理・支配関係がない場合であっても、「物的」〈複製等の利用行為に必要な環境（機材やサービス提供）〉に強い管理・支配関係がある場合に利用行為主体性を認めたのが、ロクラクⅡ事件やまねきＴＶ事件の最高裁判決であったといえるでしょう。逆に、管理・支配性の強度が強いとはいえない場合であっても、衡平の観点から非侵害というべきではない場合には、管理・支配性以外の要素を考慮した上で利用行為主体性が判断され得ます。それがクラブキャッツアイ事件最高裁判決であり、同事件の場合は、附則14条（当時）の存在という背景事情も踏まえ、「営業上の利益」という要素を加味して、利用行為主体性と認めたものと考えられます。なお、管理・支配性が弱い場合には、直接的な利用行為主体性が認められない可能性が高まりますが、それでも、間接侵害（間接的な利用行為主体）として、侵害責任が問われる可能性はあります（ただし、間接侵害の成立は、他者による「直接侵害」の存在が前提となると考えられます）。

　規範的な侵害主体判断の際に、「カラオケ法理」の二要素を無条件に採用するのは適切とはいえませんが、このように管理・支配性の強度にグラデーションがあることを念頭に置きつつ、各事案における利用行為を巡る諸要素（複製であれば「複製の対象、方法、複製への関与の内容、程度等」）を総合的に観察・考慮して判断するというのが、最高裁判所が示す考え方であると理解できるのではないかと考えられます。

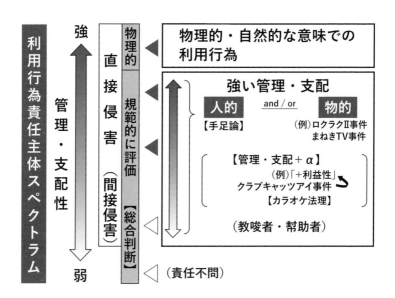

　したがって、以上を踏まえるならば、「利用行為主体」ということについては、その利用行為について誰が「責任」を負うべきか（社会的・経済

的観点から、誰が「責任」を負うべき利用主体か）という観点で捉えることが適切であろうと思います。いわば、**管理・支配性の強度を基軸とした**「**利用行為責任主体スペクトラム**」です。

| ナビゲーション | >> 現在の進捗状況と次の目的地 >> |

スタート　>> >> >> >>

いよいよラストスパート！
ほかの仲間にも会ってみたいな

わくわく

ゴール

1章	2-3章	4章	5-7章	8-10章	11章	12章	13章	14章	15章
著作権法とは	著作物	著作者	権利内容	権利制限	保護期間	利活用	侵害	著作隣接権	国際条約

Shiro's Relax Column

マラケシュの思い出

マラケシュは、モロッコにある都市です。私は数日間だけ、旅行で滞在したことがありますが、とても強く印象に残っています。

皆さんは、「マラケシュ」と聞いて、何を連想しますか？ 知的な皆さんは、やっぱり、「マラケシュ協定」（ＷＴＯ設立協定）や、「マラケシュ条約」〔⇒15章2(2)〕でしょうか？

私の場合は全然違います。何といっても「ニワトリ」です。

「え？ コウノトリの間違いでは？」と、マラケシュに行ったことのある方なら、思われるかもしれません。確かに、宮殿の城壁の上には、超たくさんのコウノトリが巣を作っていて、それはそれでビックリする（フンもたくさん）のですが、私の場合は、ニワトリなのです。

それは、地元民が通う小さな商店が立ち並び、原付バイクが排気ガスをまき散らしながら、未舗装の狭い道を走り抜ける、どこか「昭和」を感じさせる地区を歩いていた時のことでした。突然、割と近くのほうから、切羽詰まった日本語で、「イヤーッ！ イヤーッ！」という叫び声と喧噪が突然聞こえ、少しの間、それが続いたかと思うと、バッタリと静まり返るという、恐ろしい出来事が2回ほどあったのです。

しかし、周りの人たちは、涼しい顔をして歩いています。ドキドキしながら、声が聞こえてきたほうに行ってみると、そこは何と鶏肉店。狭い檻にギュウギュウ詰めのニワトリが、その場で首を落とされ、羽根をむしられ、ホカホカの鶏肉にされて売られていました。あの声は、ニワトリたちの断末魔の叫びだったのです！

それ以来、「マラケシュ」と聞けば、その「イヤーッ！」という声がリアルによみがえり、人は動物の命を頂き、生かされているのだという想いを、私は一層強くするのです。

もちろん、タジンやクスクスの鶏肉料理は、現地で、おいしくいただきました！（合掌）

マラケシュでは、街中で見かけるのは男性ばかり（しかも、大抵、地元カフェ（？）で、水タバコをしたりしてボーッとしている）とか、「スーク」のごちゃごちゃ感とか、現地に行かないと分からない、アラブ文化の異国情緒あふれる空間が広がっていました。

第14章　著作隣接権

主な関係条文：2条1項各号、4条の2、7～9条の3、
89～104条

Ⅰ．総合案内ⓘ（イントロダクション）

　【著作権の花】はいかがでしたか？　なかなか「見応え」があったの
ではないでしょうか？　…というわけで、著作者の権利（著作者人格権
及び著作権）は、前章まででおしまいです。本章では、その際にもしば
しば登場した、「著作隣接権」について取り上げます！

　著作隣接権は、読んで字のごとく、著作権に「隣接」する権利です
（Neighbouring Rights又はRelated Rightsと言われます）。いわば、「お
隣さん」といった感じですが、自ら著作物を作り出したというわけでは
ないものの、他人の著作物を世の中に広く伝達する役割がある者に与え
られている権利です。

　具体的には、実演家、レコード製作者、放送事業者、有線放送事業者
の4者が「著作隣接権者」として認めら
れ、著作権に準じた権利が与えられてい
ます。著作隣接権は、著作者の権利とし
てこれまで取り上げてきた枠組みに沿っ
て、理解するとよいでしょう。

　右イラストのような【著作隣接権の花】
を想像してみましょう。以下では、まず
全体の特徴を紹介した上で、それぞれの
権利について、取り上げます！

2. 著作隣接権の特徴

(1) 全体像

> 【ツボ#1】著作隣接権の対象は、4種類（実演、レコード、放送、有線放送）あります。

◇「著作者の権利」との対比

著作隣接権の全体像は、以下のとおりです。

	著作権	著作隣接権
何を保護	著作物	実演、レコード、放送、有線放送
誰の権利	著作者	実演家、レコード製作者、 放送事業者、有線放送事業者
権利の内容	比較的広い 著作者人格権 著作権	比較的狭い 実演家人格権 著作隣接権
権利制限	権利制限規定	←基本的に同じ（102条で準用）
保護期間	死後70年間	行為時から70年間／50年間
利活用	ライセンス等	←基本的に同じ（103条・104条で準用）
権利侵害	民事・刑事	←基本的に同じ（112-124条）

(2) 主な特徴

> 【ツボ#2】著作隣接権は、著作権に比べると、保護される範囲は比較的狭いです。

◇著作隣接権の内容は、限定的

　上表のように著作隣接権の保護対象は4種類あり、それぞれについて、実演家の権利、レコード製作者の権利、放送事業者の権利、有線放送事業者の権利が定められています（89条1〜4項）。

　権利の内容については、それぞれの伝達者の役割や性格により、少しずつ異なっていますが、著作物の円滑な流通という観点を踏まえ、全体的に、**著作者の権利よりも保護される範囲は狭い**という特徴があります。ここで、「狭い」というのは、著作権に比べて、認められている権利の種類が少ないことや、許諾権ではなく、「報酬」又は「二次使用料」を請求できるにとどまる場合があることなどを意味しています。

　また、人格的利益の保護に関する権利は、実演家にのみ認められています（実演家人格権）。

　なお、「著作隣接権」とは、法律上は、これらの権利のうち、実演家、レコード製作者、放送事業者、有線放送事業者が有する「許諾権」（財産権）のみを指します（89条6項）。

【ひとくちメモ】
★著作権と著作隣接権は別モノ

　著作権法は、著作隣接権について定める規定（法第4章）について、「この章の規定は、著作者の権利に影響を及ぼすものと解釈してはならない」としています（90条）。ある行為について、著作権と著作隣接権の両方が働き得るということです。例えば、ある振付師Aが、自ら考えた振り付けでダンスを踊る場合、Aは、振り付け（舞踊の著作物）の「著作者」としての権利を有していると同時に、ダンス（実演）の「実演家」としての権利を有しています。

　したがって、ダンス上演の様子が無断で録音・録画された場合、それは著作物の複製権（21条）と、実演についての録音・録画権（91条1項）の侵害となり、Aは、著作者と実演家の両方の立場に基づいて権利行使することができます〈3章で取り上げたシンガーソングライターの例も、思い出してみましょう〔⇒3章2(3)〕〉。ただし、以下にみるように、著作権の権利制限規定〔⇒8～10章〕の多くは著作隣接権にも準用されています。

★補償金請求権、報酬請求権、二次使用料請求権

　著作権の権利制限規定には、その代償として補償金請求権が付いている場合がありますが、権利制限規定の多くは、それらも含めて著作隣接権に準用されています（102条1項）。例えば、授業目的公衆送信補償金（35条2項）は、実演・レコード・放送・有線放送の全てに準用されていますが、私的録音録画補償金（30条3項）は、実演とレコードに準用されています。ただし、準用されていない著作権の権利制限規定もあり、例えば、34条

（学校教育番組の放送等）や38条3項（非営利・無料による放送番組等の伝達）は、著作隣接権に準用されていません。このほか、そもそも著作隣接権には、許諾権ではなく、最初から、報酬請求権や二次使用料請求権が与えられている場合があります。報酬請求権は、1年を経過した商業用レコードの貸与について、二次使用料請求権は、商業用レコードの放送・有線放送について認められています（95条、95条の3、97条及び97条の3）。以上に加え、令和3（2021）年改正では、放送同時配信等（同時配信のほか、追っかけ配信、見逃し配信を含む）における実演・レコードの利用について、報酬請求権とするなどの措置が講じられました。

★令和3年改正 放送同時配信等（著作隣接権の制限）

(1) 映像実演（俳優の演技等）の放送同時配信等

　放送同時配信等で利用しようとする映像実演について、文化庁長官による指定団体に報酬／補償金を支払うことで、許諾なく放送同時配信等を行うことができます。これにはさらに、以下のとおり①と②の場合があり、それぞれにおける支払額は指定団体と放送事業者等の協議によって定められます。

①実演家が初回放送時に同時配信等の許諾を与えている場合の規定が93条の3です（再放送時の同時配信等について「報酬」請求権）。ただし、著作権等管理事業者による集中管理が行われておらず、かつ、指定の方法により連絡先等の公表がされていない実演が対象です。

②上記以外（実演家による同時配信等の許諾がそもそもない場合）の規定が94条です（「補償金」請求権）。実演家の連絡先の把握努力及び連絡（著作権等管理事業者への照会も含む）、放送の同時配信等に関する情報の公表を行ってもなお、実演家と連絡を取ることができない場合が対象です。

(2) レコード実演及びレコード（商業用レコード）の放送同時配信等

　商業用レコードを使った放送番組を同時配信等する場合にも、収録されている実演や、音源（レコード）の利用について、文化庁長官の指定団体に補償金を支払うことで、許諾なく利用することができます（「補償金」請求権）。実演についての規定が94条の3であり、レコードについての規定が96条の3です。どちらも著作権等管理事業者による集中管理が行われておらず、かつ、指定の方法により連絡先等の公表がされていないものが対象です。

【ツボ＃3】著作隣接権の保護期間は、原則として「行為時から70年間」です。

◇著作隣接権の存続期間（保護期間）

　著作隣接権の権利の発生は、著作権と同様に、「無方式主義」です（89条5項）。著作隣接権も「登録」できますが、それは著作権の場合と変わらず、事実関係の公示や取引の安全の確保のための制度という位置づけです〈著作権の登録制度を準用（104条）〉。他方、存続期間（保護期間）は、著作権よりも一般に短く、終期は行為時（の翌年1月1日）から計算して70年間（放送・有線放送は50年間）が経過するまでです。翌年から計算する点は、著作権（57条）の場合と同じです。

　したがって、【「行為時の年」＋「70年（放送・有線放送は50年）」の大晦日（12月31日）まで】が、原則的な保護期間です（下表参照）。

	始期（いつから）	終期（いつまで）
実演	実演を行った時	実演から70年
レコード	音を最初に固定した時	発行から70年 （未発行の場合は、音を最初に固定した時から計算）
放送	放送を行った時	放送から50年
有線放送	有線放送を行った時	有線放送から50年
	（101条1項）	（101条2項）

【ひとくちメモ】

★レコードの保護期間

　他の著作隣接権は、権利発生時をスタート時点として保護期間を計算しますが、レコードに限っては、原則として、「発行」から計算することになっています。これは、WIPO実演・レコード条約に対応するためです（平成14年改正）。「レコードの発行」は、「公衆の要求を満たすことができる相当程度の部数の複製物」が、「権利を有する者又はその許諾を得た者によって作成され、頒布」された状態を指します（4条の2）。したがって、複製物による頒布とはいえないインターネット配信（公衆送信や送信可能化）だけでは「発行」には当たらないことになります。

　なお、70年間「発行」されない場合には、「音を最初に固定した時」から70年間が保護期間となりますが、その満了時までに「発行」されると、その時点（の翌年1月1日）から70年間が保護期間となります。

★著作隣接権間の保護期間の違い

　放送及び有線放送の保護期間は、50年間であり、実演やレコードの場合よりも短い点に注意しましょう。従来は、いずれも「50年」であったところ、実演とレコードに限り、ＴＰＰ協定に対応するため「70年」とされたことから、このような違いが生じています（平成30年改正）。

★実演家人格権の存続期間

　実演家人格権は、著作者人格権と同様、一身専属権（譲渡も不可）です（101条の2）。したがって、実演家人格権の存続期間は、実演家の生存中ですが、著作者人格権と同様、その死後も、一定の範囲で人格的利益は保護されます。

　すなわち、「実演を公衆に提供・提示する者は、その実演の実演家の死後においても、実演家が生存しているとしたらならばその実演家人格権の侵害となるべき行為をしてはならない」とされています（実演家の「意を害しないと認められる場合」を除きます）（101条の3）。なお、「孫の代」まで差止請求等ができること（116条）や、違反の場合の罰金刑（500万円以下）（120条）は、著作権の場合と同じです。

3．実演家の権利

（1）概要

> 【ツボ#4】ズバリ、「実演」が保護されます。実演家には、財産権とともに、人格権（実演家人格権）も認められていますが、権利範囲は、比較的狭いです。

◇「実演」が保護される

　実演は、「著作物を、演劇的に演じ、舞い、演奏し、歌い、口演し、朗詠し、又はその他の方法により演ずること（これらに類する行為で、著作物を演じないが芸能的な性質を有するものを含む。）をいう」という2条1項3号の定義のとおり、「著作物」を「演ずる（演じる）」ことにより伝達するものを指します。

　上記の定義中に、「口演」と出てきますが、これは口述を演じながら行うことを指し、典型的な例として漫才や落語等が当てはまります。

また、サーカスや手品、大道芸など、「著作物」を演じるものでなくても、著作物を演じることに類する行為として実演に含まれ得ます。

【ひとくちメモ】
★日本の著作権法により「保護を受ける実演」
「実演」であるとしても、日本の著作権法で保護を受けるためには、以下のどれかに当てはまることが必要です（7条）。
❶国内において行われる実演
❷保護を受けるレコードに固定された実演
❸保護を受ける放送や有線放送で送信される実演
❹ローマ条約（実演家等保護条約）、WIPO実演・レコード条約（実演・レコード条約）、TRIPS協定〈世界貿易機関（ＷＴＯ）の加盟国〉、又は視覚的実演に関する北京条約により日本が保護の義務を負う実演

◇「実演家」が権利者である

「俳優、舞踊家、演奏家、歌手その他実演を行う者」のほか、「実演を指揮し、又は演出する者」も「実演家」です（2条1項4号）。「プロ」である必要はありません。

【ひとくちメモ】
★実演家は、自然人だけ
実演については、「職務著作」（15条）の規定はありません。したがって、法人が「実演家」ということはありません。他方、実演家（＝著作隣接権者）は「著作隣接権（財産権）」を譲渡することはできますので、実演について、法人が「著作隣接権者」となることはあります（しかし、「実演家人格権」は、譲渡できません）。

◇実演家人格権の種類と特徴

実演家人格権の種類は、著作者人格権と異なり、「公表権」はなく、❶氏名表示権と❷同一性保持権の2つです。また、それらの権利の内容は、著作者人格権に比べると、限定的です。主な違いは、次ページの表のとおりです。

317

○氏名表示権（90条の２）

	著作者人格権（19条）	実演家人格権（90条の２）
権利の内容 （１項）	公衆への提供又は提示に際し、著作者名／実演家名として表示し、又は、表示しないこととする権利	
表示を省略 できる場合 （３項）	【❶❷の両方が必要】 ❶創作者であることを主張する利益を害するおそれがない ❷公正な慣行に反しない	【❶❷のどちらかでよい】 ❶実演家であることを主張する利益を害するおそれがない ❷公正な慣行に反しない

○同一性保持権（90条の３）

	著作者人格権（20条）	実演家人格権（90条の３）
権利の内容 （１項）	意に反する改変を受けない権利	自己の名誉又は声望を害する改変を受けない権利
権利が及ば ない場合 （２項）	やむを得ない改変	やむを得ない改変、 又は 公正な慣行に反しない改変

◇実演家の著作隣接権（財産権）の種類

　これも、著作権に比べると限定的です。以下のように、著作権と対比すると、その違いが一目瞭然ですね。

著作権		実演家の著作隣接権
(1) コピーに関する権利		
	複製権	録音権・録画権（91条）
(2) 公衆への提示に関する権利		
	上演権・演奏権	－
	上映権	－
	公衆送信権 （自動公衆送信は 送信可能化を含む）	放送権・有線放送権（92条） ○商業用レコードの放送・有線放送は二次使用料請求権（95条）
		送信可能化権（92条の２） ○集中管理されていない実演の放送同時配信等は報酬／補償金請求権（R３改正） ・映像実演（93条の３、94条） ・レコード実演（商業用レコード）：94条の３

	公への伝達権	―
	口述権	―
	展示権	―
(3) 公衆への提供に関する権利		
	頒布権	―
	譲渡権	譲渡権（95条の2）
	貸与権	貸与権（95条の3） ○1年経過後は商業用レコード貸与報酬請求権
(4) 二次的著作物（二次的利用）に関する権利		
	翻案権等	―
	二次的著作物の利用権	―

> **【ツボ#5】いったん、録音・録画をOKしたら、その後の利用についてダメとは言えない―これが「ワンチャンス主義」！**

◇ワンチャンス主義（著作隣接権の特徴）

　著作隣接権は、著作権に比べて種類だけでなく、権利の内容についても限定的です。特に、実演家の著作隣接権は、「ワンチャンス主義」と呼ばれる考え方が採用されています。これは、実演家が1回でも許諾をしたら、その後の利用に許諾権は及ばない（許諾権を行使できるチャンスは1回しかない！）とする考え方です。

　例えば、映画には、多数の俳優（実演家）が参加します。上映後、その映画を放送・ネット配信したり、DVD化したりして販売するなど、二次的に利用しようとするときに、1人でもそれを拒否する俳優がいた場合、それができなくなってしまいます。

　このような事態を避け、著作物の円滑な利用を実現するという観点から、特に、「映画の著作物」に許諾を得て録音・録画された実演などに、ワンチャンス主義が広く採用されています。

【ひとくちメモ】

★ワンチャンス主義の適用例

　映画の著作物において許諾を得て録音・録画された実演は、それが
ＤＶＤ化される場合など、再び録音・録画されることについては、実演家
の録音権・録画権は及びません（91条２項）。

　また、実演家は、放送権・有線放送権を持っていますが、これについて
も、許諾を得て録音・録画された実演は、その放送・有線放送について、
実演家の放送権・有線放送権は及びません（92条２項２号）。

　ちなみに、「ワンチャンス主義」という名前を聞くと、犬（ワンちゃん）
好きの著者としては、そちら方面の言葉なのか？　とイメージしてしまい
がちですが、全く関係ありませんので、あしからず（失礼しました…）。

【特別おまけメモ！】

放送番組の二次利用とワンチャンス主義

　放送番組に実演家が出演する場合、実演から「放送」についてだけ許諾
を得ているのか、それとも「録音・録画」についても許諾を得ているのか
によって、ワンチャンス主義が適用されるかどうかが変わってきます。

　一般に、放送事業者（放送局）が自局で放送番組を製作する場合、実演
家から「録音・録画」についての許諾を得なくとも、「放送」についての
許諾を得ることで、放送番組を製作することができます（93条１項：放送
のための固定）。しかし、その後、放送番組を二次的に利用しようとする
際に、録音・録画が必要な場合には、実演家から「録音・録画」について
の許諾を得ることが必要です。「放送」の許諾は、「録音・録画」の許諾を
意味しないからです（63条４項、103条）〔⇒12章2(3)〕。つまり、ワンチャ
ンス主義は働いていない場面です。

　これに対し、局外で製作した放送番組を放送する場合はどうでしょうか。
この場合、番組製作会社は、その番組（映画の著作物）の製作に当たって、
実演家から、「録音・録画」についての許諾を得ます。これは、ワンチャ
ンス主義が働く場面ですね。実演家は、いったん「録音・録画」について
許諾しているので、再度の「録音・録画」には、もはや許諾権は及びませ
ん（91条２項）。また、放送事業者は、その実演を放送に利用することが
できます（92条２項）。

　このように、ひとくちに放送番組と言っても、実演家から、何について
の許諾を得て番組を製作しているかという実務上の慣習の違いにより、そ
して多くの場合、それが自局製作番組なのか、局外製作番組なのかという
ことにより、二次利用についての実演家の権利の働き方が変わってきます。

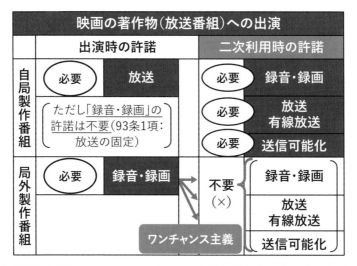

　自局製作番組について、ワンチャンス主義が働かないということは、二次利用が円滑にできなくなるという側面がある一方、弱い立場に置かれている実演家の立場を守るという側面もあります。劇場用映画であれば、劇場での上映とともに、二次利用によって収益を図るケースも多いですが、放送番組の場合、基本的にはスポンサーからの広告収入で番組を製作しています。自局製作番組において、「録音・録画」の許諾を実演家から取る慣習がないとすると、それは、放送番組の多くは最初から二次利用を予定していないため…といった背景事情もありそうです。

　他方、局外製作番組には、ワンチャンス主義が働き、法律上はその二次利用（録音・録画）については実演家の許諾権は及びません。このため、二次利用の対価において、実演家は、出演契約時に「録音・録画」の許諾をする際、二次利用も考慮した対価の条件で交渉することが考えられます。また、その番組を放送利用した放送局の判断により、自局製作番組と同様の二次利用料相当額を自主的に実演家に支払う事例もあるようです〈平成27年3月野村総合研究所「実演家の権利に関する法制度及び契約等に関する調査研究報告書」92頁（平成26年度文化庁調査研究事業）〉。

　とはいえ、放送番組におけるこのような違いは、「自局」か「局外」かということで必然的に決まるものではなく、著作権法上のどの規定を利用して番組製作を行っているかという、実務上の慣習に由来するものであるといえるでしょう。

（2）権利の内容（「何を」主張できる？）

> **【ツボ＃6】実演の「録音権・録画権」は、サントラ盤への録音を除き、許諾はワンチャンスです。**

◇録音権・録画権（91条）

　著作権の場合は「複製権」全般が認められているのに対し、実演家においては、「録音・録画」についてだけ、権利が認められています。

　さらに、ワンチャンス主義が採用されており、いったん映画の著作物での録音・録画を許諾した場合、それ以降の録音・録画については権利が働かないのが原則です（91条2項）。ただし、映画のサウンド・トラック（サントラ盤）のように、映像とともに再生することを目的とせず、音の部分だけを取り出して録音する場合は、録音権が働きます（ワンチャンス主義は適用されていません）（91条2項参照）。

【ひとくちメモ】
★実演のものまねは、録音権・録画権の対象外

　91条は、「実演」そのものの録音・録画をする権利です。したがって、自分の「実演」（歌唱や演奏等）がものまねされたといっても、その実演そのものが「録音・録画」されていない場合、著作隣接権としての実演家の録音権・録画権は及びません（また、実演家には、演奏権もありません）。もっとも、著作権法の範囲外ではありますが、ものまねの態様によっては、パブリシティの権利〔⇒1章2(2)〕や名誉毀損等に基づく損害賠償責任が発生することがあり得ます。また、ものまねにおいて、他人の著作物（楽曲等）を利用している場合には、原則として、その著作者（著作権者）の許諾を得る必要があります〔⇒7章3(1)参照〕。

> **【ツボ＃7】商業用レコードの放送利用は、実演家の許諾は不要ですが、二次使用料の支払いは必要です。**

◇放送権・有線放送権（92条）

　実演を放送し、又は有線放送する権利ですが、以下の場合には、ワンチャンス主義により、許諾は不要です（92条2項）。

❶放送の同時再送信により、実演を有線放送する場合（1号）
❷許諾を得て録音・録画されている実演を、放送・有線放送する場合（2号）

　ただし、❶は、非営利・無料による有線放送の場合を除き、実演家への報酬の支払いが必要です（94条の2）。

　また、❷は、許諾は不要ですが、商業用レコード〈「市販の目的をもって製作されるレコードの複製物」（2条1項7号）〉の放送・有線放送について、二次的使用料の支払いが必要です（95条1項）。二次使用料請求権の行使団体としては、公益社団法人日本芸能実演家団体協議会が指定されています。

【ひとくちメモ】

★実演の放送・有線放送についての特例

　実演を放送等することについて、本文で述べたもの以外にも、著作権法はいくつか特例的な定めを置いており、その一つが、「放送のための固定」（93条1項）です。すなわち、著作物の場合は「一時的固定」（保存できるのは6カ月まで）（44条）のみが認められているのに対し、実演については、保存期間の上限は定められていません。

　また、このほか、放送の許諾を受けた実演は、許諾を受けた初回放送のほか、当該放送局での再放送やネットワーク局で放送することも認められています（ただし、その場合は報酬の支払いが必要です）（93条の2）。

【ツボ#8】実演の「送信可能化権」と「譲渡権」は、録音物（音楽CD等）を除き、許諾はワンチャンスです。

◇送信可能化権（92条の2）及び譲渡権（95条の2）

　自動公衆送信そのものではなく、「送信可能化権」のみが与えられています（92条の2）。実演家はまた、譲渡権も与えられていますが（95条の2）、実演家の送信可能化権と譲渡権のどちらにも、同じ範囲でワンチャンス主義が働きます。

　すなわち、「映画の著作物」に録音・録画された実演については、ワンチャンス主義が完全に働く一方、「映画の著作物」ではないものに固定された実演については、「録画」された実演に限り、ワンチャンス主義が適用されます（92条の2第2項各号及び95条の2第2項各号）。

　これは、裏から言えば、音楽CD等に「録音」された実演は、ワンチャンス主義の対象ではない（許諾権が及ぶ）ということです。なお、譲渡権は、適法な譲渡によって消尽します（95条の2第3項）。

【ひとくちメモ】

★放送関係の特例（同時再送信と同時配信）

　放送を受信した上で放送区域内に同時再送信（地域限定特定入力型自動公衆送信）することは、実演家から許諾を取る必要はありません。ただし、補償金の支払いは必要ですが、非営利・無料による場合は、補償金の支払いも不要です（102条5項及び6項）。他方、放送と同時期に配信する「**放送同時配信**」等については、集中管理されていない実演等の場合は、報酬請求権又は補償金請求権の扱いです〔⇒令和3年改正：本章2(2)〕。

> **【ツボ#9】商業用レコードによる「貸与権」は1年だけ。残りの保護期間（69年間）は、報酬請求権です。**

◇貸与権等（95条の3）

　実演家の貸与権は、①実演が録音されている「商業用レコード」（音楽CD等）の貸与による場合に限られているとともに、②貸与権という許諾権が与えられているのは1年（最初に販売された日から起算して12ヵ月）だけという特徴があります（95条の3第2項及び施行令57条の2）。

　ただし、②については、１年経過後の商業用レコードの貸与を営業と
して行う者は、公衆への貸与について、実演家に報酬を支払わなければ
なりません（報酬請求権）（95条の３第３項）。商業用レコード貸与報酬
請求権の権利行使団体としては、公益社団法人日本芸能実演家団体協議
会が指定されています。

４．レコード製作者の権利

（1）概要

> 【ツボ#10】ズバリ、「レコード」が保護されます。レコード製
> 作者の著作隣接権も、範囲が限定的です。

◇「レコード」が保護される

　レコードとは、「蓄音機用音盤、録音テープその他の物に音を固定し
たもの（音を専ら影像とともに再生することを目的とするものを除く）」
（２条１項５号）を指します。

　この定義から、映像を伴うものは「レコード」とは言わない半面、
「物に音を固定」したものであればよいので、「著作物」を固定するもの
である必要はないということが分かります。したがって、波の音、木枯
らしの音、鳥のさえずり、街の喧騒、発情期の猫のうなり声（⁉）など、
自然の音などを固定（録音）したものも「レコード」です。

【ひとくちメモ】
★日本の著作権法により「保護を受けるレコード」
　「レコード」であるとしても、日本の著作権法で保護を受けるためには、
次のどれかに当てはまることが必要です（８条）。
❶日本国民が製作者であるレコード
❷音の最初の固定が日本国内であるレコード

---

❸ローマ条約（実演家等保護条約）、WIPO実演・レコード条約（実演・レコード条約）、TRIPS協定（世界貿易機関（ＷＴＯ）の加盟国）、又はレコード保護条約により日本が保護の義務を負う実演

◇「レコード製作者」が権利者である

　レコード製作者とは、「レコードに固定されている音を最初に固定した者」のことです（2条1項6号）。「原盤制作者」とも言われます。

◇レコード製作者の著作隣接権（財産権）の種類

　著作者や実演家に認められているような人格権は認められていません。財産権について実演家の権利と対比すると、以下のとおりです。

実演家の著作隣接権		レコード製作者の著作隣接権
(1) コピーに関する権利		
	録音権・録画権（91条）	複製権（96条）
(2) 公衆への提示に関する権利		
	放送権・有線放送権（92条）	－
	○商業用レコードの放送・有線放送は二次使用料請求権（95条）	○商業用レコードの放送・有線放送は二次使用料請求権（97条）
	送信可能化権（92条の2） ○集中管理されていない実演の放送同時配信等は報酬／補償金請求権（93条の3、94条、94条の3）（R3改正）	送信可能化権（96条の2） ○集中管理されていないレコード（商業用レコード）の放送同時配信等は、補償金請求権（96条の3）（R3改正）
(3) 公衆への提供に関する権利		
	譲渡権（95条の2）	譲渡権（97条の2）
	貸与権（95条の3） ○1年経過後は商業用レコード貸与報酬請求権	貸与権（97条の3） ○1年経過後は商業用レコード貸与報酬請求権

(2) 権利の内容（「何を」主張できる？）

【ツボ#11】レコードの複製や送信可能化等の権利に、「ワンチャンス」の制約はありません。

326

◇複製権（96条）・送信可能化権（96条の2）

　これらの権利にワンチャンス主義は採用されていません。複製権は、その「レコード」を音源として音楽CDを生産したり、音楽CDに収録されているデータを保存したり、音楽CDの再生音を録音することなどにも及びます。他方、レコード製作者は、「自ら」が固定した音源の複製に対して権利を持つだけなので、例えば、自社が生産している音楽CDの収録曲と同じ楽曲が生演奏され、それを他者が録音したとしても、その録音行為に対してはレコード製作者の複製権は及びません。

【ひとくちメモ】

★放送関係の特例（同時再送信と同時配信）

　基本的に実演の場合と同様です。放送区域内への放送の「同時再送信」（地域限定特定入力型自動公衆送信）については、実演に関する規定（102条5項及び6項）が、レコードにも準用されています（102条7項）。

　また、「放送同時配信等」については、令和3（2021）年改正により、集中管理されていない商業用レコードの放送同時配信等での利用は、補償金請求権の扱いです（96条の3）〔⇒本章2(2)〕。

◇譲渡権（97条の2）

　レコードを、「その複製物の譲渡により公衆に提供する権利」が譲渡権です。実演のようなワンチャンス主義についての適用規定はありませんが、実演や著作物の場合と同様に、適法な譲渡により、譲渡権は消尽します（97条の2第2項）。

> **【ツボ#12】商業用レコードの放送利用は、レコード製作者への二次使用料の支払いが必要です。**

◇商業用レコードの二次使用料請求権（放送・有線放送利用）

　レコードの放送・有線放送の利用については、許諾権（放送権・有線放送権）は及ばず、商業用レコードを使って放送・有線放送を行う場合

の二次使用料請求権のみが認められています（97条）。

　商業用レコードの二次使用料請求権の枠組みは、実演の場合と同様ですが、権利行使団体として、一般社団法人日本レコード協会が文化庁長官から指定されています。

> **【ツボ#13】商業用レコードの「貸与」の扱いは、レコードも実演も同じです（「貸与権」は1年限りなど）。**

◇貸与権等（97条の3）

　レコードを、「それが録音されている商業用レコードの貸与により公衆に提供する権利」です。貸与に関する権利の枠組みは、実演の場合と同様であり、許諾権（貸与権）が及ぶのは、商業用レコードの最初の販売から1年間限りです。それ以降の商業用レコード（期間経過商業用レコード）の貸与は報酬請求権となり、その権利行使団体として、一般社団法人日本レコード協会が指定されています。

5．放送事業者及び有線放送事業者の権利

（1）概要

> **【ツボ#14】ズバリ、「放送」と「有線放送」が保護されます。「同一内容・同時受信を目的とした一斉送信」を業として行う者が、放送事業者・有線放送事業者です。**

◇「放送」や「有線放送」が保護される

　放送や有線放送の定義は、「公衆送信権」のところで取り上げましたね〔⇒7章3(3)〕。同一内容・同時受信を目的とした一斉送信です。

　なお、放送や有線放送による伝達対象は、「著作物」（ドラマや音楽、

アニメ等）に限られません。著作物以外（スポーツの生中継等）も対象
になり得ます。

【ひとくちメモ】
★日本の著作権法により「保護を受ける放送」
　「放送」であるとしても、日本の著作権法で保護を受けるためには、次
のどれかに当てはまることが必要です（9条）。
❶日本国民である放送事業者による放送
❷日本国内の放送設備から行われる放送
❸ローマ条約（実演家等保護条約）又はTRIPS協定〈世界貿易機関（WTO）の
　加盟国〉により、日本が保護の義務を負う放送

★日本の著作権法により「保護を受ける有線放送」
　「有線放送」は、昭和61（1986）年の改正により導入されたものですが、
ローマ条約（実演家等保護条約）等には保護を明示的に定める規定はなく、
したがって、条約により日本が保護の義務を負うものではありません。日
本の著作権法で保護を受けるためには、次のいずれかに当てはまることが
必要です（9条の2）。
❶日本国民である有線放送事業者による有線放送
❷日本国内の放送設備から行われる有線放送（ただし、いずれの場合も、
　放送を受信して行うものを除く）

◇「放送事業者」や「有線放送事業者」が権利者である

　「（有線）放送事業者」とは、「（有線）放送を業として行う者」を指し
ます（2条1項9号及び9号の3）。「業として」ということですから、
反復継続して行う者がこれに当たります。放送事業者としては、地上波
テレビ放送やラジオ放送、衛星放送の放送事業者が、有線放送事業者と
しては、ケーブルテレビの放送事業者が代表例です。

【ひとくちメモ】
★（有線）放送事業者は「著作隣接権者」であるとともに、「著作
　者」であることもある

329

　（有線）放送事業者は、著作隣接権者として、自らの「（有線）放送」について権利を持っていますが、その（有線）放送事業者が、自らが製作した番組を放送した場合を考えてみましょう。この場合、その（有線）放送番組が「著作物」（映画の著作物等）といえるならば、それを製作した（有線）放送事業者は、職務著作によるものとして、その番組（著作物）の著作者としても位置づけられます。

　つまり、この場合は、自らの放送について「著作隣接権者」であると同時に、自らの著作物の「著作者（著作権者）」でもあるという、二足のわらじを履いているような状況です。

◇放送事業者・有線放送事業者の著作隣接権（財産権）の種類

　放送事業者・有線放送事業者にも財産権だけが認められ、その範囲は、より限定的です。著作権と対比すると、以下のとおりです。

著作権		（有線）放送事業者の著作隣接権
(1) コピーに関する権利		
	複製権	複製権（98条、100条の2）
(2) 公衆への提示に関する権利		
	公衆送信権 （自動公衆送信は 送信可能化を含む）	再放送・有線放送権 （99条、100条の3）
		送信可能化権（99条の2、100条の4）
	公への伝達権	テレビジョン放送の伝達権（100条）・有線テレビジョン放送の伝達権（100条の5）

(2) 権利の内容（「何を」主張できる？）

【ツボ#15】（有線）放送事業者の著作隣接権の範囲は限定的ですが、「（有線）テレビジョン放送の伝達権」もあります。

◇複製権（98条、100条の2）

　複製権は、「（有線）放送に係る音又は影像」を録音・録画したり、写真等の方法により「複製」したりする権利です。

> **【ひとくちメモ】**
> **★放送を受信して行われる有線放送**
> 放送を受信して行われる有線放送は、著作権法上の「有線放送」とは扱われていません（9条の2第1号括弧書）。地上波放送が届かない難視聴地域向けに、地上波放送を受信して有線放送で再送信するようなケースですが、これは単なる伝達として有線放送事業者の権利は及ばない利用であり、放送事業者の権利のみが及ぶことになります。

◇再放送・有線放送権（99条、100条の3）と送信可能化権（99条の2、100条の4）

　再放送・有線放送権は、「（有線）放送を受信」してこれを再び放送・有線放送する権利のことです（99条、100条の3）。また、送信可能化権は、「（有線）放送」（放送を受信して行う有線放送を含む）を「受信」して、その有線放送を送信可能化する権利のことを指します（99条の2、100条の4）。したがって、例えば、放送番組を受信してそのまま有線放送やインターネット送信をする者が登場した場合は、放送事業者は、これらの権利の侵害を理由に、差止請求等をすることができます。

　なお、（有線）放送番組を録音・録画した動画を使ってインターネット送信等をした場合は、その動画は「（有線）放送」そのものではないことから、これらの権利は及びませんが、複製権（98条、100条の2）の侵害には当たります。

◇（有線）テレビジョン放送の伝達権（100条、100条の5）

　テレビジョン放送の伝達権は、テレビジョン放送を受信して、「影像を拡大する特別の装置」（超大型映像モニターなど）を使って、その放送を公に伝達する権利です（100条）。有線テレビジョン放送も同様です（100条の5）。「テレビジョン放送」「有線テレビジョン放送」と明示されていますから、「ラジオ放送」については、権利が及びません。また、「影像を拡大する特別の装置」とされていますから、「通常の家庭用受信装置」を使う場合にも、権利は及びません。

【ひとくちメモ】

★公への伝達と放送事業者の権利

　38条3項の権利制限規定〔⇒10章4(2)〕。は、放送事業者・有線放送事業者の権利については準用されていません（102条1項等参照）。つまり、「影像を拡大する特別の装置」を使って、テレビジョン放送を公に伝達する行為については、それが非営利・無料による行為であったとしても、放送事業者の権利が及ぶということに注意しましょう。

　ただし、上記のように「通常の家庭用受信装置」を使って公に伝達する行為について、そもそも放送事業者には権利が認められていませんので、許諾は不要です。

　なお、「影像を拡大する特別の装置」と聞けば、『笑っていいとも！』が放送されていた時代の新宿駅東口駅前のスタジオアルタを思い浮かべる方も多いのではないでしょうか。懐かしいですね。というか、どうりで歳を取るわけです…。街頭ビジョンは、今ではいろいろな場所で見かけるようになりました。街頭ビジョンを眺めつつ、往年に想いを馳せながら、著作権の「友達の輪」を広げていきましょう！

ナビゲーション　　＞＞　現在の進捗状況と次の目的地　＞＞

スタート　＞＞＞＞＞＞＞＞

著作隣接権の花にも会えたし、ゴールは目前！

ゴール

1章	2-3章	4章	5-7章	8-10章	11章	12章	13章	14章	15章
著作権法とは	著作物	著作者	権利内容	権利制限	保護期間	利活用	侵害	著作隣接権	国際条約

第15章　国際条約

1．総合案内①（イントロダクション）

　いよいよ最終章です。ここまでお付き合いをいただきまして、ありがとうございました！　各章では「ツボ」を中心に紹介してきましたが、ひょっとしたら、ツボがありすぎて、感覚が麻痺しちゃったなどと突っ込みが入りそうな予感がしていますが、いかがでしょうか？

　とはいえ、真面目な話、世界保健機構（WHO）（→WIPOではありません！）の専門家グループの報告によれば、私たちのカラダには、基本的なツボだけでも360箇所くらいはあるそうですから、著作権法も、負けてはいられません。本書で紹介したものだけでなく、新たな「ツボ」の発掘の余地は、まだまだありそうですね！

　それに、それぞれの「ツボ」は1回、サラリと押しただけでは効き目がありません。これまでの「ツボ」も、振り返り、何度か押し直すことで、ジワリジワリと効き目が出てくることでしょう。

　さて、最終章では、国際条約を中心に、ツボは少なめにして、簡単に取り上げます。国際条約については、これまでもいくつか紹介してきましたので、実は、全く新しい話ばかりではありません。復習も兼ねて、楽しく学んでいきましょう！

２．著作権等関係の国際条約

(1) 知っておくと役立つ考え方

> 【ツボ＃１】「内国民待遇」「無方式主義」「スリー・ステップ・テスト」などについて、頭に入れておきましょう。

◇内国民待遇

　条約締結国は、自国民（内国民）に与えるのと同等以上の待遇（権利保護等）を他の締約国（外国）の国民に与える義務を負うとする考え方が、内国民待遇（National Treatment）です。ベルヌ条約をはじめとして、広く採用されています〈ベルヌ条約５条(1)等〉。それぞれの国内法では、内外の区別なく、同じ水準の保護が与えられます。

　ただし、例外的に、相互主義が採用されている事項もあります〈保護期間［ベルヌ条約７条(8)〔⇒11章4(3)〕］、応用美術［同条約２条(7)］、追及権（同条約14条の３）〉。これは、締約国間で低いほうの水準の保護のみを与えれば足りるとする考え方です。

◇最恵国待遇

　条約締結国が、他の国の国民に与える利益、特典、特権又は免除は、他の全ての締約国の国民に対しても与えられるとする考え方のことを、最恵国待遇（Most-Favoured-Nation Treatment）といいます。

　TRIPS協定では、内国民待遇とともに最恵国待遇も採用されています（TRIPS協定３条及び４条）。

◇無方式主義

　権利の享有（enjoyment）や行使（exercise）に、いかなる「方式」（formality）も必要としないとする考え方が無方式主義です。著作権に関し、ベルヌ条約等で広く採用されている基本的な国際原則といえます〈ベルヌ条約５条(2)等〉〔⇒5章2(1)〕。

【ひとくちメモ】

★方式主義を採用してもベルヌ条約違反にならない場合がある？

　ベルヌ条約が定めているのは、国際関係における義務であり、同条約が求める最低水準の保護を条約締約国が「自国民」に与えていないとしても、条約違反とはなりません〈ベルヌ条約5条(3)参照〉。

　したがって、条約締約国が、国内法により、自国民の著作物については、無方式主義を採用していないとしても、そのこと自体はベルヌ条約違反ではありません。現に米国は、著作権の発生については無方式主義を採用する一方、米国の著作物に限り、訴訟要件として、登録を求めています。

◇スリー・ステップ・テスト（3段階基準）

　「①著作物の通常の利用を妨げず」、かつ、「②著作者の正当な利益を不当に害しない」「③特別な場合」には、それぞれの国内法令で、権利の制限や例外を定めることができるとするものです〈ベルヌ条約9条(2)等〔⇒8章2(1)〕〉。

【ひとくちメモ】

★スリー・ステップ・テストは、複製権の制限だけのルールではない

　ベルヌ条約は、「複製権」についてのみ明示的に定めていますが〈ベルヌ条約9条(2)〉、その後に登場した条約では、より一般的に、権利の「制限と例外」（limitations and exceptions）のルールとして、位置づけています（TRIPS協定13条、WIPO著作権条約10条、WIPO実演・レコード条約16条等）。

◇遡及（そきゅう）・不遡及（ふそきゅう）

　新しい条約が登場した時、その効力は、既に存在し、保護期間が切れていない著作物等にも及ぶでしょうか（遡及効）？　それとも、これから新たに創作されるものだけに及ぶのでしょうか（不遡及）？

　この点は、条約によって扱いが異なりますが、遡及効を採用している条約が比較的多いです（ベルヌ条約18条のほか、同規定の遵守や適用・準用を定めるTRIPS協定9条1前段、WIPO著作権条約13条等）。

【ひとくちメモ】
★保護期間が切れている著作物等には「遡及」しない
　「遡及効」といっても無制限にさかのぼるのではなく、前記のように、その時点で既に存在し、保護期間が切れていない著作物等が対象です。いったん保護期間が満了してパブリック・ドメインに入ったもの（自由利用できるようになったもの）の権利は復活しないので、注意しましょう。

（2）著作権関係（主なもの）

【ツボ#2】ベルヌ条約が、著作権関係の基本条約です。

◇ベルヌ条約（文学的及び美術的著作物の保護に関するベルヌ条約）

　「著作権」に関する基本条約です。1886年の創設以来、何度か改正が行われましたが、実質的な最新の改正は1971年（パリ改正条約）です。以下のような事項が定められています。

○保護の原則（5条）：内国民待遇、無方式主義、属地主義
○著作者人格権（6条の2）：氏名表示権・同一性保持権
○保護期間（7条）：著作者の死後「50年」まで
○著作権（8〜14条の3）：翻訳権、複製権、上演権・演奏権、放送権、口述権、翻案権、追及権（※追及権は各国裁量）等
○スリー・ステップ・テスト〈9条(2)〉
○引用等（10条）

【ひとくちメモ】
★追及権
　絵画等の作者が名もない頃に安く売却された原作品が、その後、いくら高値で転売されたとしても、譲渡権は消尽しているため、転売利益の恩恵を受けることはできません。
　しかし、特に絵画等の美術の著作物については、原作品の最初の販売以

外に長期的な収入を得る著作権法上の手段は限られているとして、転売利益からも収入を得ることができるようにする権利が、追及権（Right to an interest in resales）です。

最初にフランスで導入され（1920年）、ベルヌ条約においても、他人に譲渡することができない権利として、1948年のブラッセル改正により位置づけられました〈ベルヌ条約14条の3（1）〉。ただし、この権利を採用するか否か等は、各国の裁量に任せられています（日本では採用されていません）。

> 【ツボ＃3】TRIPS協定は、「貿易」協定において知財が本格的に取り上げられることとなった国際条約です。

◇TRIPS協定

正式名称は、「知的所有権の貿易関連の側面に関する協定」（ＷＴＯ設立協定附属書1Ｃ）（1994年）です。

著作権に関するベルヌ条約や、産業財産権（工業所有権）に関するパリ条約（1883年）等の個別分野ごとの保護の水準を維持しつつ、貿易的な観点から、広く「知的財産権」（知的所有権）について、国際的な保護の枠組みを定めるものが、TRIPS協定です。著作権についていえば、「ベルヌ・プラス」のアプローチを採用しており、以下のような内容が盛り込まれています。

○内国民待遇・最恵国待遇（3条・4条）
○ベルヌ条約が定める保護内容の遵守（9条）
　→ただし、著作者人格権は除外されています（9条1後段）。
○コンピュータ・プログラム及びデータベースの保護（10条）
○貸与権（11条）：コンピュータ・プログラム及び映画の著作物
○スリー・ステップ・テスト（13条）

なお、TRIPS協定に係る協議及び紛争解決については、ＷＴＯ紛争解決手続が適用されます。

【ひとくちメモ】

★TRIPS協定は著作隣接権もカバー

　TRIPS協定は、「実演家」「レコード製作者」「放送機関」（著作隣接権者）についても保護すべきことを定めています（14条）。なお、レコードの商業的貸与権について、1994年4月15日において既に報酬請求権制度を置いている場合は、報酬請求権を維持できるとされています（14条4）。

【ツボ#4】インターネット対応の新条約として、WIPO著作権条約が1996年に登場しました。

◇WIPO著作権条約（WCT）

　正式名称は、「著作権に関する世界知的所有権機関条約」（1996年）です。WIPO著作権条約は、デジタル化・ネットワーク化に対応し、新たな権利の付与等を内容としています。

○ベルヌ条約が定める保護内容の遵守〈1条(4)〉
　→著作者人格権も含みます。
○コンピュータ・プログラム及びデータベースの保護（4～5条）
○譲渡権（6条）
○貸与権（7条）：コンピュータ・プログラム、映画の著作物、及びレコードに収録された著作物（国内法で定めるもの）
○公衆への伝達権（8条）
　→公衆が各自選択する場所や時間に著作物にアクセスできるように利用可能化すること（making available to the public）を含みます。
○スリー・ステップ・テスト（10条）
○技術的手段及び権利管理情報の保護（11～12条）

【ひとくちメモ】
★WIPO著作権条約はベルヌ条約の「特別の取極」

　ベルヌ条約の改正には全会一致が必要なため〈ベルヌ条約27条(3)〉、改正するのはなかなか大変です。そこで、ベルヌ条約本体の改正ではなく、同条約の「**特別の取極（とりきめ）**」(special agreement) として新たに定められたのが、WIPO著作権条約です〈１条(1)〉。なお、「特別の取極」においては、ベルヌ条約の保護水準を引き下げたり、ベルヌ条約と抵触したりするものであってはならないことが求められます（ベルヌ条約20条）。

◇その他の関連条約

　視覚障害者等の情報アクセスの機会を促進するための条約として、**マラケシュ条約**があります〈「盲人、視覚障害者その他の印刷物の判読に障害のある者が発行された著作物を利用する機会を促進するためのマラケシュ条約」(2013年)〉。日本は、同条約に対応するため、著作権法37条３項について、平成30 (2018) 年に改正を行いました。

　また、日本は、同じ年にＴＰＰ協定（環太平洋パートナーシップに関する包括的及び先進的な協定）の締結に伴う著作権法改正も行っています。ＴＰＰ協定はアジア太平洋地域における貿易や投資の自由化を進め、また、知的財産をはじめとする幅広い分野のルールを定める経済連携協定です。著作権に関しては著作権の**保護期間**を著作者の死後「**70年**」等とすることや（18・63条）、アクセスコントロールの回避行為も規制対象にすること（18・68条）などが盛り込まれています。

(3) 著作隣接権関係（主なもの）

> **【ツボ#5】ローマ条約（実演家等保護条約）が、著作隣接権関係の基本条約です。**

◇ローマ条約（実演家等保護条約）

　「著作隣接権」に関する基本条約です。正式名称は「実演家、レコード製作者及び放送機関の保護に関する国際条約」(1961年) であり、以下のような事項が定められています。

○内国民待遇（4～6条）

○実演家の権利（7～9条）：実演の放送又は公の伝達、生実演の固定、固定物の複製

○レコード製作者の権利（10条）：レコードの複製

○商業用レコードの二次使用料請求権（12条）

　→商業用レコードの放送・公衆伝達利用につき、レコード製作者及び（レコードに固定された実演の）実演家が有する権利（ただし、留保宣言が可能〈16条1(a)〉）

○放送機関の権利（13条）：放送の再放送、放送の固定、固定物の複製等

○保護期間（14条）：20年以上（実演や放送の時、又はレコードの場合は固定時の翌年から起算）

○保護の例外（15条）：私的使用、放送のための一時的固定等

○不遡及（20条）

【ひとくちメモ】

★レコードの保護と℗マーク

　無方式主義の国のレコードであっても、発行されたレコードの全ての複製物又はその容器に、最初の発行の年と℗マークを表示しておくことによって、方式主義の国においても保護されることになっています（11条）。

★レコード保護条約（許諾を得ないレコードの複製からのレコード製作者の保護に関する条約）

　レコードの無許諾複製からの保護については、レコード保護条約という条約もあります。ローマ条約の締約国数が増えない一方、レコードの海賊版問題が深刻化したことに対応し、1971年に急いで作られた条約です。

◇TRIPS協定

　前記のとおり、TRIPS協定は、著作隣接権も含めた「知的財産権」について広くカバーしています〔⇒本章【ツボ＃3】参照〕。

◇WIPO実演・レコード条約

正式名称は、「実演及びレコードに関する世界知的所有権機関条約」（1996年）です。同条約は、デジタル化・ネットワーク化に対応し、新たな権利の付与等を内容としています。ただし、「実演」は「音」の実演に限られ、また、「放送機関」は対象外です。

○内国民待遇（4条）

○実演家の権利（5〜10条）：実演家人格権（氏名表示権・同一性保持権）、生実演の固定、複製権、譲渡権、商業的貸与権（ただし、1994年4月15日において既に報酬請求権制度を置いている場合には、レコードの商業的貸与について、報酬請求権を維持することができる）、利用可能化権

○レコード製作者の権利（11〜14条）：複製権、譲渡権、レコード商業的貸与権（ただし、1994年4月15日において既に報酬請求権制度を置いている場合には、レコードの商業的貸与について、報酬請求権を維持することができる）、利用可能化権

○商業用レコードの二次使用料請求権（15条）：商業用レコードの放送・公衆伝達利用につき、実演家及びレコード製作者が有する権利（ただし、留保宣言が可能）

○スリー・ステップ・テスト〈16条(2)〉

○保護期間（17条）：50年以上（実演の場合はレコード固定時、レコードの場合は発行時の翌年から起算）

○技術的手段及び権利管理情報の保護（18〜19条）

○無方式主義（20条）

【ひとくちメモ】
★WIPO実演・レコード条約はローマ条約の「特別の取極」ではない

WIPO著作権条約がベルヌ条約の「特別の取極」と明示的に位置づけられているのとは異なり、WIPO実演・レコード条約は、ローマ条約の「特別の取極」との定めは見当たりません（1条参照）。また、ローマ条約が定める保護内容の遵守を求める規定もないため、ローマ条約の締約国では

ないWIPO実演・レコード条約締約国は、ローマ条約に定める保護内容に従わなければならないという関係にはなっていません。しかし、ローマ条約締約国は、WIPO実演・レコード条約に定めのないローマ条約上の権利の保護をしなくてもよいということではありません〈1条(1)〉。

◇視聴覚的実演に関する北京条約

WIPO実演・レコード条約ではカバーできていなかった、映像実演等の「視聴覚的実演」について、WIPO実演・レコード条約と同じような内容の権利等を定める条約です（2012年）。

【ひとくちメモ】
★録音・録画の同意と実演家の権利の移転

視聴覚的実演に関する北京条約12条(1)は、実演家が視聴覚的固定物（映画等）への固定（録音・録画）を同意した場合、視聴覚的固定物の製作者が権利を原始的に取得したり、製作者に権利移転したりすることを国内法で定めることができるとしています。日本の著作権法におけるワンチャンス主義（91条2項等）は、この規定と整合的であると理解されています（作花582頁）。

◇「放送条約」（検討中）

WIPO実演・レコード条約ではカバーできていなかった、「放送機関」に関するインターネット対応の条約（放送条約）については、世界知的所有権機関（WIPO）を舞台として、長年、検討が続いています。

ゴールに到着しました。これで案内を終了します。

スタート ＞＞＞＞＞＞＞＞＞　やったー！ 感動のゴールです！

1章	2-3章	4章	5-7章	8-10章	11章	12章	13章	14章	15章
著作権法とは	著作物	著作者	権利内容	権利制限	保護期間	利活用	侵害	著作隣接権	国際条約

【事項索引】

343

344

345

346

349

【裁判例索引】

【あとがき】

　著作権法学習の旅、お疲れさまでした！

　思ったよりも、長旅だったでしょうか？

　ご覧いただきましたように、著作権法で取り上げられている素材は、身近なものが多いです。ですから、著作権法の学習は、堅苦しくとらえるのではなく、本書を通じて「楽しんでみる」という心持ちで臨むのが、ちょうどよいと思います。また、読者の皆さんは、既にお気づきのことと思いますが、著者自身も、本章の執筆を通じ、楽しませていただきました！

　もっとも、本書は、大学等における授業や資格試験向けの教材としての使用にも耐えられるよう、遊び心を大切にしつつも、制度の解説や裁判例をマジメに取り上げています。入門書ということで、なるべくコンパクトにしたいと考えたのですが、本書全体として、それなりの分量になっているのは、このような事情によるものです。その分、大学等の授業テキストとしてはもちろん、独学（お独りさま学習）用の教材としても、有効にご活用いただけるものと考えています。

　とはいえ、実際の読者ニーズにどこまで応え切れているのかは、皆様の反応をお待ちするほかありません。忌憚のないご意見・ご感想をお待ちしております。

　末筆ながら、本書の刊行に当たりまして、一般社団法人発明推進協会の原澤幸伸氏には大変お世話になりました。短期決戦で素晴らしい仕事をしていただきました。ここに記して、深く感謝の意を表します。

　また、両親と、執筆活動をピアノとバイオリンの情感豊かな演奏で支えてくれた家族に、この場を借りまして、あらためて感謝の気持ちを伝え、本書を捧げたいと思います。いつも、ありがとう。

2022年1月

著　者

…おっと、忘れちゃいけません。【著作権法の花】からもメッセージを預かっていますので、最後にご紹介させていただきます。

【読者の皆さまへのメッセージ♡】

最後までお読みいただきありがとうございます!

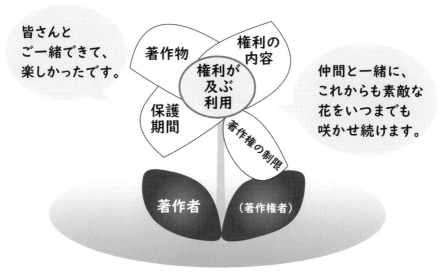

皆さんと
ご一緒できて、
楽しかったです。

著作物

権利の
内容

権利が
及ぶ
利用

保護
期間

著作権の制限

仲間と一緒に、
これからも素敵な
花をいつまでも
咲かせ続けます。

著作者

（著作権者）

これからも、末永く、よろしくお願いします!

皆さまの【著作権の花】より

【著者紹介】

白鳥 綱重 （しろとり つなしげ）

1996年 早稲田大学法学部 卒業
1998年 早稲田大学大学院法学研究科 修士課程修了
　　　　文部省（現文部科学省）入省
2002年 ワシントン大学ロースクール 修士課程（IP LL.M.）修了
2005年 文化庁著作権課 課長補佐
2017年 文化庁著作権課 著作物流通推進室長
2019年 横浜国立大学大学院国際社会科学研究院 准教授
　　　　現在に至る

【主な著作】

『アメリカ著作権法入門』（2004年／信山社）
「『応用美術』と著作物性判断の潮流－ACEの三角関係の行方－」（横浜法学28巻3号 pp.239-288／2020年）、「初等中等教育におけるミニマム・スタンダードとしての著作権教育」（横浜法学29巻3号pp.245-318／2021年）、「調整原理としての著作物概念－著作権の相対性と表現の自由－」（横浜法学30巻3号／2022年〈所収予定〉）

クスッと笑えて腑に落ちる
著作権法ガイダンス
Copyright Law Guidance

令和4（2022）年2月22日 初版発行

著者　白鳥 綱重
©2022 SHIROTORI Tsunashige

カバーデザイン監修　白鳥 景一

編集／発行　一般社団法人発明推進協会
〒105-0001東京都港区虎ノ門3-1-1 虎の門三丁目ビルディング
☎ 03-3502-5433（編集）／☎ 03-3502-5491（販売）

印刷／製本　株式会社ひとみ　Printed in Japan
落丁・乱丁本はお取り替えいたします。
ISBN978-4-8271-1364-8 C3032